문재인 이후의 교육

교육평론가 이범의
솔직하고 대담한
한국교육
쾌도난마

문재인 이후의 교육

이범 지음

메디치

한국 교육의 전환점에서

먼 훗날 한국 교육의 역사를 되돌아보면 '문재인 이전'과 '문재인 이후'로 뚜렷하게 나뉠 것이다. 문재인정부 들어 겪은 두 가지 사건이 한국 교육에서 전환점이 될 테니 말이다.

첫 번째 사건은 2017~2019년의 '대입제도 논쟁'이다. 2017년 수능 개편안, 2018년 대입 공론화, 2019년 이른바 '조국 사태'를 계기로 3년 연속 벌어진 이 논쟁에는 유례없이 많은 시민이 열성적으로 참여했다. 어떠한 대입 선발 방식이 더 좋은지를 놓고 격론이 벌어졌고, 정부가 3년 연속 대입제도를 변경하는 사상 초유의 결과로 이어졌다. 대입제도 논쟁은 '불가역적' 변화를 상징한다. 소수 관료나 전문가들이 교육정책을 좌우하던 시대가 종말을 고했다. 앞으로도 시민들은 '정치'를 매개로 교육정책에 개입해서 자신의 의견과 가치관을 투영할 것이다.

두 번째 사건은 2020년 코로나19 사태로 인한 '보편적 원격 교육'이다. 과거의 온라인 교육은 주로 사교육업체나 대학에서 제공하는 것들이었다. 코로나19 사태 와중에 모든 초중고교 교사와 학생들이 한꺼번에 원격 교육을 경험한 것은 한국뿐 아니라 글로벌한 의미를 지닌 역사적 사건이었다. 보편적 원격 교육은 '불가피한' 변화를 상징한다. 이참에 창의성과 유연성을 높일 수 있는 새로운 교육시스템을 준비하는 일이 시급하다. 나는 이를 'K-에듀'라고 부른다. 다만 K-에듀가 오프라인 교육의 낡고 폐쇄적인 관행과 질서에서 벗어나려면 기존 한국 교육시스템의 장단점에 대한 비판과 성찰이 선행되어야 한다.

'K-에듀' 출발선에 서다

코로나19 사태로 선진국에서는 대부분 원격 교육을 시도했다. 곧바로 수준 높은 실시간 수업을 제공한 경우도 있지만 한 국가 안에서도 학교나 지역에 따른 격차가 극심했다. 반면 한국은 일정 수준 이상의 원격 교육을 모든 학생에게 제공하는 데 성공했다. 한국만큼 짧은 시간 안에 '보편적 원격 교육'에 성공한 나라는 거의 없다. 인터넷과 스마트기기 보급률이 높은데다가 교육방송(EBS)과 한국교육학술정보원(KERIS)에서 제공하는 공공 플랫폼과 콘텐츠가 있었기 때문이다.

물론 한국에는 원격 교육에 대한 불만도 많다. 준비 기간이 짧았고, 교사 숙달도가 낮았으며, 플랫폼의 기능이나 안정성도 미흡했기 때문이다. 코로나19 사태가 언제 끝날지 알 수 없으니 이번 기회에 새로운 교육 플랫폼을 만들어 원격 교육 또는 병행 교육(오프라인+온라인)의 효과를 높이자는 논의가 일어나고 있다. K-팝, K-드라마, K-방역에 이은 'K-에듀'를 만들어낼 기회인 듯하다.

하지만 K-에듀의 핵심을 '플랫폼'으로 간주하고 모든 교사와 학생들이 단일한 플랫폼을 이용하도록 요구하는 것은 절대 피해야 할 위험한 시도다. 무엇보다 에듀테크가 세계적으로 매우 빠르게 발전하고 있다. 따라서 특정한 플랫폼에 탑재된 기능들로 한정하지 말고 오히려 교사들이 자유롭게 새로운 저작 도구와 앱을 활용하고 다양한 노하우를 서로 공유하도록 독려해야 한다.

한국은 독점적인 플랫폼을 만들고 싶은 유혹에 빠지기 쉬운 나라다. 교사의 자율성을 부정하고 창의력을 발휘하기 어렵도록 만들어놓은, 한마디로 '교권 후진국'이기 때문이다. 한국의 국가 교육과정(curriculum)은 서구 선진국에 비해 가르칠 내용을 과도하게 자세히 규정하고 있을 뿐 아니라, 교사 개인 자격으로는 교과서 '집필'은 물론이요 '선택'도 불가능하고, 담당 교사가 달라도 모든 학급의 시험 문항이 같아야 한다. 성적 관리와 학생부 작성을 위한 지침이 책 한 권 분량으로 학교에 내려오고, 개학하기 직전에야 교사에게 담당 과목과 학년을 알려주며, 공문이 학교당 연간 1만 건 이상 쏟아져 그중 상당량이 교사에게 할당된다.

이 모든 것을 한국과 완전히 반대로 하는 나라가 그 유명한 핀란드다. 한국의 진보는 핀란드를 '경쟁을 안 해도 행복한 교육을 하는 나라'라는 식의 이미지로만 소비해버렸고 한국의 보수는 핀란드를 '따라 하기 어려운 별난 나라' 정도로 취급해버렸을 뿐, 이들의 공교육이 얼마나 내실 있게 설계되었고 교사 개개인의 자율성과 창의성을 어느 정도 존중하는지는 들여다보지 않았다. 다들 한국 학생들의 불행을 개탄하는 클리셰에 빠져 정작 한국 교사도 불행하다는 현실을 바로 보지 않는다.

이처럼 한국 교육의 약점을 성찰하지 않고 K-에듀를 설계한다면 세계의 귀감은커녕 한국이 교권 후진국임을 더 적나라하게 보여주는 그로테스크한 괴물이 탄생할 것이다. K-에듀의 3대 원칙은 '교사 자율성', '콘텐츠 다양성', '보편적 접근권'이 되어야 하는데 그중 가장 중요한 것이 '교사 자율성', 즉 교권을 선진화해 교사 개개인의 기회와 선택권을 극대화하는 것이다.

에듀폴리틱스(edu-politics)는 교육정책이 정치에 따라 좌우되는 현상을 뜻한다. 이것은 박근혜정부 시기에도 나타났다. 박근혜정부는 2012년 출범하자마자 국가영어능력시험(NEAT) 도입 계획을 폐기했다. NEAT에 포함된 쓰기와 말하기 평가로 인해 영어 사교육이 급증할 것을 우려했기 때문이다. 뒤이어 2014년 고1부터 시행하기로 했던 고등학교 내신 절대평가(성취평가) 도입 계획을 시행 불과 5개월 전 포기했다. 내신 상대평가를 절대평가로 바꾸면 자사고·특목고 및 강남 등지로 쏠리는 현상이 심해질 것을 우려했기 때문이다.

박근혜정부 시기 NEAT 폐기나 내신 절대평가 포기는 내부의 소수 권력집단이 실행했는데, 이 같은 폐쇄적 의사결정은 이후 '한국사 국정교과서 추진'이라는 흑역사를 낳기도 했다. 하지만 문재인정부 들어 에듀폴리틱스의 양상이 달라졌다.

시민들은 세월호 사건과 메르스 사태 등을 겪으면서 나라를 변화시켜야 한다는 강렬한 욕구를 가지게 되었고, 박근혜 대통령 탄핵을 경험하면서 자신의 참여로 실제 변화를 일으킬 수 있다는 효능감을 갖게 되었다. 박근혜정부 시기의 에듀폴리틱스가 폐쇄적인 내부 권력집단에 의해 주도된 데 반해 문재인정부 시기의 에듀폴리틱스는 '시민 참여'를 특징으로 한다.

그래서 대입제도 논쟁의 의미는 진보/보수 구도로 파악되지 않는다. 얼핏 진보적인 문재인정부가 학종(학생부 종합전형)을 밀어붙이는 것에 대해 수능을 지지하는 보수적 시민들이 저항한 것처럼 보인다. 하지만 학종과 그 전신인 입학사정관제를 급속히 확대한 것은 보수 정부인 이명박-박근혜정부였고, 민주당은 2012년 대선까지만 해도 '입학사정관전형은 기회균형 선발에만 적용'한다고 했다(문재인 후보 대선 공약집). 또한 정시모집(수능 전형) 선호도는 보수층보다 진보층에서 더 높았고, 수시모집(학종 포함)에 대한 선호도를 정당 지지층별로 보면 자유한국당〉민주당〉정의당 순서였다.(2019년 9월 리얼미터 조사)

따라서 대입제도 논쟁에서 의미 있는 대립구도는 진보/보수가 아니라 전문가/시민 또는 엘리트/대중 구도다. 전문가들은 정교한 사실명제를 산출하는 능력이 있다. 따라서 이들이 제출하는 사실명제는 충분히 존중되어야 한다. 하지만 사실명제만으로 정책을 결정하는 것은 근원적으로 불가능하다. 가령 원자력발전소의 1년 내 사고 확률이 0.01%로 계산되었다 해도 누군가는 '확률이 충분히 낮으니 원자력발전을 지속하자'는 긍정적 결론을 내리지만 또 다른 누군가는 '확률이 너무 높으니 탈원전의 길로 가자'는 부정적 결론을 내릴 수 있다.

대입 전문가들은 수능과 학종의 장단점을 정리해서 제공해줄 수 있다. 하지만 대입제도를 어떤 방향으로 개편할지 결정할 때 시민들의 가치관이 개입하는 것은 충분히 정당한 일이다. 방역 전문가들은 어떤 대응책을 동원할 때 감염자 추이가 어떻게 될지를 예측해줄 수 있다. 하지만 학교 문을 열지, 말지를 결정할 때 비전문가의 여론을 반영하는 것은 충분히 정당하다. 이는 영국의 철학자 흄(David Hume)이 '사실명제로부터 당위명제를 이끌어낼 수 없다'며 지적한 문제다. 요컨대 대입 제도 논쟁에서 나타난 시민참여적 에듀폴리틱스는 전문가들이 사실명제와 당위명제를 모두 독점하는 것에 시민들이 저항한 것이었다.

이 책은 일반 시민들을 위한 실용적 가치도 지니고 있다. 교육과 관련된 다양한 논쟁이 벌어지는 와중에 종종 사실과 다른 정보가 유통되곤 하는데, 나는 최선의 정보를 정리해 제공하고자 노력했다. 예를 들어 수능도 학종도 각기 공정하다고 주장할 만한 충분한 근거가 있고(`공정`의 개념이 서로 다름), 현재까지 사교육을 더 많이 유발한 것으로 보이는 쪽은 수능보다 학종이며(사교육 `총량`과 `집중`의 차이), 혁신학교로 지정되어도 학생들 학력이 낮아지지 않고(학력 저하론은 통계 해석의 오류), 특목고·자사고 때문에 일반고가 황폐해졌다는 주장은 근거가 희박하다(서울의 경우에만 타당).

아울러 나는 경제협력개발기구(OECD) 주요 선진국들과 비교해 한국 교육시스템의 독특한 특성을 드러내고자 한다. OECD 35개국 중 한국 대입의 특징인 `객관식 대입시험`은 6개국, `내신 상대평가`는 2개국, `비교과 주요하게 반영`은 3개국에서 선택했을 뿐이다. 다양하고 창의적인 교육을 지향한다고 입버릇처럼 말하면서도 개인에게 선택권이나 자율권을 부여하지 않는 것 또한 한국 교육의 독특한 특징이다. 민주주의의 궁극적 단위도 개인이고, 창의력의 궁극적 원천도 개인이다. 따라서 자율은 기관(대학·고교)보다 개인(학생·교사)에게 주어져야 한다.

이 책에서 가장 독특한 내용은 아마도 교육 경쟁에 대한 해석일 것이다. 많은 교육계 인사나 진보적 지식인들이 대학 서열이 학벌주의 때문이라거나 학생 서열화 때문이라고 주장한다. 나는 이를 모두 반박한다. 대학 서열화의 결정적 원인은 `돈의 격차`에 있다. 대학 간 재정 격차로 인한 교육 여건의 격차, 특히 학생 1인당 투입하는 교육비나 교수 1인당 학생 비율이 대학 서열화의 결정적 원인이다. 학벌이 존재하지 않는 신생대학에서 단기간에 명문대가 된 포항공대, 한국예술종합학교, 광주과학기술원(GIST)·대구경북과학기술원(DGIST)·울산과학기술원(UNIST) 등의 사례를 보라. 학벌은 대학 서열화의 결과이지 원인이 아니다.

대기업이 신입사원을 채용할 때 명문대 출신을 선호하는 것 또한 학벌 의식에 사로잡혀서가 아니다. 노동자를 장기 고용한다는 전제하에 이뤄지는 '정기 채용'이라는 독특한 채용 방식은 '이것저것 다 잘하는 멀티 스펙 인재'를 요구한다. 그런데 이런 유형의 인재는 명문대에 집중되어 있다. 따라서 출신 학교에 따른 차별을 금지하거나 출신 대학 이름을 가리는 블라인드 채용을 한다고 해서 결과가 크게 달라지기는 어렵다. 오히려 최근 '수시채용'과 더불어 확대되고 있는 직무 중심 고용 구조가 좀더 의미 있는 변화를 일으킬 가능성이 있다.

진보 교육계의 미래

진보 교육계는 명실상부한 한국 교육의 주류다. 보수 교육계는 전략, 정책, 조직력에서 지리멸렬한 상황이기 때문에 당분간 진보 교육계의 독주가 이어질 것이다. 하지만 진보 교육계는 진보도 기득권이며 자신이 시민들의 저항 대상이 될 수 있다는 사실을 깨닫지 못하고 있다.

진보 교육계는 문재인정부 시기의 에듀폴리틱스를 받아들이는 과정에서 심각한 인지부조화를 드러냈다. 자신들이 제시한 '올바른' 정책이 교육에 무지한 정치인들에게 가로막혔다고 인식하는 것이다. 특히 수능 절대평가나 국립대 네트워크 같은 굵직한 정책들이 민주당 내 정치인들에게 저지되었으며 지배 이데올로기에 사로잡힌 대중이 여기에 부화

뇌동했다고 여긴다. 이들의 인식 속에서 진보 교육계의 대표는 김상곤 전 교육부장관이고, 이에 맞선 정치세력은 민주당-청와대의 핵심 인물들, 궁극적으로는 문재인 대통령이다.

이 모든 과정을 바로 옆에서 지켜본 나는 이러한 인식이 두 가지 면에서 위험하다고 생각한다. 첫째, 진보의 대안이 미흡하다는 사실을 은폐한다. 2017년 문재인 대선 캠프 내부에서부터 진보 교육계의 정책 대안은 이미 밑천을 드러내기 시작했다. 특히 진보 교육계의 대학 체계 대안인 국립대 통합 네트워크와 공영형 사립대는 이미 파산 상태이며 차기 정부에서도 채택할 가능성이 없다. 둘째, 정치와 대중을 폄훼한다. 정치는 서로 다른 신념이 충돌하고 조율되며 결론에 도달하는, 그 나름의 가치와 독립성이 있는 과정이다. 즉 이미 마련된 올바른 것을 실현하기 위해 문을 열어줘야 마땅한 자동문이 아니다. 그리고 대중은 지배 이데올로기에 사로잡혀 올바른 것의 실현을 가로막는 무지몽매한 존재가 아니다. 이들은 과거 어느 시기보다 각성된 정치의식을 공유한 '깨어 있는 시민'이고, 이들이 저항하는 데는 나름대로 합리적인 이유가 있다.

나는 이 책에서 진보 교육계에 두 가지 메시지를 던지려고 한다. 첫 번째 메시지는 대입 경쟁과 계층 상승의 사다리에 매달리는 사람들이 바보도 아니고 부도덕한 존재도 아니라는 것이다. 내가 3부 '교육 경쟁은 어디서 비롯했나'를 집필한 것은 진보 교육계가 대중과 불화를 해소하려면 경쟁을 일으키는 사회경제적 조건을 다시 분석해야 한다고 생각했기 때문이다. 교육을 계층 상승의 도구로 여기는 학부모를 힐난하기 전에 왜 과거 한국사회에서 계층 상승을 그토록 많이 볼 수 있었는지, 그리고 왜 지금도 거기에 매달리는지 이해해야 한다. 놀랍게도 전자와 후자의 이유가 서로 다르다. 대략 1990년대까지가 '출세경쟁'이었다면 지금은 '공포경쟁'의 비중이 더 크다.

두 번째 메시지는 진보 교육계가 지속적으로 주장해온 입시 폐지라든가 국립대 통합 네트워크와 공영형 사립대, 교육부에서 교육청으로 권한 이양 등 핵심 정책들의 한계를 인정하고 새로운 대안을 모색해야 한다는 것이다. 최근 진보 교육계는 학종의 거버넌스와 진보교육감의 기득권에 안주하며 눈에 띄게 변화의 동력을 상실했고, 시대를 오독하고 학부모를 비난하는 '갈라파고스 교육학'에 빠져 미래 비전을 제시할 임무를 저버리고 있다.

4부에서는 한국의 당면한 교육 이슈들을 두루 분석하면서 아울러 진보 교육계의 정책들에 대하여 비판적 대안을 제시할 것이다. 체스 게임이 마음에 들지 않으면 말을 책망할 것이 아니라 체스판을 갈아엎어야 한다. 진보 교육계는 체스판을 갈아엎을 전망도 방법도 제시하지 못하면서 말을 탓하고 있다. 이것은 진보 교육운동이 퇴보할 징조다. 그리고 진보 교육계의 퇴보는 곧 한국 교육 전체의 퇴보를 의미한다.

감사의 말

나는 이과였다가 문과로 간 셈이고 사교육에 있다가 공교육으로 갔으며, '운동'의 문법이 지배하는 진보 교육계에 몸담았다가 '통치'의 문법이 지배하는 여의도 정치권을 경험했다. 교육계에 있었으나 교사나 교육학자가 아니었고, 정치권에 있었으나 정치인이 될 생각이 없어 당원 가입조차 한 적이 없다. 대선 캠프에서 국가정책을 논하면서도 오랫동안 다양한 학생과 학부모들을 만나며 밑바닥 정서를 접했다. 경제능력과 경제이념이 정반대인 강남 좌파이기도 하다. 이런 복합적이고 경계인적인 경험이 이 책에 녹아들어 있다. 돌이켜보면, 어느 한쪽에 너무 깊이 빠져 있었다면 한국의 교육문제를 해석하는 데 필요한 다양한 방법과 복합적인 시야를 다듬기가 어려웠을지도 모른다.

이 책의 구성과 내용은 전적으로 내 책임이지만 이런 사유에 중요한 힌트나 돌파구를 제시해준 분들에게 고마움을 표하고 싶다. 한국 노동시장의 이중 구조를 알려준 유종일(KDI 교수)과 장하성(전 청와대 정책실장),

양극화의 원인을 비판적으로 고찰하도록 해준 최병천(전 서울시장 정책보좌관), 한국 고용형태와 채용방식의 독특함을 일깨워준 주진형(전 한화증권 대표), 사회운동과 국가정치의 차이를 선명하게 이해시켜준 박성민(정치컨설팅그룹 '민' 대표), 교육 경쟁의 사회경제적 배경에 눈뜨게 해준 주대환(자유와 공화 공동의장)과 김낙년(낙성대연구소 소장), 박정희 통치체제와 사회정책의 특성을 이해하는 데 도움을 준 장하준(케임브리지대 교수)과 양재진(연세대 교수), 공정함의 이중적 의미를 깨우쳐준 천관율(시사인 기자), 평준화의 이중적 의미를 깨우쳐준 이종태(전 청소년정책연구원장), 자율적인 교사상에 대한 확신을 심어준 박종호(신도림고 교사), 후진적인 한국 교권의 실상을 일깨워준 방대곤(천왕초 교장)과 이기정(구암고 교사), 사립대와의 사회적 타협이라는 아이디어를 준 정진상(경상대 교수), 인공지능을 활용한 말하기/듣기 교육의 가능성을 제시한 임완철(서울시교육청 미래교육 정책자문관) 등에게 감사를 전한다.

아울러 2010년 나에게 서울시교육청 정책보좌관을 제안한 곽노현 교육감과 2014년 민주당 싱크탱크인 민주정책연구원(현 민주연구원) 부원장을 제안한 민병두 원장에게 고마움을 표한다. 이 두 번의 계기가 내 사고와 시야를 넓히는 데 결정적인 도움을 주었다. 나에게 상담을 요청해온 학생과 학부모들에게도 감사하다. 일종의 봉사활동이었지만 내가 이들에게 준 것보다 이들에게서 얻은 것이 더 많다. 마지막으로 집필이 끝나기를 인내심을 가지고 기다려준 메디치미디어 김현종 대표와 편집진에도 감사하다는 인사를 드린다.

이 책은 나에게 교육평론가로서 일종의 졸업 작품 같은 느낌을 준다. 나는 20대 시절에 '40대를 진보적으로 살겠다'고 다짐했는데 막상 40대가 되니 그게 너무 쉬웠다. 이명박-박근혜정부의 반대쪽에 서 있으면 되었기 때문이다. 공개된 자아로는 교육평론가로서 살았고, 은밀한 자아로는 글로벌정치경제연구소 이사장으로서 살았다. 홍기빈 소장을 도와 협동조합과 사회적 경제를 한국 진보의 주류에 진입시키는 작업을 재정적으로 후원하며 40대를 보냈다.

50대의 과업은 훨씬 어려운 일일 것 같다. '진보를 진보시켜야' 하기 때문이다. 교육평론가라는 프로필을 버리지는 않겠지만 앞으로 되도록 현실 발언보다는 연구 활동에 집중하려 한다. 아무쪼록 이 책이 한국에서 교육에 대한 논의를 한 단계 끌어올리는 계기가 되기를 바란다.

차례

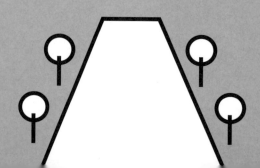

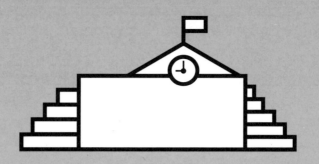

· 2020년 1월 9일 중국, 이른바 '우한 폐렴'의 원인균 및 첫 사망자 발생 발표

· 2020년 1월 20일 한국, 첫 코로나19 확진자 발생

· 2020년 1월 23일 중국 우한 봉쇄령

· 2020년 1월 30일 세계보건기구(WHO) 국제적 비상사태 선언

· 2020년 2월 18일 해외여행 경력 없는 31번 환자 발생. 이후 신천지 관련 확진자 급증

· 2020년 2월 23일 신학년 개학(3월 2일)을 연기하기로 발표. 이후 여러 차례 연기

· 2020년 3월 미국과 유럽 대부분 나라에서 셧다운 조치의 일환으로 휴교 발표
  프랑스의 대입시험 바칼로레아와 영국의 대입시험 A레벨 취소 발표

· 2020년 3월 16일 한국 대학 온라인 강의 시작

· 2020년 3월 31일 수능 11월 19일에서 12월 3일로 2주 연기 발표

· 2020년 4월 9일 온라인 개학. 고3부터 학년별로 순차적으로 시행

· 2020년 5월 20일 등교 개학. 온라인수업과 등교수업 병행. 고3부터 순차적으로 시행

1부
코로나19에서 K-에듀로

1장
한국, 보편적 원격 교육에 성공하다

코로나19 상황에서 한국 정부가 세계에서 거의 유일하게
원격 교육에 성공한 비결은 무엇일까? 코로나19 사태는 과연 끝낼 수 있을까?
코로나19가 종식되지 않았는데 한국 정부에서
등교 개학을 단행한 이유는 무엇일까?

나는 우연히 영국에서 코로나19로 인한 셧다운을 경험했다. 어떤 학교는 휴교 첫날인 2020년 3월 22일부터 줌(Zoom)이나 구글 미트(Meet) 등의 앱을 이용해 실시간 쌍방향 수업을 시작했다. 하지만 대부분 학교는 교사가 학생들에게 숙제를 내주고 최소한의 피드백을 해주는 수준에 그쳤다. 학교별·지역별 격차, 공립·사립 격차가 컸다. 영국뿐만 아니라 대부분 선진국에서 코로나19로 인한 원격 교육은 곧 격차와 불평등이 커진다는 뜻이었다. 한국만큼 일정 수준 이상의 원격 교육을 거의 모든 학생에게 제공하는 데 성공한 나라는 거의 없다. 보편적 원격 교육, 이것이 'K-에듀'의 시작이다.

한국이 원격 교육에 성공한 비결은?

교육부에서는 2020년 3월 31일 '온라인 개학'을 하겠다고 발표했으며, 4월 9일 고3을 대상으로 먼저 온라인 개학을 했다. 이후 다른 학년도 순

차적으로 모두 온라인 개학을 했다. 고3을 기준으로 볼 때 준비 기간은 9일에 불과했다. 교사들은 준비 기간이 촉박하다며, 학생들은 오래 집중하기 어렵다며, 학부모들은 아이들이 딴짓한다며 불만이 폭주했다. 하지만 한국이 겪은 진통은 다른 나라의 원격 교육에서 나타난 극심한 격차에 비하면 훨씬 덜한 것이었다. 그런 의미에서 2020년 4월 9일은 사실상 'K-에듀'가 시작된 역사적인 날이다.

한국은 어떻게 그렇게 짧은 기간 안에 '보편적' 원격 교육에 성공했을까? 우선 한국은 통신 인프라가 좋다. 한국의 초고속 인터넷 보급률과 속도가 세계 1위이고 스마트폰 보급률 또한 세계 1위다(2018년 기준 휴대전화 중 95%). 국가별 통계를 보면 소득이 높을수록 스마트폰 보급률이 높은데, 한국은 1인당 소득은 세계 최상위권이 아닌데도(2019년 1인당 GDP 세계 27위) 스마트폰 보급률은 세계 1위다.

인터넷·스마트기기 보급률이 높은 것은 원격 교육에 엄청난 장점이 된다. 미국 뉴욕주나 워싱턴 D.C.의 공립학교들에서는 온라인 수업은 하지 않고 학습자료와 과제를 나눠준 뒤 피드백하는 수준이었고, 로스앤젤레스에서는 온라인 수업을 하긴 했지만 접속하기 어려운 학생을 위해 텔레비전 강의를 병행했다. 중국에서도 온라인 강의와 함께 아예 텔레비전으로 초중고 대상 강의를 송출했다. 프랑스에서는 인터넷 접속이 어려운 학생들을 위해 우편으로 자료를 보내줘야 했고, 일본에서는 원격 교육을 일부 학교에서만 부분적으로 시도했다.

물론 한국에도 인터넷이나 스마트기기를 이용하기 어려운 학생들이 있다. 그런데 이들에 대한 지원도 다른 나라에 비해 수월했다. 워낙 인터넷 보급률이 높고 평소에도 저소득층 대상 컴퓨터와 인터넷 지원을 해왔기 때문에 추가로 지원해야 할 대상이 많지 않았고, 셧다운 상태가 아니었으므로 정부 행정조직이 발 빠르게 대응할 수 있었던 덕이다. 교육부는 인터넷을 사용할 수 없는 학생들에게 인터넷 접속 장비와 비용을 지원했고 지자체에서는 스마트기기를 지원했다. 서울시에서는 저소득층에 노트북 컴퓨터를 무상으로 대여해줬다.

또 하나 한국이 성공한 비결은 공적 플랫폼과 콘텐츠다. 공영 방송국인 교육방송(EBS)뿐만 아니라 교육부 산하 기관인 한국교육학술정보원(KERIS)에서 e-학습터, 위두랑 등의 플랫폼을 이미 운영하고 있었다. EBS와 KERIS의 플랫폼이 제공하는 기능은 평범했지만 다음 두 가지 요인이 결합되면서 예외적인 성공이 가능했다.

첫째, EBS와 KERIS는 플랫폼만이 아니라 콘텐츠를 제공했다. 강의 동영상이나 수업용 애니메이션·멀티미디어 콘텐츠 등이 준비되어 있었던 것이다. 따라서 교사가 직접 강의 동영상을 제작하거나 실시간 쌍방향 수업을 하기가 어려운 여건이라 해도 이 콘텐츠를 이용해 원격 교육이 가능했다. 비유하자면 직접 요리하기 어려운 사람들을 위해 냉동식품을 준비해놓은 셈이었다. 둘째, EBS와 KERIS는 엄청난 동시접속을 견뎌냈다. 아무리 잘 준비된 플랫폼과 콘텐츠라도 많은 동시접속을 견뎌내지 못하면 '보편적' 원격 교육이라고 할 수 없다. 물론 초기에 접속 불량이 나타났지만 금세 안정되었다.

한국이 '보편적 원격 교육'에 성공한 요인은 높은 인터넷·스마트기기 보급률, 접속 환경이 열악한 학생에 대한 효과적 지원, 공공기관이 미리 준비한 플랫폼과 콘텐츠, 엄청난 동시접속을 견뎌낸 시스템 지원 등이 어우러진 결과다. 이 모든 조건이 충족된 나라는 한국 이외에는 거의 없다.

그렇다면 코로나19는 언제까지 지속될까? 코로나19 사태를 끝내기 위한 의학적 노력은 크게 치료제와 백신 두 가지 방향에서 이뤄지고 있다. 치료제로는 대체로 항바이러스제, 혈장치료제, 항체치료제 세 가지가 꼽힌다. 항바이러스제 중에는 이미 렘데시비르가 치료 효과를 인정받아 사용되고 있지만 특효약이라기에는 효능이 크게 부족하다. 지금도 여러 항바이러스제가 테스트되고 있지만 효과가 확실한 약이 단기간에 나오지는 않을 것으로 보인다.

혈장치료제는 이미 선보였지만, 감염되었다가 완치된 사람의 혈장에 존재하는 성분을 이용하는 것이므로 대량 생산이 불가능하다. 그 이후 항체치료제가 개발될 것이다. 코로나19 바이러스에 효과가 있다고 입증된 항체를 신체 외부에서 대량생산해 환자에게 주사하는 것이다. 이것은 빠르면 1년 이내에 나올 수도 있다는 기대를 받고 있다. 항체치료제는 대개 완치까지 입원 기간을 줄여주고 완치율을 높이는(사망률을 낮추는) 효과가 있다. 다만 전문가들은 항체치료제가 개발되어도 그 약효가 코로나19 이전과 같은 생활양식으로 돌아가도록 해주는 수준은 아닐 거라고 예측한다.

결국 코로나19 사태를 완전히 끝내고 이전과 같은 생활로 돌아가려면 백신이 필요하다. 그런데 코로나19 백신이 개발된다 해도 효과가 불완전할 가능성이 점쳐지고 있다. DNA바이러스에 비해 RNA바이러스는 구조적으로 불안정하고 변이가 심해서 백신을 개발하기가 어렵다. 후천성 면역결핍증(AIDS)의 병원체인 HIV는 RNA바이러스인데 1980년대에 발견되었지만 아직 백신이 나오지 않았다. 역시 RNA바이러스인 인플루엔자(독감)의 경우 백신이 있긴 하지만 예방률이 50% 내외에 그친다. 다만 접종하면 일단 절반 정도는 예방되고 감염된다 해도 증세가 상대적으로 약하게 나타나므로 인플루엔자 백신을 접종할 가치가 있다고 보는 것이다.

결국 코로나19 백신도 효과가 불완전할 가능성이 높고, 효과가 좋은 백신이 나오려면 오랜 시간이 걸릴 수 있다. 이 모든 예측은 원격 교육이 필요한 상황이 오랫동안 지속될 수도 있음을 시사한다.

한국 정부가 등교 개학을 단행한 이유는?

2020년 4월 9일 온라인 개학을 단행할 때 혼란과 불만은 있었지만 이러한 조처 자체에 대한 논란은 별로 없었다. 사상 초유의 코로나19 사태 속에서 온라인 교육은 불가피하다고 여겼던 것이다. 여론조사에서도 찬성 60.5%, 반대 23.2%로 온라인 개학을 지지하는 여론이 훨씬 높았다. 초중고 학부모로 한정하면 찬성 58.1%, 반대 28.1%였다.(리얼미터 2020년 3월 20일 여론조사)

그런데 정부가 5월 20일부터 등교 개학·온라인/등교수업 병행을 예고하자 등교 여부에 대한 논란이 불거졌다. 이태원 클럽발 전염 사태로 하루 확진자가 5월 초순 한 자리 숫자에서 5월 중순부터 두 자리 숫자로 늘어나자 등교 개학을 반대하는 목소리가 높아진 것이다. 등교 개학을 연기해야 한다는 의견이 51%, 예정대로 개학하자는 의견이 38%로 나타났다. 초중고 학부모로 한정하면 54% 대 37%였다.(한국리서치 2020년 5월 22~25일 여론조사)

방역과 안전을 최우선 가치기준으로 삼는다면 정부는 이 대목에서 등교 개학을 포기했어야 했다. 하지만 한국 정부는 예정대로 등교 개학을 강행했다. 그 이유는 크게 네 가지를 꼽을 수 있다.

첫째, 학습 결손 우려다. 온라인 수업의 효과가 오프라인 수업보다 평균적으로 낮다는 것은 부인하기 어렵다. 따라서 온라인 교육이 장기화될수록 학력 저하 등의 문제가 나타날 우려가 있었다. 특히 학부모들은 나이가 어릴수록 주의력을 유지하면서 온라인 수업에 참여하기 어렵다고 입을 모은다. 초등 1, 2학년을 위한 온라인 수업은 EBS에서도 송출되었는데, 이는 어린 학생들은 화면이 큰 텔레비전을 보는 편이 집중하기에 좋을 거라고 여겨졌기 때문이다.

둘째, 돌봄 문제다. 어린 자녀를 맡길 곳이 마땅치 않은 부모들은 상황이 장기화될수록 어려움이 커졌다. 셧다운으로 부모도 출근하지 않는 나라들과 달리 한국은 부모가 대부분 정상 출근하는 상황이었으므로 돌봄 문제가 더 심각했다. 인터넷상 여론은 등교 개학을 다시 연기하라는 의견이 압도적이었으나, 예컨대 여론 주도 능력이 약한 저소득층 맞벌이 가정의 생각은 다를 수 있었다.

셋째, 교사-학생 관계 문제다. 9월에 신학년이 시작되는 대부분 나라에서는 교사가 학생들을 충분히 파악한 시점에 코로나19 사태가 터져 원격 교육으로 전환했지만, 3월에 신학년이 시작되는 한국에서는 학년 시작부터 원격 교육(온라인 등교)이 이뤄진 셈이었으므로 교사들이 학생을 파악하는 데 어려움이 있었다.

넷째, 먼저 등교를 시작한 나라들의 상황이다. 한국보다 먼저 등교를 시작한 중국, 대만, 덴마크, 오스트리아, 핀란드, 노르웨이 등과 아예 휴교를 하지 않은 스웨덴에서는 학교에서 집단 감염이 나타난 사례가 거의 없었다. 싱가포르가 3월 말 개학했다가 한 유치원에서 20명이 집단 감염되는 사태가 크게 보도되었으나 그 이후에는 그런 일이 거의 일어나지 않았다. 유럽 여러 나라 관계자들은 초등학교에서 집단 감염이 일어나지 않는 것으로 보아 "어린이는 바이러스의 주요 유포 원인은 아닌 것으로 보인다."고 말하기도 한다("Is It Safe to Reopen Schools? These Countries Say Yes", 월 스트리트 저널 2020년 5월 31일자 기사).

이처럼 정부가 등교 수업을 강행한 것은 현 단계 온라인 교육이 지닌 나름의 한계 등을 종합적으로 판단했기 때문이다. 즉 지금 상황에서 오프라인 교육의 장점과 가치를 근본적으로 부정하기는 어렵다. 다만 코로나19 사태가 장기적으로 지속될 가능성이 높은 상황이므로 온라인 교육의 장점을 극대화하고 단점을 보완하는 일 또한 필요하다. 그렇다면 우리는 원격 교육의 장점을 제대로 이해하고 있을까? 그리고 온라인 교육의 잠재력을 제대로 활용하고 발전시킬 전략을 가지고 있을까? 이같은 질문에 답하기 위해 온라인 교육의 역사와 현재 상황을 짚어볼 필요가 있다.

2장
온라인 교육의 역사와 전망

'배움'에서 '익힘'으로, 동영상 녹화에서 실시간 쌍방향으로
원하는 곳에서 원하는 수업을 듣는 일이 가능해지고
온라인 교육의 핵심인 프로그램 콘텐츠의 중요성이 높아지고 있다.
4차 산업혁명 시대에 교육 분야에서는 인공지능으로 무엇을 할 수 있을까?

"사교육비 절감과 교육기회 균등을 위해 메가스터디가 출범했습니다."
 2000년 창업한 메가스터디가 내놓은 첫 번째 보도자료의 제목이다.
이 보도자료는 당시 대표이사이던 전설적인 스타강사 손주은 선생의 동
생인 손은진 씨가 만들었다. 학원 수강료의 1/3~1/4로 대치동 1타 강
사의 강의를 들을 수 있었으니 '사교육비 절감'이 맞았고, 인터넷만 연결
되면 전국 어디서나 강의를 들을 수 있었으니 '교육기회 균등'이 맞았다.
4년 뒤 EBS가 인터넷 강의를 무료로 제공하기 시작하면서 이러한 가치
는 퇴색했지만, 메가스터디는 전 세계에서 최초로 상업적으로 성공을
거둔 동영상 콘텐츠 서비스이자 교육 사이트였다. 온라인 교육의 특징
인 비용 절감과 시공간적 유연성의 위력을 세계 최초로 보여준 것이다.

원하는 시간에 원하는 곳에서 수업을 듣는다?
나는 박사과정에 있으면서 우연히 아르바이트로 하게 된 학원 강의가

인기를 끌어 삽시간에 대치동 과학 1타 강사가 되었다. 2000년 내가 창업에 참여한 메가스터디는 학원 강사들의 강의를 인터넷을 통해 전달하는 사업으로 큰 성공을 거뒀다. 창업 그룹의 리더였던 손주은 선생은 TV홈쇼핑이 인기를 끄는 걸 보면서 미디어의 발전에 따라 교육이 변화할 거라는 생각을 했다고 한다. 그는 한 온라인 교육업체와 강의 콘텐츠 독점 계약을 맺기 직전에 계약서를 나와 당시 논술 1타 강사였던 조진만 선생에게 보여주었고, 이를 본 우리는 차라리 회사를 직접 만들자고 제안했다. 창업은 일사천리로 진행되었다. 메가스터디라는 이름은 그때 나와 갓 결혼한 아내가 지었다.

그때까지만 해도 회사가 성장할 거라는 확신은 있었지만 대입 사교육 전체가 그토록 빠르게 온라인 중심으로 재편될 줄은 몰랐다. 2000년 9월에 사이트를 오픈했는데 초기에는 동영상이 아니라 전자칠판 강의가 주류였다. 전자칠판 강의는 6년 뒤인 2006년 무료 교육을 표방하며 시작한 칸 아카데미(Khan Academy) 등에서도 볼 수 있는데, 메가스터디의 전자칠판 강의는 학원 강의 사운드를 녹음한 뒤 전자칠판 판서와 결합하는 방식으로 제작했기 때문에 현장감이 높았다.

그런데 전자칠판 강의보다는 오프라인 강의를 그대로 촬영한 동영상이 훨씬 위력적이었다. 2001년 여름방학부터 본격적으로 동영상을 제공하자 손익분기점 언저리에 있던 매출이 수직 상승하기 시작한 것이다. 그해 겨울방학에는 지방의 유명 강사들이 회사로 찾아오기도 했다. 원래 단과학원은 방학 때 수강생이 가장 많은데, 학생들이 메가스터디 온라인 강의로 몰리는 바람에 대부분 강좌가 폐강되자 메가스터디가 어떤 회사인가 궁금해서 직접 방문한 것이다.

온라인 교육의 특성으로 흔히 '시간적·공간적 유연성'을 꼽는다. 동영상 강의 외에도 넷플릭스처럼 원하는 영화나 드라마를 골라 보는 주문형 비디오(VOD) 서비스의 보편적 장점이 바로 시간적·공간적 유연성, 즉 원하는 시간에 원하는 공간에서 콘텐츠를 골라 보는 '맞춤형 서비스'가 가능하다는 것이다. 그런데 동영상 강의의 시간적·공간적 유연성이 특정한 조건과 결합하면 뜻밖의 결과를 낳기도 한다. 특히 대입 사교육 시장처럼 소비자의 관여도가 높은 경우에는 시장 독점도가 쉽게 높아진다. 소수의 스타 강사가 지리적 장벽을 뛰어넘어 대부분 시장을 장악하는 일이 가능한 것이다.

이용자의 충성도가 낮다는 것도 중요한 특징이다. 당시 동영상 강의 이용 행태를 학습관리시스템(LMS)으로 조사해본 적이 있다. 내 강좌를 수강 신청한 학생 가운데 끝까지 강의를 듣는(이른바 '완강'하는) 경우가 50%도 안 되었다. 실망스러운 결과였는데 나중에 알고 보니 그게 높은 편이었고 심지어 10%대나 20%대를 기록하는 강좌도 있었다. 동영상 강의는 쉽게 시작할 수 있는 만큼 쉽게 그만두기도 하는 것이다.

코로나19로 시작된 온라인 교육에서도 비슷한 현상을 볼 수 있다. 학부모들이 동영상 수업을 듣는 자녀들을 지켜보니 수업 시간에 딴짓을 하거나 아예 강의를 제때 듣지 않는 경우도 있다며 불평하는 것이다. 그런데 이 같은 현상은 새삼스러운 일이 전혀 아니다. 동영상 강의는 '딴짓'을 막기 어렵다.

동영상 강의에서 실시간 쌍방향 수업으로

초기 영화는 연극을 모방했다. 심지어 연극 무대에서 연기하는 배우들을 그대로 촬영하기도 했다. 그런 것처럼 초기 온라인 교육은 오프라인 교육을 모방했다. 강의 장면을 그대로 녹화해서 보여준 것이다. 동영상 강의는 다양한 영역에서 위력을 발휘했다. 과거에도 원격 교육이 있었지만 라디오나 텔레비전을 이용했기 때문에 한계가 뚜렷했다. 그런데 인터넷으로 매우 다양한 강의를 언제 어디서든 볼 수 있게 되면서 원격 교육의 새 장이 열렸다.

한국의 EBS는 메가스터디를 벤치마킹하여 2004년 고등학생이 무료로 이용할 수 있는 동영상 강의를 제공하기 시작했다. 테드(TED)는 2006년 주제별 강의 동영상을 인터넷에 공개하기 시작했다. 2008년에는 캐나다 매니토바대에서 최초로 무크(MOOC, Massive Open Online Course, 대규모 공개강좌)를 시작했다. 무크는 2012년 하버드대와 MIT가 연합으로 무크 사이트 에드X(edX)를 열면서 세계적인 트렌드가 되었다. 한국에서는 2001년에 시작된 사이버대학과 별개로 2015년 K-무크가 출범했고, 여기서 명문대 강의를 수강할 수 있게 되었다.

그런데 동영상 강의는 시간적 유연성은 확보되지만 학생들이 딴짓을 하기 쉽고 직접 수업에 참여하며 상호작용을 하기가 어렵다는 한계가 있다. 상호작용이 가능하긴 하지만 강의와는 별도로 게시판을 이용해 문답과 토론을 진행하는 식이어서 한계가 뚜렷했다. 그리고 인터넷 속도가 빨라지고 쌍방향 동시접속을 지원하는 기술이 발전하면서 여러 명이 실시간으로 수업에 참여하는 것이 가능해졌다. 처음에는 화상회의를 겨냥해 개발된 기술이 곧 교육에 적용된 것이다.

2014년과 2015년에 원격 교육의 역사에 남을 만한 사건이 일어났다. 2014년에는 '캠퍼스 없는 대학'으로 유명한 미네르바 스쿨이 문을 열어

'MIT나 하버드보다 입학하기 어려운 학교'라는 평판을 얻기 시작했다. 2015년에는 미국 애리조나주립대에서 최초로 온라인 강의에 오프라인과 똑같은 학점과 학위를 부여하기 시작했다. 사이버대학도 있는 마당에 온라인으로 학점과 학위를 부여하는 게 뭐 그리 대단한 일인가 싶겠지만, 일반 오프라인 학점·학위와 완벽하게 동등한 학점·학위를 인정한 것은 애리조나주립대가 처음이었다.

그런데 과연 미리 녹화된 동영상 강의를 위주로 했다면 미네르바 스쿨이 개교와 동시에 그렇게 인기를 끌고, 애리조나주립대가 온라인 학점·학위를 오프라인과 동등하게 인정하는 일이 가능했을까? 이것은 실시간 쌍방향 연결이 가능해진 덕이 크다. 쌍방향으로 수업, 토론, 팀활동 등이 가능해지면서 오프라인 못지않은 다양한 수업·평가 방법을 활용하게 되었고 이로써 교육 효과가 높아진 것이다.

나는 영국에서 코로나19로 인한 휴교 상황에서 일부 사립학교가 곧바로 원격 교육을 본격적으로 시작하는 것을 지켜보았다. 영국 정부가 휴교를 발표한 지 5일 만인 3월 22일부터 줌이나 구글 미트 같은 실시간 화상 연결 앱을 이용해 쌍방향 수업을 시작한 것이다. 교사는 서서 수업을 진행하는 경우도 있었지만 책상 앞에 앉아서 수업을 진행하는 경우가 더 많았다. 학생들은 각자 집에서 컴퓨터로 접속해 수업에 참여했으며 심지어 동아리활동도 실시간 온라인으로 진행했다.

그때 영국에서 온라인으로 진행하는 고등학교 미술 수업을 볼 기회가 있었는데, 각자가 그린 작품을 설명하거나 작품 주제에 대해 토론하고 작품 계획을 설명하면 교사가 즉시 코멘트를 해주었다. 한 학생은 오프라인 교실에서 하는 수업보다 더 좋다는 반응을 보이기도 했다. 시끄럽거나 신경 쓰이게 하는 친구가 없어서 집중이 더 잘된다는 것이다. 다만 자신은 과학을 좋아하는데 과학 실험을 하지 못해서 아쉽다고 했다. 한 교사는 아이들이 수업 내용을 이해하는지를 오프라인 수업보다 확인하기가 오히려 더 쉬워서 수업 효과가 더 높은 것 같다고 말했다.

한국에서는 4월 9일 '온라인 개학'이라는 이름으로 원격 교육이 시작되었다. 그런데 실시간 쌍방향 수업은 많이 보기 어려웠다. 교사들에게 주로 활용하는 원격수업 형태를 설문해보니 '과제 수행 중심 수업'이 10.6%, '콘텐츠(주로 동영상 강의) 활용 중심 수업'이 40.9%이고 '실시간 쌍방향 수업'은 5.2%에 불과했다. 두 가지 또는 세 가지 방법을 함께 활용하는 경우를 합쳐도 실시간 쌍방향 수업을 활용하는 비율은 23.1%에 지나지 않았다.(교육부 4월 27~29일 교사 22만4,894명 대상 온라인 설문조사)

한 가지 유의할 점은 공립/사립 격차가 나타나고 있다는 것이다. 초등학교의 경우 공립학교는 동영상 강의를 많이 활용한 반면 사립학교는 실시간 쌍방향 수업을 많이 했다. 설문조사를 해본 것은 아니지만 학부모들 반응을 보면 사립 초등학교의 수업 만족도가 더 높은 것이 확실하다. 그 이유는 공립 초등학교에서 제공하는 동영상 강의의 질이 낮아서가 아니다. 실시간 쌍방향 수업의 두 가지 근원적인 비교우위, 즉 첫째로 더 다양하고 적극적인 수업 방법들을 활용할 수 있다는 점과 둘째로 학생이 수업에 불참하거나 집중하지 않고 '딴짓'하는 것을 최소화할 수 있다는 점이 작용했기 때문이다.

온라인 개학 이후 교사 대상 설문조사

1. 선생님께서 교과수업 시 활용하고 계시는 주된 원격수업의 형태는?	비율 (%)	4. 원격수업을 실제 운영하시면서 가장 어려운 점 2가지는? (복수가능)	비율 (%)
과제 수행 중심 수업	10.6	원격수업 준비에 필요한 기본적 기기(노트북 등) 노후화 혹은 부족	18.1
콘텐츠 활용 중심 수업	40.9	교실 WIFI 지원 등 기본 인프라 환경 미흡	16.3
실시간 쌍방향 수업	5.2	출석수업보다 많이 소요되는 수업 준비시간 부담	42.2
최소 2개 이상의 혼합형 (☞문항 1-1로 이동)	43.3	IT 기기 활용법 학습 등 새로운 기술 학습 부담	23.5
1-1. 최소 2개 이상 혼합하여 교과수업을 운영하실 경우 어떤 방법을 혼합하여 사용하십니까?		학생 출결확인 및 수업참여 독려	56.6
과제 수행 중심 수업 + 콘텐츠 활용 중심 수업	82.1	수업저작권 및 교사 초상권에 대한 침해 우려	41.3
과제 수행 중심 수업 + 실시간 쌍방향 수업	3.9	**5. 원격수업 안정화를 위해 가장 지원이 필요한 사항 2가지는? (복수가능)**	
콘텐츠 활용 중심 수업 + 실시간 쌍방향 수업	7.1	서버 확충 등을 통한 플랫폼 안정성 확보	43.8
교육부가 구분한 3개 수업 형태 모두 활용	6.9	원격수업 역량 강화 프로그램(교사연수, 안내자료 등) 제공	19.2
2. 수업 콘텐츠는 주로 어떤 자료를 활용하십니까? (복수가능)		교원의 전문적 학습공동체 운영을 위한 협의회비 지원	8.9
자체 제작	58.4	출결, 학습진도 관리 등이 용이하도록 LMS 시스템 개선	56.5
EBS 강의	42.1	교과별 차시별 다양한 콘텐츠 및 학습자료 제공	65.4
KERIS, 위두랑 등에서 제공하는 강의	14.4	**6. 원격수업 활성화를 위해 제도적으로 개선이 필요한 사항은?**	
유튜브 등 민간에서 제공하는 자료	43.3	교육과정의 자율적 운영	15.1
디지털교과서	17.2	학습콘텐츠에 관한 저작권 문제 해결	40.4
3. 원격수업을 하면서 가장 많이 이용한 플랫폼은?		재택근무 등 교원복무규정 개선	22.5
KERIS(e학습터, 위두랑)	31.8	평가가이드라인 개선 등 평가제도 개선	21.9
EBS 온라인클래스	35.1	**7. 향후에도 원격수업을 수업에 활용하실 생각이 있으십니까?**	
해외 민간 플랫폼(구글 클래스룸, MS팀즈 등)	14.9	매우 그렇다	13.6
국내 민간 플랫폼(네이버 밴드, 카카오톡, 클래스팅, 학교종이 등)	18.2	그렇다	31.0
		보통이다	31.8
		그렇지 않다	15.7
		매우 그렇지 않다	8.0

교육부가 교육행정정보시스템(NEIS)을 통해 교사 22만4,894명을 대상으로 2020년 4월 27~29일에 조사한 결과로 교육부 5월 4일 보도자료에서 인용. 교사들은 저작권 문제를 중요한 개선점으로 꼽았는데(40.4%) 이는 오프라인 수업 자료는 법적으로 저작권 예외를 인정받지만 온라인 수업 자료는 그렇지 않기 때문이다.

지금까지 논의만 보면 온라인 교육의 핵심은 동영상 강의나 실시간 쌍방향 수업인 것처럼 보인다. 하지만 이는 섣부른 결론이다. 교육이나 학습은 '수업'과 동의어가 아니다. 학습은 배운다는 뜻의 학(學)과 익힌다는 뜻의 습(習)이 결합된 말이다. 수업 시간에 잘 가르쳤으니 잘 배워졌을 거라고 가정하는 것은 위험하다. 익힘[習]이 필요하기 때문이다.

여태까지 한국의 평균적인 학교에서 학생들에게 충분한 '익힘'을 제공했는지는 의문의 여지가 많다. 예를 들어 초등학교 수학 수업 시간에 수학 교과서와 익힘책의 내용을 배운다. 그런데 이런 수업만으로 학생들이 충분한 익힘에 이를 수 있을까? 교사들의 말을 들어보면 그렇지 않다. 또 다른 예로 초등 3·4학년은 주 2시간, 5·6학년은 주 3시간 영어 수업을 받게 되어 있다. 이렇게 수업을 들으면 영어가 배워질까? 이 정도 노출 시간으로는 외국어가 배워지지 않는다는 것이 외국어 교육 전문가들의 일치된 의견이다. 따라서 온라인 교육 또한 수업(동영상 강의와 실시간 쌍방향 수업)으로 한정해 이해하면 곤란하다. 온라인 교육에 '익힘' 과정까지 포괄해서 이해해야 한다.

익힘을 위해 전통적으로 많이 활용해온 방법은 숙제다. 숙제를 온라인 '프로그램 콘텐츠'로 내주고 관리하면 학습 효율을 높일 수 있다. 프로그램 콘텐츠(programmed contents)는 이용하기 좋도록 체계적으로 분류된 콘텐츠를 뜻한다. 예를 들어 문학작품을 텍스트 파일로 모아놓은 것은 단순한 '콘텐츠 무더기'다. 나름대로 가치는 있겠지만 이를 교육에 활용하기는 어렵다. 그런데 여기에 가이드를 붙이고 학년이나 용도에 따라 선택할 수 있도록 체계화한다면 활용도가 훨씬 높아질 것이다. 또 다른 예로 한글 글자를 읽는 연습을 하기 위한 한글카드를 모아놓았다면 단순한 콘텐츠에 불과하지만 게임을 통해 점차 난이도가 높은 글자를 읽을 수 있도록 만들어놓은 프로그램이 있다면 이것은 프로그램 콘텐츠다.

나는 2003년 말 사교육업계에서 은퇴를 선언했다. 사교육업계의 수면 아래에서 벌어지는 행태에 극심한 회의감을 느꼈기 때문이다. 이후에는 2007년에 4개월간 논술 강의를 해본 것을 제외하고는 EBS, 강남구청, 곰TV 등에서 학생들에게 무료로 개방된 인터넷 강의만 했다. 2006년에는 첫 책을 냈고, 2007년에는 신문에 칼럼을 연재하기 시작했으며, 2008년에는 스스로 교육평론가라는 프로필을 만들었다. 2010년 곽노현 서울시교육감으로부터 정책보좌관 자리를 제안받아 서울시교육청에서 일하게 되었다. 이때 창업할 때부터 가지고 있던 메가스터디 주식을 모두 매각해서 사교육업계와 이해관계를 단절했다. 공교육계에 들어간다고 생각하니 사교육업체 주식을 가지고 있기가 불편했기 때문이다.

그러나 사교육업계는 여전히 새로운 아이디어의 원천이다. 사실 한국의 교육업체들에서 내놓는 상품 가운데 세계적 수준으로 보이는 것들이 종종 있다. 다만 언어 장벽과 교육과정의 차이로 다른 나라에서 통용되기 어려울 뿐이다. 내가 사교육업계의 상품들을 들여다보다가 새롭게 눈을 뜬 거대한 가능성의 세계가 바로 '프로그램 콘텐츠'였다.

2011년 초 서울시교육청 정책보좌관으로 일하던 나는 한 영어 교육업체에서 완성하기 직전 단계의 온라인 영어 교육 프로그램을 발견했다. 이 프로그램은 다양한 온라인 활동을 하며 자연스럽게 영어 노출 시간을 최대화하도록 구성되어 있었다. 학생이 재미있는 상호작용과 게임 등으로 듣기, 읽기는 물론이고 말하기도 부분적으로 연습할 수 있도록 설계되어 있었다. 예를 들어 게임을 하며 영어 발음법(phonics)을 익히고 단계적 미션을 수행하며 읽기와 어휘 능력을 끌어올리도록 하는 식이었다.

이러한 유형의 프로그램 콘텐츠는 새로운 것은 아니었다. 1990년대 미국의 '점프 스타트'나 '스콜라스틱' 등의 업체에서 출시한 교육용 CD롬에서 볼 수 있던 유형이다. 다만 일관성 있는 디자인과 콘셉트로 프로그램 콘텐츠를 다량 개발하고, 이를 이용자 수준과 이용 목적에 따라 분류하고 체계화한 것이다. 이 업체는 영어학원도 같이 운영했기 때문에 학원 수강생들을 대상으로 상당한 수준의 검증도 끝낸 상태였다. 또한 학생들의 말하기 능력을 상당히 끌어올릴 수 있게끔 설계된 '흉내내기'라는 기능도 갖추고 있었다.

서울시교육청 꿀맛영어 서비스 첫 화면

이 프로그램으로 최대한 재미있게 영어 노출 시간을 극대화해서 영어 교육을 내실화하는 계기가 될 수 있었으나 두 차례 교육감이 교체되면서 허무하게 사라졌다.

나는 이를 서울시교육청에 독점 공급하도록 계약을 주선하고 2011년 12월부터 '꿀맛영어'라는 사이트를 열어 서울시내 7개 초등학교와 4개 중학교에서 교사 48명과 학생 916명이 활용하도록 했다. 기존에 서비스 되던 '꿀맛닷컴'과는 완전히 별개의 콘텐츠였다. 반응은 상당히 긍정적 이어서 교사의 78.6%가 영어 실력 향상 효과가 있다고 답했고, 학부모 가운데 사교육비 절감 효과를 긍정한 비율이 56.5%로 부정 비율 10.6% 를 압도했다.(나머지는 '보통이다' 32.9%) 이후 이용자를 단계적으로 확대해 나중에는 479개교 교사 515명, 학생 2만1,179명이 이용했는데 영어 실 력 향상도 설문에서 교사, 학부모, 학생 모두 긍정 응답이 부정 응답을 압도했다. 나는 꿀맛영어 서비스를 더욱 확대하여 서울의 모든 학생이 사용할 수 있도록 하고 향후 프로그램 콘텐츠를 공급하는 업체를 늘려 업체들 간에 자연스럽게 경쟁하도록 하자는 목표를 설정했다.

이때 경험으로 내 시야는 수업에서 숙제로, 강의에서 프로그램 콘텐 츠로 확장되었다. 우리가 뭔가를 배운다는 과정을 전체적으로 바라보면 수업 또는 강의는 일부에 불과하다. 학습 효과를 높이려면 학습자의 '익 힘'을 유도하는 것이 중요한데 이때 프로그램 콘텐츠가 효과적일 수 있 다. 그뿐만 아니라 나는 여기서 추가로 두 가지 교훈을 얻었다.

첫째, 제아무리 뛰어난 프로그램 콘텐츠라 할지라도 교사가 지도하고 개입하지 않으면 참여율과 효과가 낮다는 것이다. 꿀맛영어에는 초보적 인 수준이지만 학습관리시스템이 있어서 교사가 학생별 과제 수행률과 성취도 등을 한눈에 보고 학생들에게 피드백을 할 수 있었다. 꿀맛영어 를 학생 자율로 활용하는 것도 가능했지만, 교사가 지도하고 숙제로 부 과하는 경우가 효과나 만족도가 훨씬 좋았다. 가장 효과가 좋은 경우는 교사가 프로그램 콘텐츠를 수업과 부분적으로 연계해 학생들의 활용을 유도하는 것이었다.

둘째, 새로운 기술과 서비스가 정착하려면 우호적인 환경이 필요하다는 것이다. 곽노현 교육감은 공직선거법 위반으로 2012년 9월 교육감직에서 물러났다. 정무직 공무원이던 나도 당연히 사직할 수밖에 없었다. 이후 12월 대선과 함께 치러진 서울시 교육감 재선거에서 보수를 표방한 문용린 후보가 당선되었고 이후 꿀맛영어는 예산이 전액 삭감되어 문을 닫고 말았다. 아마도 정치적으로 반대편에 있던 전임 교육감의 사업을 이어가기가 껄끄러웠을 것이다. 나중에 만나본 교육청 담당자는 탄식을 쏟아내며 개탄했다. 2014년 6월까지 재임한 문용린 교육감은 한자 교육 예산을 늘렸다.

2014년에는 진보 계열의 조희연 교육감이 당선되었다. 그런데 그에게 꿀맛영어를 부활하자고 두어 차례 설득했으나 아무런 반응을 보이지 않았다. 교육감 자신도 그랬지만 영어 교육을 백안시하는 측근들의 태도가 노골적으로 드러났다. 이러한 상황은 2018~2019년 인공지능 영어 교육시스템을 제안하고 추진할 때도 똑같이 반복되었다. 한때는 뜨거운 이슈였던 학교 영어 교육 내실화 문제가 어찌된 일인지 보수도 진보도 별 관심을 보이지 않는 주제가 되어버린 것이다.

인공지능으로 무엇을 할 수 있을까?

웅진(씽크빅), 대교(눈높이), 교원(빨간펜), 재능교육, 아이스크림(i-scream) 등 웬만한 교육업체의 온라인 상품들은 하나같이 인공지능을 활용한다고 강조한다. 물론 인공지능은 교육 분야에서도 유용하게 쓰일 것이다.

하지만 인공지능을 활용한다고 해서 교육 효과가 갑자기 엄청나게 높아진다고 기대해서는 곤란하다. 인공지능의 효과라고 주장되는 것들이 사실은 인공지능 덕이 아니라 콘텐츠 자체의 질이 높고 학생들의 수준과 필요에 잘 맞춰서 구성되어 있기 때문인 경우도 많다.

현재 온라인 교육에서 인공지능이 가장 많이 응용되는 방식은 프로그램 콘텐츠의 일부 기능을 인공지능으로 대체하는 것이다. 예를 들어 학생이 특정 유형의 문항을 많이 틀리면 그런 유형을 더 많이 연습시키는 진단-큐레이션 알고리즘을 가진 경우가 많은데, 이 알고리즘을 인공지능이 수행하도록 만드는 것이다. 그런데 그 결과를 놓고 보면 인공지능을 응용하기 전과 후에 별다른 차이를 느끼지 못하는 경우도 많다. 사실 정교하게 분류된 문항 데이터베이스와 진단 기준만 잘 갖춰져 있으면 인공지능을 활용하지 않아도 상당히 효과적인 진단-큐레이션이 가능하다.

온라인 교육에서 인공지능이 활용되는 또 다른 예가 '학생 관리'다. 예를 들어 한국의 사이버대학들은 일반 대학에 비해 중도탈락률이 높은데 이를 낮추기 위해 몇몇 대학에서 멘토-멘티 시스템을 도입해 효과를 보고 있다. 그렇다면 멘토-멘티 시스템을 인공지능으로 대체하면 효과적일까? 애리조나주립대에서는 학습자를 관리하기 위해 이미 인공지능을 활용하고 있다. 예를 들어 인공지능을 이용해 학생들의 학습과 여타 행동에 대한 정보들(빅데이터)을 모아 위험 그룹을 선별할 수 있다. 하지만 한국의 사이버대학이라면 기왕 운영하는 멘토-멘티 시스템을 중심으로 놓고, 인공지능은 멘토를 지원하는 도구로 활용하는 것이 좋을 것이다. 중도탈락 위험군에 속하는 학생이 인터페이스를 통해 만나는 대상이 기계(신호)인 경우보다 사람(멘토)인 경우가 더 나을 것은 자명하기 때문이다.

이처럼 인공지능을 활용한다고 해서 자동으로 대단한 효과가 생기는 것은 아니다. 즉 인공지능은 만능이 아니며, 다만 때때로 유용한 도구일 뿐이다. 그런데 인공지능을 도입해 학습 효과를 크게 높일 수 있다고 기대되는 분야가 하나 있다. 듣기/말하기 연습이다.

2017년 말 초등학교 1, 2학년의 방과후학교 영어 교육을 허용할 것이냐 금지할 것이냐를 놓고 논란이 벌어졌다. 계속 허용하는 쪽으로 결론이 나긴 했지만, 이는 공교육에서 영어 교육을 어떻게 내실화할 것이냐는 논의로 이어졌다. 나는 교육공학·영어 교육 전문가들을 모아 여러 차례 브레인스토밍을 했고, 이로써 인공지능을 활용하는 영어 교육 프로그램이 가능하다고 판단했다. 이를 제안한 대상은 조희연 서울시 교육감이었다.

외국어 학습의 네 가지 영역(읽기/듣기/쓰기/말하기) 가운데 비용이 가장 많이 드는 것이 말하기다. 상대해줄 사람이 있어야 연습할 수 있기 때문이다. 더구나 '10년을 배워도 영어로 입도 뻥긋 못 한다'는 것이 한국 영어 교육의 현실이니 영어 말하기 교육을 내실화하기 위해서는 뭔가 특별한 대책이 필요했다.

그나마 가장 적은 비용으로 해볼 수 있는 것이 전화영어나 화상영어인데, 인공지능이 발전함에 따라 사람 대신 인공지능을 쓰는 것이 가능해 보였다. 이미 인공지능 스피커 등으로 구현되는 기능을 교육 목적으로 발전시키자는 아이디어였다. 사실 스피커는 꼭 필요하지 않으며 스마트폰이나 컴퓨터에 앱을 설치하는 방식이면 충분하다. 어차피 인공지능 엔진은 스피커나 스마트기기 안에서 작동하는 것이 아니라 회선 너머의 서버에 있기 때문이다.

먼저 말을 거는 것은 학생이 할 수도 있고 인공지능이 할 수도 있다. 한쪽이 말을 걸고 상대가 대답하면 다시 대화를 이어간다. 이 과정에서 학생의 영어 듣기/말하기 능력을 조금씩 향상하자는 것이다. 활용하는 문법 수준이나 대화 방향 등에 대해 교사가 미리 조건을 설정할 수도 있고, 게임이나 기타 재미있는 요소를 결합할 수도 있다. 축구를 좋아하는 학생과는 축구에 대한 대화를, 애니메이션을 좋아하는 학생과는 애니메이션에 대한 대화를 할 수도 있다. 현재완료 시제를 배울 때는 교사가 미리 옵션을 설정해 인공지능이 현재완료 구문을 많이 사용하고 학생이 현재완료 구문을 많이 발화하도록 유도할 수 있다. 만일 학생이 중간에 불쑥 한국어로 얘기해도 인공지능이 이를 알아들어 제대로 반응할 수 있다.

서울시교육청은 2018년 하반기에 기초 연구를, 2019년에 도입 연구를 진행해 인공지능 활용 영어 교육시스템이 실현 가능하다고 판단했다. 이때 연구진은 구글과 아마존의 인공지능 엔진을 딥러닝시켜 활용했는데, 구글과 아마존이 교육기관 계정은 무료로 인공지능 엔진을 사용할 수 있도록 개방했기 때문이다. 그리고 마침내 2020년 1학기부터 서울시내 몇 군데 초등학교에 시범 도입하기로 결정했으나 코로나19 사태로 인해 제대로 진행되지 못하고 있다.

나는 서울시교육청과 별도로 청와대 직속 정책기획위원회를 통해 이러한 서비스를 전국적으로 보급하자고 제안하기도 했다. 그사이 교육부가 서울시교육청의 사업을 벤치마킹해 인공지능 활용 영어 교육시스템을 시범 보급하는 사업을 EBS에 발주했다. EBS는 한국전자통신연구원(ETRI)과 네이버의 인공지능 엔진을 활용해 개발 작업을 진행하고 있다.

인공지능을 말하기/듣기 교육에 활용하자는 아이디어는 영어에 국한되지 않는다. 똑같은 방식으로 다른 외국어 교육에도 활용할 수 있고, 특히 한국어 교육에도 활용할 수 있다. 나날이 늘고 있는 다문화가정 아이들, 그리고 K-팝 등의 영향으로 한국어에 관심을 가지게 된 세계 곳곳의 학습자들에게 이런 서비스를 제공할 수 있는 것이다. 인공지능이 한국어 교육의 첨병이 될 수 있는 셈이다.

현 단계의 온라인 교육을 정리해보자. 중심은 실시간 쌍방향 수업으로 놓고 동영상 강의를 보조적으로 활용하는 것이 이상적이다. 다만 지나치게 수업 중심으로만 사고하지 말고 '익힘' 과정을 고려해 프로그램 콘텐츠를 병행 활용하는 것이 좋다. 인공지능의 전망은 무궁무진하지만 지금은 주로 프로그램 콘텐츠에서 진단-큐레이션 알고리즘으로 활용되고 있고, 언어(외국어·한국어) 듣기/말하기 학습 용도로 새로운 가능성이 기대되고 있다.

그럼 이런 요소들을 잘 활용하고 체계화하면 K-에듀가 성공할까? 불행히도 그렇지 않다. 기존 오프라인 한국 교육에 대한 철저한 반성이 전제되지 않는 한 오프라인 교육의 약점이 온라인에서도 발목을 잡을 가능성이 높기 때문이다. 기존 오프라인 한국 교육의 가장 큰 약점은 무엇인가? 바로 교권 수준이 바닥이라는 것이다.

3장
교권 선진화로 가는 길

학교의 일정은 행정의 논리에 따를까, 교육의 논리에 따를까?

국정교과서의 대안이 곧 검정교과서일까? 왜 같은 교재로

공부하고 같은 진도에 따라 같은 시험을 봐야 할까? 교사들에게

과중한 행정업무를 주면서 교권이 정상화될 수 있을까?

내가 서울시교육청에서 근무하던 2010년, 한 초등학교 선생님이 어색한 표정으로 쭈뼛쭈뼛 꺼낸 이야기가 있다. 자신이 몇 학년을 담당할지 신학년 개학하기 일주일 전에야 알게 된다는 것이다. 나는 큰 충격을 받았다. 나는 학원에서 '주입식' 교육을 할 때도 개강 2~3개월 전부터 준비했는데, 학교에서 '창의적' 교육을 하자면서 개학 일주일 전에야 준비한다니. 초등학교 1학년과 6학년은 교과내용이나 생활지도에서 하늘과 땅 차이인데, 황금 같은 겨울방학 동안 구체적인 준비를 할 수 없는 것이다. 신학년에 어느 학년을 담당할지 모르기 때문이다. 나는 그때 크게 깨달았다. 아하, 한국에는 '교권'이 없구나.

행정의 논리일까, 교육의 논리일까?

교사들은 왜 개학하기 일주일 전에야 담당할 학년과 과목을 알게 될까? 교원 인사가 3월 1일자로 발령되기 때문이다. 또 2월에야 신규 교사가

배정되고 교원 전보가 이뤄지고 교장 인사가 발표되기 때문이다. 그렇게 학교 멤버가 정해져야 비로소 누구는 몇 학년, 누구는 무슨 과목… 하면서 업무를 배분하게 된다. 이것은 행정의 논리인가, 교육의 논리인가? 당연히 행정의 논리다. 행정적 편의를 위해 교육적으로는 심각한 결함이 있는 일정을 수십 년 동안 유지해온 것이다.

다행히 2017년 교원 인사 발령일이 3월 1일에서 2월 1일로 앞당겨졌다. 전국적으로 교사의 담당 학년과 과목 결정이 신학년 2~3주 전으로 앞당겨졌으니 신학년 1주 전이던 때에 비하면 한결 나아진 것이다. 2011년부터 교육청과 교육부는 물론 언론 칼럼 등에서 이 문제를 계속 제기해왔던 나로서는 보람을 느낄 만한 일이었다.

하지만 서구 선진국에 비하면 아직 멀었다. 많은 선진국의 교사들은 신학년 시작 2~3개월 전에 담당 학년과 과목을 알게 된다. 한국과 일본을 제외한 대부분 나라에서는 9월에 신학년이 시작되며 그 직전에 2개월 이상 긴 여름방학이 있다. 이 여름방학이 시작될 무렵 신학년에 담당할 학년과 과목이 결정되므로 교사들은 이때부터 교재 준비도 하고 수업 설계도 한다.

한국과 가장 반대되는 경우는 핀란드, 스웨덴, 독일 등의 초등학교 교사들이다. 이 나라들에서는 1학년 교사진이 다음 해 그대로 2학년 교사진이 되고 그다음 해 그대로 3학년… 이런 방식으로 독일은 4학년까지, 핀란드·스웨덴은 6학년까지 지속된다. 자연히 교사는 1년 뒤나 2년 뒤의 담당 학년도 미리 알고 있으니 그만큼 충실한 준비가 가능해진다. 교사진 구성이 안정적으로 유지되므로 교사들이 이른바 '전문적 학습공동체' 또는 사토 마나부 교수가 말하는 '배움의 공동체'를 형성하고 유지하기에도 좋다. 물론 이들의 이야기를 들어보면 막판에 이런저런 사정으로 담당이 바뀌는 경우가 있기는 하다. 하지만 그런 경우는 예외적이다. 문제는 이 나라들에서 '예외'인 상황이 한국 초중고 교사들에게는 '표준'이라는 것이다.

한국에서 이 '표준'을 바꿔보려고 노력한 사례들이 있다. 바로 혁신학교다. 상당수 혁신학교에서는 신학년 2~3개월 전에 교사들의 담당 학년·과목을 정한다. 한국의 공립학교 교사들은 전보 제도에 따라 평균 5년에 한 번씩 근무 학교를 옮기므로 전보 예정자를 제외한 나머지 교사들을 대상으로 미리 담당을 배정하는 것이다. 이것이 교육적으로는 정상인데 행정적으로는 편법이다. 공식적인 교원 인사 이전에 교사의 담당 업무를 미리 결정하기 때문이다. 참고로 사립학교는 학교별 편차가 큰데, 일부 학교는 공립과 별로 다를 바 없는 일정을 따르지만 일부 학교는 신학년 2~3개월 전에 담당 학년·과목을 정한다.

혁신학교 가운데는 '무늬만 혁신학교'도 있다. 이런 학교에서는 겨울방학 동안 혁신부장과 학년부장 정도만 내정해 신학년 준비를 하고, 나머지 교사들은 2월에 담당 학년·과목을 배정받아 혁신부장과 학년부장이 준비해놓은 대로 따라간다. 하지만 상당수 혁신학교는 앞에서 얘기한 편법을 적극적으로 활용한다. 이것은 혁신학교 운동이 이념적인 편 가르기를 떠나 보편적인 교육적 가치에 충실한 측면이 있음을 보여준다. 혁신교육이든 무슨 교육이든 간에, 교사들이 2~3주 전부터 준비하는 학교와 2~3개월 전부터 준비하는 학교 가운데 어느 쪽에서 더 충실한 교육이 이뤄질지는 자명하지 않은가?

2015년 박근혜정부가 한국사 교과서를 검정에서 국정으로 바꾸겠다고 발표했다. 그러자 많은 사람이 국정교과서가 자유민주주의와 맞지 않을 뿐만 아니라 창의교육 또는 창조경제와 상충한다고 주장했다. 이건 상당히 낯간지러운 이야기다. 왜냐하면 한국 초등학교는 줄곧 국정교과서를 써왔기 때문이다. 현재 초등 3~6학년의 영어·미술·음악 과목만 검정교과서이고, 나머지 모든 초등 교과서는 국정교과서다. 박근혜정부의 국정교과서 도입에 반대하는 논지를 그대로 적용해본다면, 한국 초등학교는 자유민주주의와 상충할뿐더러 창의력을 저해하는 교과서 체제를 오랫동안 유지해온 셈이다.

헌법재판소는 이미 1992년 국정교과서가 위헌은 아니지만 바람직하지 않다는 요지의 결정문을 내놓으면서 국정교과서의 문제점을 다섯 가지 열거했다. 창의력 개발에 역행하고, 변화에 대한 대응에 한계가 있으며, 자유민주주의 기본 이념에 맞지 않고, 교사와 학생의 선택권을 제한해 교과서 발전을 제약하며, 주입식·암기식 교육을 유도할 우려가 있다는 이유였다.

여기서 주목할 점은 헌법재판소가 교육적 가치에 가장 부합하는 교과서 제도로 국정도 검정도 아닌 '자유발행제'를 지목했다는 것이다. "국정제도보다는 검·인정제도를, 검·인정제도보다는 자유발행제를 채택하는 것이 교육의 자주성·전문성·정치적 중립성을 보장하고 있는 헌법의 이념을 고양하고 아울러 교육의 질을 제고할 수도 있을 것이다."(헌재 사건번호 89헌마88 결정문)

국정제는 정부가 교과서를 한 종만 사용하도록 하는 것이고, 검정제는 민간에서 교과서를 출간하되 정부가 심의권을 가지고 교과서 내용을 직접 통제하는 제도다. 인정제는 교과서로 사용가능한 도서들을 추천 또는 채택(adoption)하는 제도다. 교육당국에서 교과서로 사용가능한 도서의 리스트를 정하고, 학교나 교사별로 이 중에서 무엇을 사용할지 선정하는 것이다. 참고로 현재 한국의 인정교과서 제도는 '교육청 단위에서 이뤄지는 간소화된 검정제'에 해당한다. 서구의 인정제와 이름만 같을 뿐 내용이 다르다.

자유발행제는 교과서와 관련해 별다른 제한을 두지 않는 것이다. 자유발행제의 백미는 교사에게 교과서 '집필권'이 주어진다는 것이다. 한국처럼 국정이나 검정을 당연하게 여기는 환경에서는 교사가 교과서 집필권을 가진다는 게 이상해 보이지만, 대학에서 교수들이 가진 권한을 초중고 교사도 가진다고 보면 별로 이상하지 않은 제도다. 한국에 출간되어 있는 핀란드 수학 교과서들 중에는 민간출판사가 출간한 것도 있지만 교사 개인이 집필한 것도 있다. 본인이 수업에 사용하다가 점점 알려진 것이다. 나도 구입해서 아이들에게 실험해보았는데 참 좋은 교과서였다.

그렇다고 해서 자유발행제를 도입하면 모든 교사가 교과서를 집필해야 한다는 뜻은 아니다. 교사가 직접 교재(교과서)를 편집하거나 집필할 수도 있지만 민간출판사가 내놓은 도서를 교과서로 선택할 수도 있고, 특별한 교과서를 지정하지 않고 프린트물과 웹 콘텐츠 등을 활용해 수업할 수도 있다. 미국의 고등학교에서는 종종 '마크 트웨인 연구'라든가 '스타인벡과 헤밍웨이' 같은 교과목도 볼 수 있는데, 이런 경우 문학작품들을 이용해 수업하기 때문에 교재(teaching material)는 있지만 교과서

(textbook)는 없는 셈이다.

이렇게 보면 검정교과서와 국정교과서가 별로 다르지 않다는 점을 새삼 깨닫게 된다. 국정교과서를 비판하는 사람들은 동일한 논리로 검정교과서도 비판해야 마땅하다. 검정은 일종의 사전검열이며, 한국에서 교과서 검정을 통과하려면 매우 상세한 집필 지침을 준수해야 한다. 따라서 검정교과서가 여러 종 제작되지만 그 내용은 오십보백보다. 국정교과서의 대안은 검정교과서가 아니라 교과서 자유발행제인 것이다.

'자유'발행제라고 하지만 완전한 자유방임은 아니다. 일반인은 교과서만 접하는 경우가 많으므로 그 배후를 잘 모르지만, 어느 나라에나 '학생들에게 어느 시기에 어떤 내용을 가르치라'는 규정들이 있다. 이를 국가 교육과정(national curriculum)이라고 한다. 인터넷으로 '2015 교육과정'을 검색하면 2015년부터 적용 중인 현재 한국의 국가 교육과정을 학년별·과목별로 찾아볼 수 있다.

따라서 '자유'발행제라고는 하지만 예를 들어 국가 교육과정에 곱셈을 언제 가르치라고 나와 있으면 이를 준수하며 가르치는 것이다. 그런데 곱셈을 '어떻게' 가르칠까? 교사는 '전문가'이므로 교사 자율에 맡긴다. 이것이 자유발행제다. 교사가 교과서를 집필하든, 기존의 출간물을 교과서로 지정하든, 교과서 없이 프린트물로 수업하든 자율이다. 창의적 교육을 하려면 '자율'이 필수적이고, 그래야 창의적인 교육이 가능하다. 교과서 자유발행제의 키워드는 교권, 자율, 창의성, 전문성이다.

한국 교육부가 집계한 바에 따르면 자유발행제는 경제협력개발기구(OECD) 34개국 가운데 프랑스, 영국, 스웨덴, 핀란드, 호주 등 17개국에서 시행 중이다(2017년 기준). 미국은 22개 주에서는 주정부 단위의 인정제를, 28개 주에서는 교육구나 개별 학교 단위의 인정제를 시행 중인데 후자의 경우 실제 운영에서 자유발행제와 상당 부분 겹친다. 독일의 경우 검정제를 실시하다가 2000년대 이후 여러 주가 자유발행제로 전환했으며 일부 주는 고등학교에 우선적으로 자유발행제를 채택했다.

한국의 경우 이념적 논란의 대상이 되는 역사과목 등에서는 검정제가 당분간 불가피할 것이다. 하지만 그밖의 과목은 대부분 자유발행제로 전환해도 큰 탈이 없다. 특히 수학이나 과학 교과서는 이념적 논란이 벌어질 여지가 거의 없으므로 자유발행제로 가장 손쉽게 전환할 수 있다.

자유발행제에서 여력이 있는 교사들은 직접 편집이나 집필을 하면 된다. 요새 정보통신(IT)을 이용한 콘텐츠 저작도구들과 소량 인쇄 기술이 워낙 발달해 있고, 이미 많은 교사 연구단체에서 즉시 수업과 평가에 활용할 수 있는 광범위한 콘텐츠들을 쌓아놓고 있다. 직접 편집이나 집필을 할 여력이 없는 교사들은 민간출판사에서 제작한 기존 교과서를 채택하면 된다. 이런 교사들을 위해 교과서용 도서를 출판하는 출판사들 사이에 자유경쟁이 벌어질 것이다.

이런 게 진정한 자유민주주의다. 한국 교육에서는 왜 이런 걸 상상하지 않을까? 교육에서 테일러주의(Taylorism)를 당연하게 여기기 때문이다. 테일러주의란 20세기 초 산업 생산력을 높이는 데 크게 기여한 노동 통제 방식으로 '구상과 실행의 분리'(separation of conception from execution)를 기본 원리로 삼는다. 구상은 '높으신 분들'이 알아서 할 테니 너희는 실행만 하라는 것이다. 한국 교육계는 교사를 전문가로 인정하지 않고 구상 기회를 주지 않는 '교권 없는 교육'에 완벽하게 적응해 있다. 신학년 직전에야 담당 학년·과목을 알려주는 나라에서, 교사가 자기가 쓸

교과서를 직접 고르거나 편집·집필하는 걸 상상하기란 매우 어려운 일이다. 내가 한국에 교권이 없다고 하는 이유가 이런 것이다.

2015 교육과정, 이게 최선입니까?

한국의 현행 국가 교육과정은 2015학년도부터(고등학교는 2018학년도부터) 시행되었기 때문에 '2015 교육과정'이라고 한다. 2015 교육과정의 가장 중요한 특징은 '역량중심 교육'과 '과정중심 평가'다. '무엇을 아느냐'를 강조하는 지식전수형 교육에서 벗어나 '무엇을 할 수 있느냐'를 강조해 다양한 역량(力量, competence)을 기르는 것을 강조한다. 결과만 평가하는 데서 벗어나 배움을 통해 성장하는 과정을 강조한다.

사실 역량중심 교육과 과정중심 평가는 매우 복잡한 논쟁점을 가지고 있다. 여기서 내 의견을 대략적으로만 밝히면, 나는 '역량'을 '지식'의 대립 개념이 아닌 보완 개념으로 본다는 전제하에 '역량 중심 교육'을 찬성한다. 엄밀히 보면 지식은 역량의 부분집합이기 때문이다. 또한 나는 과제형 수행평가를 지양하고 교사가 학생에게 지속적으로 피드백을 주는 '프로젝트'를 지지한다는 차원에서 '과정 중심 평가'를 찬성한다.

그런데 '역량중심 교육'과 '과정중심 평가'를 내세운다고 해서 2015 교육과정이 과연 좋기만 할까? 현행 국가 교육과정인 2015 교육과정에는 심각한 문제점이 있다. 교육과정에 지나치게 자세한 내용이 일일이 규정되어 있는 것이다. 한국의 교육과정이 지나치게 자세해서 창의적 수업과 평가를 방해하고 학생들과 눈높이를 맞추기 어렵게 만든다는 지적은 오래전부터 있었다. 2015 교육과정 또한 간소화에 실패했다는 점에서는 마찬가지다.

Key content areas related to the objectives of mathematics in grades 7–9

C1 Thinking skills and methods: The pupils practise activities requiring logical thinking, such as discovering rules and dependencies and presenting them accurately. They consider and determine the number of possible alternatives. The pupils' reasoning and argumentation skills are strengthened. The pupils practise interpreting and producing mathematical notations. They familiarise themselves with the basics of providing proof. They practise determining the truth value of propositions. The pupils deepen their algorithmic thinking. The pupils programme while learning good programming practices. They use their own or ready-made computer programmes as a part of learning mathematics.

C2 Numbers and operations: The pupils practise basic arithmetic operations also with negative numbers. They strengthen their arithmetic skills using fractions and learn to multiply and divide by fractions. They familiarise themselves with the concepts of opposite numbers, reciprocal numbers, and absolute values. The range of numbers is expanded to real numbers. The pupils familiarise themselves with divisibility and divide numbers into prime factors. The pupils enhance their proficiency in performing operations on decimal fractions. They strengthen their understanding on the difference between exact values and approximations and rounding the results of operations. It is ensured that the pupils understand the concept of percentages. The pupils practise calculating percentages and calculating the amount a percentage expresses of a whole. The pupils also learn to calculate a changed value, a basic value, and percentage of change and comparison. The pupils practise calculating exponentials using whole-number exponents. They familiarise themselves with the concept of the square root and use the square root in operations.

C3 Algebra: The pupils familiarise themselves with the concept of the variable and calculating the value of a mathematical expression. They practice reducing exponential expressions. They familiarise themselves with the concept of the polynomial and practise the addition, subtraction, and multiplication of polynomials. They practise forming and reducing expressions. They form and solve first-degree equations and incomplete second-degree equations. They solve pairs of equations graphically and algebraically. They familiarise themselves with first-degree inequalities and solve them. The pupils deepen their skills in examining and forming number sequences. They use proportion in solving problems.

C4 Functions: Correlations are depicted both graphically and algebraically. The pupils familiarise themselves with direct and inverse proportionality. They get acquainted with the concept of the function. The pupils draw straight lines and parabolas in the coordinate system. They learn the concepts of the angular coefficient and the constant term. They interpret graphs, for example by examining the increase and decrease of a function. They determine the null points of functions.

C5 Geometry: The pupils expand their understanding of the concepts of the point, line segment, straight line, and angle and familiarise themselves with the concepts of the line and ray. They examine properties connected to lines, angles, and polygons. They reinforce their understanding of the concepts of similarity and congruence. The pupils practise geometric construction. They learn to use the Pythagorean theorem, the converse of the Pythagorean theorem, and trigonometric functions. They learn about the inscribed angle and the central angle and familiarise themselves with the Thales' theorem.

The pupils calculate the circumferences and areas of polygons.

The pupils practice calculating the area, length of the circumference, and the arc and the area of a sector of a circle.

Three-dimensional figures are examined. The pupils learn to calculate the areas and volumes of the sphere, the cylinder, and the cone.

The pupils reinforce and expand their command of the units of measurement and the conversion of units.

C6 Data processing, statistics, and probability: The pupils deepen their skills in collecting, structuring, and analysing data. It is ensured that the pupils understand the concepts of the average and mode. They practise defining frequency, relative frequency, and median. The pupils familiarise themselves with the concept of dispersion. They interpret and produce different diagrams. They calculate probability.

7~9학년(한국의 중1~중3)에서 배울 핵심 내용(key content areas)을 서술한 부분. 분량이 한 페이지에 불과하다.

출처: *National Core Curriculum for Basic Education 2014*, Finnish National Board of Education.

　　교과서 자유발행제를 채택하는 주요 국가들의 교육과정을 보면 한국의 국가 교육과정보다 훨씬 간략한 것을 알 수 있다. 교육학에서는 이를 교육과정의 대강화(大綱化)라고 하는데 뼈대에 해당하는 개요만 규정한다는 의미이므로 '간소화'라고 이해해도 된다. 영어로는 'slimming' 또는 'simplification'이라고 한다.

　　예를 들어 핀란드가 2014년에 발표한 현행 국가 교육과정에서 중학 3년간 수학에서 배울 내용을 나열한 것을 보면 단 한 페이지에 불과하다.

초등 3~6학년 4년간 수학 내용 또한 단 한 페이지다. 그중 분수에 대해 규정한 내용은 단 한 문장이다. 너무 간단해서 어안이 벙벙할 정도다. "학생들은 분수 개념을 배우고 다양한 상황에서 분수를 적용하는 기초 계산법을 익힌다"(The pupils learn the concept of a fraction and practise basic arithmetic operations with fractions in various situations).

반면 한국의 2015 교육과정은 '핵심내용'뿐만 아니라 '성취기준'을 하나하나 나열하고 있다. 과거 '학습목표'라고 불렸던 것을 2015 교육 과정에서는 '성취기준'이라고 바꿔놓았을 뿐이다. 그런데 핀란드의 국가 교육과정에는 성취기준이 없다. 성취기준을 현장의 교사가 만들도록 되어 있기 때문이다. 가르치는 방법과 순서를 현장의 교사 재량에 맡기는 것이다. 그래야 교사가 자율성, 창의성, 전문성을 발휘할 수 있기 때문이다.

2015 교육과정은 간소화에 실패했다는 자체적 문제뿐 아니라 몇 가지 부수적 문제를 안고 있다. 특히 교육과정과 연계된 행정규제가 심각한 수준이다. 예를 들어 교사들은 학생들을 평가하여 기록할 때 교육부 훈령으로 제정된 '학교생활기록 작성 및 관리지침'을 준수해야 한다. 그런데 현재 이 지침의 분량이 무려 A4 용지 기준 54페이지에 달한다. 이 훈령을 보완하여 시도교육청에서 학교로 내려 보내는 '학업성적관리지침'은 2018년 서울 고등학교용의 경우 무려 A4 용지 기준 100페이지가 넘는다. 이렇듯 교육과정과 연계된 엄청난 행정규제는 현장성, 창의성, 전문성을 방해하는 역풍을 일으킨다.

한국 국가 교육과정은 입시와 연계성(alignment)이 낮다는 문제도 안고 있다. 핀란드 인문계고 교육과정은 애초에 핀란드 대입시험

(matriculation exam)과 밀접하게 연계되어 있다. 핀란드만이 아니라 프랑스의 바칼로레아, 독일의 아비투어, 영국의 A레벨 등 유럽 주요 국가들 입시가 모두 논술형인데, 이는 고교 교육과정에서 고등 사고력과 다양한 역량을 키우도록 하고 이를 논술형 문항으로 평가하는 것이다.

그런데 한국의 입시(수능)는 교육과정과 연계성이 낮다. 예를 들어 2015 교육과정에서 '역량중심 교육'을 표방했으면 수능 문항의 출제 방향에 뭔가 변화가 예고되어야 마땅하다. 객관식 시험이라는 한계 내에서라도 하다못해 연구 설계의 타당성을 묻는 문항, 프로젝트 진행 과정에 대한 문항, 자료에 대한 비판적 해석능력을 측정하는 문항을 늘리겠다는 이야기라도 나오는 것이 논리적으로 맞는데, 그런 조짐이 전혀 없다.

한국의 교육과정과 수능제도가 연계성이 낮다는 것은 어제오늘 얘기가 아니다. 고등학교용 교육과정을 바꾸면 동시에 수능도 어떻게 변경할지를 결정해놓는 것이 당연하다. 그런데 지금까지는 늘 교육과정을 바꾸고 나서 한참 있다가 수능을 어떻게 개편할지 결정하느라 법석을 떨었다. 문재인정부가 집권하자마자 수능 개편에 부닥뜨려 나설 수밖에 없었던 이유도 이 때문이다. 2015 교육과정이 고등학교에 적용되는 것이 2018년 고1부터인데, 교육과정만 개정했을 뿐 그에 상응하는 수능제도 개편안은 마련해놓지 않았던 것이다.

동일 교재, 동일 진도, 동일 시험?

한국 학생들은 초중고 세 차례에 걸쳐 국사를 배운다. 자연히 임진왜란 같은 중요한 사건은 세 번 배우게 된다. 그런데 한 번도 『난중일기』를 들춰보지 않는다. 전북 지역 교장연수에 모인 교장선생님 100명가량에게

'난중일기를 일부라도 읽어본 분 손들어보시라'고 하니 겨우 예닐곱 명이 손을 들었다. 경남 지역 일급 정교사 자격연수에 모인 초등학교 교사 500명 가운데 손을 들라고 해보니 십여 명에 불과한 적도 있었다.

따지고 보면 이상한 일이 아니다. 한국 교육은 『난중일기』를 읽고 느끼고 토론하는 교육이 아니라 '난중일기'라는 네 글자를 외우는 교육이기 때문이다. 솔직히 다들 국사를 암기과목이라고 생각하지 않는가? 『난중일기』를 읽어보고 느끼고 토론하는 교육을 누가 국사 교육이라고 생각하는가? 그런데 만일 미국의 중고등학교에서 임진왜란을 배운다면 흔히 볼 수 있는 과제가 『난중일기』 읽기 또는 읽고 나서 에세이 써오기다. 수업의 상당 부분은 읽고 써온 것을 발표하고 토론하는 과정에 할애된다.

예를 들어 어떤 교사가 『난중일기』를 읽고 토론하고, 중간고사나 기말고사를 토론 과정과 결과에 관한 논술형 평가로 진행하고 싶다고 해보자. 그런데 이게 가능할까? 거의 불가능하다. 한국 교사들에게는 어떻게 가르치고 평가할지 스스로 결정할 권리가 없기 때문이다.

교육부 훈령상 중고등학교의 경우 '학년 단위'로 평균과 석차를 매기도록 되어 있다. 중학교에서는 평균을, 고등학교에서는 평균과 석차를 매겨야 한다. 그래서 1반에서 끝반까지 모든 학급의 시험문항이 똑같아야 한다. 1·2·3반을 담당하는 어떤 교사가 『난중일기』를 읽고 토론하고 이에 근거해 평가하려 한다면 어떻게 해야 할까? 규정상 모든 학급의 시험문항이 똑같아야 하므로 4·5·6반 담당 교사와 7·8·9반 담당 교사에게 이러한 방식의 수업·평가를 제안하고 동의를 구해야 한다. 그런데 이렇게 제안하면 동의가 돌아올까? 왕따가 되지 않으면 다행일 것이다!

OECD 국가 중 한국과 일본에서만 볼 수 있는 독특한 풍경이다. '개인' 에게 권한을 주지 않는 한국과 일본의 집단주의적 교육을 잘 보여준다.

동일 교재, 동일 진도, 동일 시험의 원리

(가)	학년별 평가	1~9반 시험 문항이 모두 동일하므로 교재와 진도도 동일해야 한다.		
	학급	1 2 3	4 5 6	7 8 9
	교재·진도·평가	○ ○ ○	○ ○ ○	○ ○ ○
	교사	A	B	C

(나)	교사별 평가	1~9반의 시험 문항이 담당 교사에 따라 다를 수 있다.		
	학급	1 2 3	4 5 6	7 8 9
	교재·진도·평가	○ ○ ○	□ □ □	◇ ◇ ◇
	교사	A	B	C

교사이자 작가인 이기정 선생이 지적한 문제를 그림으로 표현한 것이다. 1·2·3반은 A교사가, 4·5·6반은 B교사가, 7·8·9반은 C교사가 담당하는 경우로 (가)는 교사 개인에게 자율권을 주지 않는 학년별 평가이고 (나)는 교사 개인에게 자율권을 주는 교사별 평가다.

초등학교에서 학년 단위로 일제식 평가를 한다면 그것은 '규칙'이 아니라 '관행'이다. 혁신학교를 포함한 상당수 초등학교에서는 이미 일제식 평가를 하지 않는다. 하지만 중고등학교에서는 학년 단위의 일제식 평가가 아예 교육부 규칙으로 강제되어 있다. 1반에서 끝반까지 평균이나 석차를 매겨야 하므로 자연히 시험문항이 같아야 하는 것이다. 교육청이나 학교에서 이를 어겼다간 징계 대상이 될 수 있다.

결국 수업과 평가는 하향 평준화되고 시험에는 어디서 본 듯한 문항들이 출제된다. 그런데 그런 문항은 학원에서 '족보'라는 이름으로 확보하고 있다. 한국에서 내신 반영 비율을 높여도 사교육이 줄지 않는 이유는 한편으로는 상대평가여서 경쟁 강도가 높기 때문이고, 다른 한편으로는 평가에 개성이 없고 획일적이어서 예측이 가능하기 때문이다.

어떤 교사는 『난중일기』를, 다른 교사는 『조선왕조실록』을, 또 다른 교사는 『칼의 노래』를 수업에 활용하고 각기 개성적인(동시에 각자의 수업과 밀착된) 평가를 한다면 어떨까? 사교육의 도움으로 점수를 올리는 것이 완전히 방지되지는 않겠지만, 사교육 효과가 줄어들 것이다. 내신이 수능보다 사교육을 덜 유발한다고 믿는 사람들이 있는데, 이것은 수업-평가의 '다양성'과 '밀착도'가 동시에 확보된다는 전제에서만 그러할 뿐 현실은 전혀 그렇지 않다.

한국의 교사에게는 평가권만 없는 것이 아니다. 교과서 선택권도 없다. 앞에 언급한 것처럼 초등학교 교과서는 아예 국정이고 중고등학교의 경우 검정이긴 하지만 어차피 교사 '개인'이 선택권을 가지지 못한다는 점에서 국정이나 다름없다. 같은 학년·과목의 교사들은 똑같은 교과서를 사용하도록 되어 있고, 한번 채택한 교과서는 교육과정이 개정되어 새 교과서가 나오기 전에는 여러 해 동안 거의 바꿀 수 없다.

교육과정 지침서에는 '교과서는 사례일 뿐이고 이를 재구성하여 가르칠 수 있다'고 안내되어 있다. 하지만 이는 면피에 불과하다. 교사의 자율적 활동을 온갖 규제로 꽁꽁 묶어놓은데다가 담당할 학년·과목을 신학년 2~3주 전에야 알려주면서 '재구성을 하라'는 건 불합리한 요구다. 이런 환경에서 창의적 교육을 하라는 것은 온갖 갑질과 부당거래가 횡행하는 환경에서 창조경제를 하라는 것과 마찬가지다.

한국에서 '창의적 교육'에 대한 이야기들은 대체로 공허하다. 대부분 '교사'를 빼고 이야기하기 때문이다. 예를 들어 창의적 요리를 만들자고 주장하면서 정작 요리사에게 식재료는 어떤 마트에서만 사라, 요리도구와 조미료는 무엇만 사용해라, 요리를 구상할 시간은 1시간밖에 못 주겠다…. 이런 식으로 상세하게 통제하면 좋은 결과가 나올 리 없다. 한국에서 그나마 교사 역할에 주목하는 경우에도 그때 교사는 모호한 '집단'으로서 교사일 뿐 '개인'으로서 교사가 아니다. 한국 교육계에서 교사 개개인의 자율이 신장되어야 한다고 강조하는 사람은 거의 없다.

'교원 업무 정상화'는 불가능한가?

한국의 학교에는 1년에 공문이 몇 건이나 접수될까? 무려 1만 건이 넘는다. 교육부-교육청을 통해 내려오는 것과 지자체나 각종 단체에서 오는 공문을 더한 수치다. 하루 평균 30건에 가까운 공문이 쏟아져 교무실과 행정실에 배분된다. 이 정도 분량이면 업무를 '분배'하거나 효율적으로 '처리'해서 대응할 수준을 넘어선다.

몇 년 전 안산에 있는 세월호 추모 공간에 강연을 하러 갔다가 안산의 한 중학교 교사이자 학교 안전교육 담당자의 푸념을 들었다. 2~3월 안전교육과 관련된 공문이 열 건 넘게 내려와서 이를 처리하고 보고하느라 정작 안전교육을 제대로 할 수 없었다는 것이다. 안전교육뿐이겠는가? 예를 들어 국회의원들은 '인성교육 특별법'을 제정해서 인성교육을 강화했다고 자화자찬하지만, 학교에는 인성교육과 관련된 각종 계획을 수립하고 집행하고 결과를 보고해야 하는 업무가 가중된다. 인성교육이 일상적인 생활지도와 교과교육에 녹아 있어야 하는 게 정상인데, 그게 아니라 별도로 시간을 내서 이벤트를 하고 계획을 세워 보고해야 하는 일이 되어버린 것이다.

서구 선진국에서는 공문 자체의 양이 적고, 그마저 교장 주도로 해결할 수 있는 수준이다. 실제로 핀란드나 독일의 학교 교장이나 교사들에게 공문의 분량과 처리 방식에 대한 질문을 해보면, 질문의 요지를 잘 이해하지 못해서 여러 번 설명해야 한다. 반면 한국 교사들의 업무 중에는 수업준비나 생활지도보다 행정업무가 중시되는 주객전도 상황이 종종 벌어진다. 참고로 일본도 한국과 유사한데, 행정실 인력이 한국보다 적어서 교사들의 부담이 한국보다 더 크다.

교권 선진화의 목표는 단지 '창의적 교육'에만 그치지 않는다. 교권 선진화에는 또 하나 중요한 목표가 있는데 바로 '공교육 효율화'다. 수업과 생활지도에 몰두해야 할 교사들에게 부수적인 각종 업무를 맡기는 것은 교사 역량의 효율적 활용이라는 측면에서 명백히 마이너스다.

각종 법규와 행정규칙을 파격적으로 간소화하고 교사의 자율성을 넓히는 것이 당면한 과제다. 그런데 이 과제를 관료에게 맡겨서는 반드시 실패한다. 10여 년 동안 '업무 정상화'라는 이름으로 여러 번 개선책을 마련했고, 부분적인 성과는 있었지만 한계점에 도달했다. 관료 처지에서 볼 때 만일 어떤 규제를 감면했다가 나중에 말썽이 생기면 본인이 책임을 뒤집어써야 한다. 이해관계와 상충할 뿐 아니라 심지어 위험하기도 하니 이들이 적극적으로 나설 리가 없다.

따라서 적어도 교육부장관이나 청와대 교육수석 정도의 정권 실세가 직접 어떤 지침과 업무를 없애라고 일일이 들여다보며 자세하게 지시해야 한다. 아울러 업무와 지침을 없애는 관료에게 제도적인 면책과 더

불어 파격적인 인센티브를 제공해야 한다. 즉 '권력'과 '면책'과 '인센티브'를 동시에 적극적으로 활용해야 한다. 이런 방법이 아니고는 '교원 업무 정상화'는 실현될 수 없다.

한국 교사들의 교권을 저해하는 요인은 ① 교사가 충실한 기획과 준비를 하기 어려운 일정, ② 선택하거나 집필할 권한이 없는 교과서, ③ 지나치게 자세한 국가 교육과정, ④ 수업·평가를 제약하는 각종 규제, 특히 '학년' 단위 평가, ⑤ 교사 행정업무의 과다 등으로 정리할 수 있다. ①~⑤를 하나하나 떼어놓고 보면 그리 심각하게 보이지 않을 수도 있다. 하지만 이 다섯 가지가 복합적으로 동시에 작용할 때, 그 집합적인 영향력은 치명적이다. 교사를 졸(卒)로 보는 대한민국 교육시스템 자체가 창의·융합·역량 등 선진적 교육 지표들의 실현을 갈아버리는 맷돌 역할을 하는 것이다.

4장
K-에듀의 3대 원칙과 온라인 학점제

K-에듀가 제대로 구현되려면 어떻게 해야 할까? 새로운 교육 모델을

만들려면 '교사 자율성, 콘텐츠 다양성, 보편적 접근권'이라는

K-에듀의 3대 원칙이 보장되어야 한다. 포괄적이고 장기적 전략인

K-에듀를 제대로 하려면 먼저 온라인 학점제를 시작해야 한다.

코로나19를 계기로 새로운 교육 모델을 만들자는 희망 섞인 제안이 여기저기서 나오고 있다. 예를 들어 다음과 같은 제안을 볼 수 있다. "교육 대변혁에 대응하기 위해 우선 국가 차원의 표준화된 원격수업 통합 시스템(플랫폼)을 구축해야 한다. 구글 클래스룸, 줌 등 기능이 각기 다른 플랫폼을 사용하면 표준화된 원격수업을 할 수 없다. 출석·학습진도·과제 등을 종합적으로 운영·관리하는 시스템을 마련해야 한다." 이 말에 별다른 문제의식을 느끼지 못하는가? 그렇다면 당신은 기존의 한국 교육에 지나치게 잘 적응했는지도 모른다.

첫째 원칙, 교사 자율성
위에서 인용한 글의 출처는 하윤수 교총 회장의 '한국형 원격수업 K-클래스 만들자'라는 칼럼이다.(조선일보 2020년 6월 10일자) 그는 무엇보다 원격수업의 '표준화'에서 K-클래스의 가능성을 찾는다. 그렇다면 K-클

래스는 한국 교육 특유의 과잉표준화를 온라인에서 그대로 재현할 우려가 있다. 교사의 역량과 자율성을 심각하게 제약하는 기존 한국 교육 시스템의 특징을 그대로 온라인에서 확대재생산하는 결과를 초래할 수 있는 것이다.

예를 들어 수원의 중앙기독중학교(대안교육 특성화중학교)에서는 코로나19로 3월 2일 개하이 연기되자마자 담임교사의 온라인 가정방문에 구글 미트를 활용했고, 신입생 오리엔테이션에 유튜브를 활용했으며, 온라인 수업에 구글 클래스룸을 활용했다. 어떤 용도로 무슨 도구나 플랫폼을 사용하면 좋을지를 외부에서 미리 판단하는 것이 타당할까? 또는 효과적일까? 또 다른 예로 어떤 주제를 놓고 학생들 간의 토론을 유도할 때 토론을 실시간으로 서로 얼굴을 보면서 진행할지, 간단히 단체 카톡방을 활용할지, 카페나 동영상에 부속된 댓글창을 활용할지 등은 교사가 그때그때 상황과 주제의 특성, 교육 목적에 따라 결정할 수 있어야 하지 않을까?

또 하나의 문제는 세계적으로 에듀테크(edutech)가 빠는 녹로모 발견하고 있고 앞으로 이러한 발전이 가속화될 것이라는 점이다. 인공지능, 가상현실(VR), 증강현실(AR) 등을 활용한 새로운 기술과 기능이 속속 출현하는데 이것을 어떻게 선별하고 어떻게 표준 플랫폼에서 구현할 것인가? 특허 등의 문제는 어떻게 해결할 것인가? 그리고 교사는 제아무리 마음에 드는 도구를 발견해도 표준 플랫폼에서 제공하기 전에는 활용하면 안 된다는 말인가?

결론은 간단하다. '공공' 플랫폼을 발전시킬 전략을 가지되 이를 '표준' 플랫폼 또는 '독점' 플랫폼으로 삼지 않는 것이다. EBS와 KERIS에 상설 기구로 '플랫폼 전략 위원회'를 두어 공공 플랫폼에서 보완하거나 구현할 기능을 결정하게 하고, 구성원 중 절반 이상을 교사로 채워야 한다. 이것은 여태까지 교육정책에서 당연하게 여겨온 테일러주의를 뒤집기 위한 최소한의 장치다. 아울러 '표준'이나 '독점' 플랫폼을 표방하지 말고, 오히려 새로운 도구와 플랫폼을 사용하는 교사와 학교의 시도를 장려하고 유료 앱이나 도구를 활용하려는 교사들에게 경비를 바우처 형태로 지원해야 한다.

공공 플랫폼은 교육의 최소치를 제공하는 근간이다. 한국이 코로나19 사태에서 발 빠르게 '보편적' 원격 교육에 성공한 것은 공공 플랫폼에 힘입은 바 크다. 따라서 공공 플랫폼을 발전시키는 전략은 당연히 필요하다. 하지만 공공 플랫폼을 표준 플랫폼 또는 독점 플랫폼으로 상정하는 순간, 오프라인의 '후진적 교권'이 온라인에서도 복제될 것이다.

둘째 원칙, 콘텐츠 다양성

앞에서 나는 학습이 배움[學]으로 완성되는 것이 아니라 익힘[習] 과정이 수반되어야 한다고 지적했다. 그리고 '익힘'을 위해 활용할 수 있는 전통적인 수단이 바로 숙제이며, '프로그램 콘텐츠'를 통해 익힘을 조직하는 것이 학습 효과를 높이는 데 효과적이라고 했다.

그렇다면 프로그램 콘텐츠들을 공교육에서 원활하게 활용하도록 하려면 어떻게 해야 할까? 이를 위한 방법이 바로 '콘텐츠 오픈마켓'이다. 기업이나 개인들이 다양한 콘텐츠를 제공하도록 하고, 교사와 학생이 사용한 콘텐츠 분량에 비례해 정부가 종량제로 해당 업체에 사용료를 지불하는 방식이다. 예를 들어 다양한 콘텐츠 제공자(CP)가 개발한 영어 발음법(phonics) 연습 프로그램 모듈들이 콘텐츠 오픈마켓에 올라와 있고, 교사들이 이들 중 마음에 드는 것을 골라 활용하며, 정부는 일정 기간마다 콘텐츠 제공자에게 사용 비율에 따라 종량제로 대가를 지불하는 것이다.

콘텐츠 오픈마켓은 공급은 기업과 개인이, 수요 결정은 교사와 학생이, 가격 결정과 지불은 정부가 하도록 함으로써 공공성과 시장원리를 조화시키는 방법이다. 콘텐츠 오픈마켓의 규모가 작으면 공급자의 참여 유인이 작아서 성공하기 어려우므로 전국 통합으로 추진하거나 적어도 서울, 경기도 등 학생 수가 많은 교육청에서 선도하여 추진하는 것이 필요하다.

이때 프로그램 콘텐츠의 모듈을 적절한 규모로 설정하는 것이 중요하다. 모듈이 너무 커지게 되면, 이미 많은 교사가 활용하는 아이스크림(i-scream) 같은 거대 프로그램을 조금만 손봐서 공급하면 되므로 바로 독점화될 우려가 있다. 아울러 새로운 콘텐츠 공급자의 진입 장벽이 지나치게 높아져 혁신이 저해될 우려가 있다. 따라서 요구하는 모듈 단위를 너무 크지 않게 적정 규모로 설정하는 것이 필요하다.

콘텐츠 오픈마켓은 꼭 '프로그램 콘텐츠'만을 대상으로 할 이유가 없다. 우리가 일상적으로 접해온 평범한 유형의 콘텐츠들 또한 여기서 유통·공유되도록 해야 한다. 예를 들어 문학작품들을 콘텐츠 오픈마켓에 올릴 수 있다. 저작권이 없는 작품은 바로 e북이나 텍스트 파일 형태로 올려 이용하게 하고, 저작권이 있는 작품은 저작권자(주로 출판사)가 저작권 보호 장치(DRM)를 포함한 파일 형태로 올려 이용하게 하는 것이다. 요컨대 심훈의 『상록수』는 전자에 해당하고 박완서의 『그 많던 싱아는 누가 다 먹었을까』는 후자에 해당한다. 애플 앱스토어나 구글 플레이스 토어에 유료 앱과 무료 앱이 섞여 있는 것에 비유하면 쉽게 이해할 수 있을 것이다. 교사가 수업용 또는 과제용으로 사용할 작품을 선정하면 학생들은 이 책을 도서관에서 빌리거나 구입하지 않고 디지털 기기로 바로 읽을 수 있다. 물론 저작권이 있는 작품은 정부가 종량제로 사용료를 지불한다.

이것은 궁극적으로 교사가 구성하는 교과서, 교과서 자유발행제를 지향한다. 일단 교사가 신학년·신학기 시작 전에 충분한 시간 여유를 가지고 자신의 디지털 교과서를 구성할 수 있도록 한다. 디지털 교과서는 곳곳에 링크와 하이퍼텍스트가 배치된 형태로 만들어질 것이다. 학생들은 교사가 만든 교과서를 파일 형태로 공유하여 활용한다. 단, 내용 중 종이에 인쇄할 필요가 있는 부분은 미리 또는 그때그때 인쇄하여 학생들에게 배부한다. 물론 민간출판사가 만든 교과서도 적절한 크기로 모듈화하여 콘텐츠 오픈마켓을 통해 활용할 수 있도록 하면 된다. 교사 개인 또는 교사 단체가 만든 교과서와 교사용 지침서도 모듈화하여 콘텐츠 오픈마켓을 통해 다른 교사들도 활용할 수 있도록 하고, 여기에도 종량제로 저작권료를 매길 수 있다. 참고로 교사는 겸직이 금지되어 있지만 인세나 원고료를 받는 것은 법적으로 허용된다.

앞에서도 설명했듯이 교과서 자유발행제는 교사가 능력과 형편에 따라 민간출판사에서 만든 교과서를 활용할 수도 있고 본인이 직접 교과서를 집필하거나 교과서 없이 수업할 수도 있는 제도다. 교과서 자유발행제는 한국에서는 머나먼 꿈같은 얘기로 치부되어왔다. 하지만 교과서가 '책'이어야만 한다는 발상을 전환하면 교과서 자유발행제에 훨씬 쉽게 접근할 수 있다. 먼저 디지털 교과서를 구성하고 이를 콘텐츠 오픈마켓을 통해 공유하며 이 중에서 인쇄해야 하는 부분만 인쇄물 형태로 만드는 것이다. K-에듀는 교과서 자유발행제를 실현하는 최적의 전략이 될 수 있다.

셋째 원칙, 보편적 접근권

2020년 4월 코로나19 사태로 온라인 개학을 경험하면서 교육부와 교육청은 접속하기 어려운 상황에 있는 학생들을 지원하기 위해 여러 대책을 마련했다. 통신사들과 협의해 학생이 스마트폰으로 EBS 등 주요 교육 사이트에 접속할 때 데이터를 무제한으로 이용할 수 있도록 했고, IPTV에서 EBS의 콘텐츠 VOD를 무료로 볼 수 있도록 했다. 스마트기기도 자체 마련하거나 후원받은 것 도합 31만6,000대를 마련해 필요한 학생에게 무상으로 대여했다.

여기서 주목할 만한 점은 한국 정부가 이미 저소득층 가정의 학생 13만 3,000명에게 컴퓨터와 인터넷 통신비를 무상으로 지원하고 있었다는 사실이다. 즉 디지털 격차(digital divide)를 줄이기 위한 지원 정책이 이미 있었고, 이러한 사업이 코로나19 사태에 신속하게 대응할 수 있는 발판이 된 것이다.

접속권과 기기를 지원하는 여러 사업 중 가장 눈에 띈 것은 서울시가 서울시교육청·구청들과 협력하여 저소득층 학생들에게 노트북컴퓨터 5만2,000대를 무상 대여한 것이다. 사실 스마트기기 중 스마트폰처럼 화면이 작거나 키보드·마우스 연결이 어려운 장치는 교육용으로 활용하는 데 한계가 있다. 따라서 앞으로 무상 대여하는 스마트기기는 컴퓨터(데스크톱, 노트북, 태블릿) 위주로 하는 것이 바람직하다. 참고로 미국에서 교육용으로 활용되는 저가형 노트북의 소비자가격은 크롬북이 20만~30만 원, 윈도우즈 노트북이 40만 원 내외다. 태블릿 컴퓨터는 더 저렴한 것도 흔히 볼 수 있다.

　보편적 접근권을 보장하는 지원 정책 가운데 가장 어렵고 아직 시도하지 못한 것이 공간 지원이다. 온라인 교육이 이뤄지려면 집 안에 안정적으로 수업에 참여할 공간이 있어야 한다. 특히 실시간 쌍방향 수업의 경우 주변 소음이 일정 수준 이하로 통제되어야 하고, 학생이 말을 해도 주변을 방해하지 않는 환경이어야 한다. 이러한 공간을 확보하기 어려운 학생들을 위해 공공기관의 공간을 제공하거나 스터디카페 등을 이용할 수 있는 바우처를 지원하는 방법을 모색해야 한다.

　지금까지 K-에듀를 '교사 자율성', '콘텐츠 다양성', '보편적 접근권' 세 가지 원칙으로 정리해보았다. 이렇게 보면 이른바 블렌디드 러닝(blended learning)이라는 것이 단순히 온라인과 오프라인을 병행하거나 원격수업과 등교수업을 병행한다는 의미에 그치지 않음을 알 수 있다. K-에듀는 온라인과 오프라인의 블렌디드, 수업과 과제의 블렌디드, 공공과 시장의 블렌디드 등 세 가지 블렌디드(혼합)를 내포하며 그 핵심 수단은 콘텐츠 오픈마켓이다. 지금까지는 초중고 교육에 한정해 K-에듀의 세 가지 블렌디드를 이야기했는데, 이 중 상당 부분은 대학 교육에도 적용할 수 있을 것이다.

온라인 학점제를 시작하자

K-에듀는 단일한 사업이라기보다 포괄적이고 장기적인 전략이다. 온

라인/오프라인 블렌디드 러닝의 효율화뿐만 아니라 익힘에 대한 지원 부족, 공교육과 에듀테크가 만나는 접점 확보 그리고 한국 교육의 고질적 약점인 후진적 교권에 대한 개혁을 포함한다.

그런데 원격 교육의 장점을 당장 실감할 수 있는 정책이 하나 있다. 바로 고등학교에서 일부 과목에 대해 온라인 학점제를 시행하는 것이다. 온라인 학점 취득은 이미 정부가 시행할 방침이라고 발표한 바 있다. 다만 2025년 고1부터 고교학점제를 시행하면서 학생들이 다양한 과목을 선택할 수 있도록 일종의 보완책으로 예정해놓았다.

일부 과목은 당장 온라인으로 과목을 이수하도록 할 수 있다. 대표적인 영역이 외국어다. 예를 들어 중국어를 배우고 싶은데 학교에 중국어 선생님이 없을 때 온라인으로 수강 신청을 해서 배우게 하는 것이다. 또 하나 추가로 시도해볼 만한 것은 주요 선택과목이 소속 학교에서 개설되지 않은 경우다. 예를 들어 자신은 물리2나 세계사를 배우고 싶은데 학교에서 이를 개설하지 않거나 3학년 2학기에야 개설해서 입시 준비와 매칭이 안 되는 경우, 배울 기회를 온라인으로 제공하는 것이다. 참고로 현행 고등학교 성적처리 지침에는 이미 '다른 학교에 개설된 과목을 수강할 경우'가 포함되어 있으므로, 현행 제도에서도 다른 학교 교사에게 일부 과목을 배울 수 있다.

다만 현재 내신 상대평가에서는 온라인 학점제를 시행해도 이것이 활성화되기 어렵다는 문제가 있다. 1등급은 상위 4%, 2등급은 상위 11%, 3등급은 상위 23%… 이런 식으로 미리 결정되어 있다 보니 학생들 사이에 상위 등급을 받기 위한 '제로섬 경쟁'이 벌어진다. 그리고 '학업능력이 뛰어난 학생이 선호하는 과목은 다른 학생들에게 기피 과목이 되어버리는' 역설이 나타난다. 수능에서 물리나 경제가 기피되고 아랍어가 인기를 끄는 이유가 바로 여기에 있다. 그런데 현행 내신 평가제도에서 이러한 '역설적 기피' 현상을 예방할 방법이 있다. 이수 인원이 13명 이하일 때는 석차등급을 매기지 않고 절대평가(성취평가) 성취도 A, B, C…만 표기하도록 되어 있는 것이다. 따라서 강좌당 수강 인원을 13명으로 제한하면 현행 내신제도에서도 온라인 학점제를 활성화할 수 있다.

온라인 교육은 교육 단위가 꼭 학교여야 한다는 통념에 구멍을 낸다. 정부가 적절한 제도와 플랫폼으로 지원하면 교사와 학생이 자유로운 개인으로 만나는 장(場)을 열 수 있다. SF작가 윌리엄 깁슨이 한 말처럼 "미래는 이미 와 있다. 단지 고르게 퍼져 있지 않을 뿐이다"(The future is already here-it's just not very evenly distributed).

· 2017년 3월 22일 문재인 대선 후보, 정시 확대를 시사하는 발언. "수시 비중은 단계적으로 축소하겠습니다."

· 2017년 8월 교육부 수능 개편안(1안, 2안)을 발표했다가 여론의 동요와 반발에 못 이겨 대입 제도 개편 1년 연기 선언(대입제도 1차 논쟁)

· 2018년 4월 새 대입제도를 정하기 위한 공론화 절차 시작, 수능파와 학종파 사이에 치열 한 논란(대입제도 2차 논쟁)

· 2018년 8월 교육부 대입 개편안 발표. 정시 비중을 30%로 끌어올리고 학종의 비교과 영 역을 축소하도록 함

· 2018년 9월 서울 강남구 숙명여고 교무부장이 같은 학교에 재학 중인 딸 쌍둥이를 위해 시험지를 유출했다는 의혹에 학부모들 촛불집회. 이후 기소되어 재판 진행

· 2019년 12월 서울 송파구 헬리오시티 아파트단지 주민들이 단지 내 학교를 혁신학교로 지정한 것에 반대하는 집회. 서울시교육청 지정 철회

· 2019년 1월 치열한 대입 경쟁을 소재로 삼은 드라마 <SKY 캐슬>이 종편 최고 시청률과 비지상파 최고 시청률을 연이어 돌파

· 2019년 6월 전주 상산고가 자사고 재지정심사에서 0.39점 차이로 탈락. 다음 달 서울 등 지의 11곳 자사고 탈락

· 2019년 8월 조국 법무부장관 후보자의 딸 조민 씨의 대학 및 의학전문대학원 입학 과정에 대한 의혹 제기. 이후 2개월여 동안 이어진 이른바 '조국 사태' 와중에 학종이 다시 비판의 도마에 오름(대입제도 3차 논쟁)

· 2019년 10월 22일 문재인 대통령, 정시 확대를 시사하는 발언. "정시 비중 상향을 포함한 입시제도 개편안을 마련하겠습니다."

· 2019년 11월 28일 교육부 '대입제도 공정성 강화방안' 발표. 서울 소재 상위권 16개 대학 정시 비중을 40%로 높이고 학종에서 비교과를 전면 삭제하도록 함

2부
대입제도를 둘러싸고
벌어진 대논쟁

5장
'김상곤 쇼크'는 어떻게 시작되었나

대입은 어느 정부에서나 뜨거운 감자다. 문재인 대선 캠프도
예외는 아니었다. 그럼 수능은 상대평가가 나을까, 절대평가가 좋을까?
2017년 대입 개편안은 어떻게 김상곤 쇼크를 불러왔을까?
정녕 진보 교육계는 입시를 잘 몰라서 대안 마련에 실패했을까?

김상곤 장관은 문재인정부의 첫 교육부장관이었다. 김상곤 장관이 재임
하는 동안 여의도에서 만난 민주당 인사들은 나에게 "김상곤 장관은 도
대체 왜 저러는 거예요?"라고 물었다. 반면 진보 교육계 인사들은 나에
게 "민주당 정치인들이 왜 김상곤 장관을 방해하죠?"라고 불평했다. 김
상곤 장관이 내놓은 정책에 대한 반응이 극명하게 엇갈렸다. 이것은 나
에게도 충격이었다. 왜 이런 현상이 일어났는지 밝히고 정리해야 했다.
그렇지 않으면 이 문제는 어떤 형태로든 재발할 것이다.

문재인 대선 캠프, 혼란에 빠지다

나는 2014년 가을부터 2년간 민주당의 싱크탱크인 민주정책연구원(현
민주연구원) 부원장이었고, 2016년 말부터는 '문재인의 싱크탱크'로 알려
진 '국민성장'의 교육팀 소속으로 대선 공약을 만드는 일에 참여했다. 그
런데 대선이 가까워질수록 내가 할 일이 줄어들었다. 문재인 후보가 김

상곤 전 경기도 교육감에게 교육정책을 맡아달라고 위임했는데, 나는 김상곤 측근 그룹과는 거리가 있었기 때문이다. 대선 막판에는 '정책자문단 부단장'이라는 이름뿐인 직책을 달고 보고서를 써달라는 요청에 응하는 수준이었다.

대선을 한 달 반 정도 남긴 2017년 3월 22일, 문재인 후보가 서울의 한 초등학교를 방문해 교육 공약을 발표했다. 그런데 그날 발언한 공약 중에는 뜻밖에도 '수시 비중은 단계적으로 축소한다'는 내용이 포함되어 있었다. 이는 곧 정시(수능 전형) 비중을 높이겠다는 뜻이었다. 비상이었다. 교육정책팀과 협의하지 않은 내용을 발표했다는 사실을 즉시 알아차릴 수 있었다. 교육정책팀 내부에는 수시와 정시 또는 학종과 수능의 비중 같은 민감한 문제는 대선 시기에 언급하지 말자는 암묵적인 합의가 있었기 때문이다.

그렇다면 누가 문재인 후보로 하여금 이런 발언을 하게 만들었을까? 정책의 최종 게이트키퍼 역할을 하는 정책총괄 단위에서 벌인 일이 분명했다. 여기에 배치된 정치인들 중 일부는 대선 전 나와 개인적으로 토론하는 자리에서 '정시(수능 전형) 비중을 늘려야 한다'는 소신을 강하게 표방한 이도 있었다.

대부분 나라에서 대입 선발은 1년에 한 번 하지만 미국에서는 정시모집(regular admission) 이전에 조기모집(early admission)을 한다. 학생들이 대학에 지원할 기회가 두 차례 있는 것이다. 참고로 미국의 조기모집은 합격 시 무조건 입학해야 하는 조기결정(early decision)과 이 같은 의무가 없는 조기지원(early action) 두 가지로 나뉘는데, 한국에서는 수시에서 합격하면 무조건 입학해야 하므로 조기결정만 존재하는 셈이다.

미국에서 조기모집/정시모집은 전형요소에 별 차이가 없어서 제출하는 서류들의 항목과 내용이 대동소이하다. 하지만 미국에서 힌트를 얻어 도입된 한국의 수시모집/정시모집은 미국과 달리 선발 방식과 전형요소가 서로 크게 다르다. 대략 수시는 학생부 위주, 정시는 수능 위주다.

수시모집은 1997학년도 대입에 처음 도입되어 10여 년 동안 복잡한 변화를 거쳤다. 2013년 이후에는 ① 학생부 교과전형(내신 성적만으로 선발), ② 학생부 종합전형(학종, 내신 성적과 그밖의 다양한 학생부 기재 내용과 자기소개서 등을 입학사정관이 종합적으로 고려해 선발), ③ 논술 전형(대학별로 출제하는 논술고사로 선발), ④ 실기 위주 전형(특기자전형 포함)으로 정리되었다. 이렇듯 수시모집이 여러 가지 전형으로 나뉘어 있는 반면, 정시모집은 2009학년도 이후 대부분 '수능 위주 전형'이다.

정시모집과 수시모집정원 비율(4년제 대학 전체)

(단위: %)

연도	수시	정시
2002	28.8	71.2
2003	31.0	69.0
2004	38.9	61.1
2005	44.3	55.7
2006	48.0	52.0
2007	51.5	48.5
2008	53.1	46.9
2009	56.7	43.3
2010	57.9	42.1
2011	60.9	39.1
2012	62.1	37.9
2013	62.9	37.1
2014	66.2	33.8
2015	64.2	35.8
2016	66.7	33.3
2017	69.9	30.1
2018	73.7	26.3
2019	76.2	23.8
2020	77.3	22.7
2021	77.0	23.0

수시모집은 1997학년도에 처음 생겨 20년에 걸쳐 증가했다. 현재 수시모집은 학생부 교과 전형, 학생부 종합 전형(약칭 학종), 논술 전형, 실기위주 전형(특기자전형 포함)으로 나뉘어 있다. 정시모집은 2009학년도부터 거의 수능 성적 100%로 선발한다. 출처: 교육부, 한국대학교육협의회, 그래프는 『e-대학저널』 2019년 4월 30일자.

문재인 이후의 교육

대선 공약은 경제, 노동, 환경, 교육 등 분야별 정책팀에서 만들지만 그걸 그대로 발표하지는 않는다. 분야별 정책팀에서 만든 공약들을 정책총괄 단위에서 검토해 손질도 하고 죽이거나 키우기도 한다. 교육정책팀 수장은 김상곤 전 경기도 교육감이었는데 그가 올려 보낸 정책이 정책총괄 단위의 마음에 들지 않았던 모양이다. 그렇다고 해서 특정한 정책을 독단적으로 '내리꽂는' 것은 위험하다. 정시 확대가 옳은지 그른지를 떠나서 이런 식으로 행동하면 대선 전에 어떤 사고가 날지 알 수 없었다. 나는 정책총괄 단위에 있던 핵심 정치인에게 강하게 항의했다. 절차적 문제를 제기하며 반칙 행위를 비판했더니 그는 자신이 전날 밤 마지막 회의에 안을 올린 것은 사실이지만 자기가 결정한 것은 아니라고 변명했다.

결국 4월에 발표된 문재인 후보 공식 공약집에는 수시/정시 비중에 대한 내용은 전혀 언급되지 않았다. 수능에 대해 '수능 절대평가 추진'이 언급되고 학종에 대해 '사교육 유발하는 수시 전형 대폭 개선'이라는 다소 모호한 표현이 들어갔을 뿐이다. 그리고 이 문제는 수면 아래로 가라앉았다.

나는 2010년대 내내 여기저기 불려다니며 일했다. 2010년부터 2년간 서울시 곽노현 교육감의 정책보좌관으로 일했고, 2012년 대선에는 안철수 선본 교육정책팀에서 일하다가 후보가 사퇴한 이후에는 서울시 교육감 재선거에 출마한 이수호 진보단일후보의 공동대변인을 맡았다. 2014년 지방선거에서는 경기도 이재정 교육감 후보 선거캠프에서 정책·홍보 본부장으로 일했고 그가 당선된 이후에는 인수위원회에 참여했다. 그러고는 뜻밖에 민주당의 당내 싱크탱크인 민주정책연구원 부원장직을 제안받았다. 그리하여 2014년 가을부터 대선이 치러진 2017년 5월 9일까지 2년 반 넘게 여의도 정치권 한복판에 있었다.

나는 여의도 정치권에서 이질적인 존재였다. 계파에 따라 뭉치고 세력가에게 줄을 서는 문화에 적응할 생각이 없었다. 직업적인 정치인이 될 생각이 전혀 없었기 때문에 거리낌 없이 행동했다. 심지어 민주당원으로 가입하지도 않았다. 하지만 생각보다 괜찮은 정치인이 많다는 걸 알게 되었고, 많은 것을 배우는 기회이기도 했다. 특히 국회를 중심으로 최고 수준의 전문가들이 참여하는 토론회와 세미나가 연일 열렸다. 그것들만 골라 참석해도 마치 대학원 시절로 돌아간 기분이었다.

대선 이후 내가 하려던 일도 정치와는 거리가 멀었다. 내가 관심을 둔 것은 선진국의 교육시스템을 비교 연구하는 작업이었다. 2017년 5월 9일 대선에서 문재인 후보가 당선되자마자 나는 친분이 있던 영국인 교수에게 연락해서 2년 정도 방문연구원(visiting fellow)으로 갈 수 있느냐고 물었다. 영국은 미국에 비해 국가 간 비교 연구의 전통이 강한데다가 유럽 각국을 쉽게 오갈 수 있으니 안성맞춤이었다. 바로 긍정적인 답장이 왔다. 다음 해인 2018년 9월부터 있을 수 있도록 방문연구원 자리를 마련하겠다는 것이었다. 대선 직후인 2017년 여름, 나는 문재인정부가 임기 초 높은 지지율을 기록하는 것을 즐겁게 바라보며 영국 생활을 구상하고 있었다.

수능, 상대평가? 절대평가?

김상곤 전 교육감은 예상대로 2017년 7월 문재인정부의 첫 교육부장관 겸 사회부총리에 취임했다. 그런데 그가 취임하자마자 교육부가 수능 개편안을 발표할 거라는 소식이 들렸다. 뭔가 이상했다. 학부모들은 수능보다 학종을 걱정하는데, 학종에 대해서는 아무 말이 없고 수능부터 개편한다는 것이 심상치 않았다. 이때 민주당의 김기식 전 의원이 나를 불렀다. 교육부에서 수능 개편안을 발표하면 논란이 벌어질 텐데 국회 의원회관에서 토론회를 하려고 하니 발제를 맡아달라고 했다. 민주당 소장 의원들이 주축이 된 '더미래연구소'가 주최하는 토론회였다.

사람들은 절대평가라면 으레 '등급제'인 줄 안다. 하지만 절대평가에는 등급제와 '원점수제' 두 가지가 있다. 원점수제는 과목별로 몇 점 만점에 몇 점만 보여주는 것이다. 1980년대 대입학력고사가 원점수제 절대평가였고, 수능도 2004학년도까지는 과목별 원점수를 알려주었으므로 절대평가 기능이 있었다. 그런데 2005학년도부터 수능 성적표에는 원점수가 적히지 않았다. 즉 수능이 절대평가 기능을 잃어버리고 완벽한 상대평가가 된 것이다.

2020년 현재 수능 성적표에는 상대평가 지표들만 적힌다. 첫 번째 상대평가 지표는 '표준점수'다. 이것은 이 학생의 원점수와 평균, 표준편차 등을 일종의 수학 공식에 대입하여 환산한 점수인데, 자기 점수가 평균에 비해 얼마나 높거나 낮은지를 보여주는 상대평가 지표다. 두 번째 상대평가 지표는 '백분위'이고 이에 근거해 세 번째 상대평가 지표인 '등급'(석차등급)이 표기된다. 응시자들을 성적순으로 줄 세워서 상위 4%까지 1등급, 상위 11%까지 2등급, 상위 23%까지 3등급, 상위 40%까지 4등급… 이렇게 9등급까지 부여하는 것이다. 표준점수와 석차등급은 원점수가 표준정규분포를 따른다는 가정에 따라 계산된(물론 실제로는 많이 다르다) 값이다.

수능 성적표 양식과 과목별 등급 기준(2020학년도)

(가) 수능 성적표 양식(2020학년도)

수험번호	성명		생년월일	성별	출신고교(반 또는 졸업연도)	
12345678	홍길동		01.09.05	남	한국고등학교(9)	
구분	한국사 영역	국어영역	수학영역	영어영역	사회탐구 영역	제2외국어/한문 영역
			나형		생활과 윤리 / 사회·문화	일본어 I
표준점수		131	137		53 64	69
백분위		93	95		75 93	95
등급	2	2	2	1	4 2	2

(나) 상대평가 등급과 절대평가 등급 기준

상대평가		절대평가		
등급 (석차등급)	석차 백분율(%)	등급	영어 (100점 만점) 원점수	한국사 (50점 만점) 원점수
1등급	0~4%	1등급	90~100점	40~50점
2등급	4~11%	2등급	80~89점	35~39점
3등급	11~23%	3등급	70~79점	30~34점
4등급	23~40%	4등급	60~69점	25~29점
5등급	40~60%	5등급	50~59점	20~24점
6등급	60~77%	6등급	40~49점	15~19점
7등급	77~89%	7등급	30~39점	10~14점
8등급	89~96%	8등급	20~29점	5~9점
9등급	96~100%	9등급	0~19점	0~4점

상대평가 등급은 석차백분율을 기준으로, 절대평가 등급은 원점수를 기준으로 매겨진다. 수능 성적표에 절대평가 지표인 원점수는 적히지 않고 상대평가 지표인 표준점수, 백분위, 등급(석차등급)만 적힌다. 표준점수는 국어·수학은 {(원점수-평균점수)/표준편차}×20+100으로, 탐구영역 및 제2외국어·한문은 {(원점수-평균점수)/표준편차}×10+50으로 계산한다. 박근혜정부에 의해 한국사는 2017학년도부터, 영어는 2018학년도부터 절대평가(등급제)가 시행되었다.

김상곤 장관이 추진하던 절대평가는 원점수제가 아니라 등급제였다. 과목별로 원점수가 90점 이상이면 1등급, 80점 이상이면 2등급… 이런 식으로 원점수에 따라 등급을 부여하는 것이다. 한국사, 영어 두 과목에는 박근혜정부 시절 이미 이런 식의 절대평가가 도입되었다.

앞서도 말했듯이 절대평가에는 등급제와 원점수제가 있다. 원점수제의 대표적 사례는 일본의 센터시험이다. 과목에 따라 50점, 100점, 200점 만점에 원점수만 표기된다. 등급제의 대표적 사례는 유럽 국가들의 대입 시험들이다. 만점이 국가별·과목별로 50점, 100점, 120점, 300점 등 다양한데, 성적표에 원점수와 등급이 함께 적히는 경우도 있지만 대개는 등급만 적는다. 영국과 핀란드의 대입시험은 낙제점 위로 6개 등급을, 프랑스의 대입시험은 낙제점 위로 11개 등급을 부여하며 독일은 16개 세부 등급(기본 등급은 6개)을 매긴다. 원점수가 더 정밀한 데이터인데 왜 굳이 이를 등급으로 바꿀까? 원점수로 작은 점수 차이를 드러내는 것이 교육적으로나 통계적으로나 별 의미가 없다고 보기 때문이다.

그런데 김상곤 장관이 수능 절대평가(등급제)를 추진한 배경에는 이러한 교육적·통계적 의미보다 중요한 이유가 두 가지 더 있었다.

첫째는 학생들이 겪는 경쟁과 부담을 줄이는 것이다. 상대평가를 하면 경쟁자들을 제치기 위해 제로섬 무한경쟁이 벌어진다. 절대평가라 해도 원점수제면 비슷한 결과가 나타날 것이다. 하지만 등급제를 채택해 90점 이상에 모두 1등급을 주게 되면, 경쟁자를 의식할 필요 없이 90점 이상에 도달하는 것이 목표가 된다. 특히 한국에서는 성적 상위권일수록 대입 경쟁이 더 심하게 나타나는 특성이 있으므로, 수능을 절대평가(등급제)로 전환하면 체감되는 경쟁 강도와 사교육을 어느 정도 줄일 것으로 기대되었다.

둘째는 수능의 영향력을 약화하는 것이다. 이는 교육부가 진보/보수를 떠나 20년 넘게 시도해온 장기 정책 방향이었다. 교육부는 '한 줄 세우기 대신 여러 줄 세우기'를 모토로 1997학년도 대입에 수시모집을 도

5장 '김상곤 쇼크'는 어떻게 시작되었나

입하고 이를 늘리도록 했다. 수능 점수로 '한 줄 세우기'를 할 때 나타나는 교육의 획일화를 '여러 줄 세우기'로 보완하려 한 것이다. 대학들은 우수한 학생을 선점할 목적으로 수시모집을 계속 늘려 4년제 대학 전체 모집정원 가운데 수시모집이 차지하는 비율은 김대중정부 말기에 30%, 노무현정부 말기에 50%를 돌파했으며 이명박정부 말기에 65%, 박근혜정부 시절 75%에 이르렀다.

학부모들은 학종을 좋아하지 않는다

수시모집의 세부 전형들 가운데 주목할 것이 학종(학생부 종합전형)이다. 4년제 대학 전체에서 학종이 차지하는 비율은 25%가량이어서 그리 높아 보이지 않는다. 하지만 서울 지역 상위 10~15개 대학으로 한정하면 학종의 정원 비율은 40~50%에 이르고 서울대는 거의 80%(수시모집 전체가 학종)에 달한다. 상위권 학생들이 입시 분위기를 크게 좌우하는 한국 상황에서 학종이 사실상 '대세'로 자리 잡은 것이다.

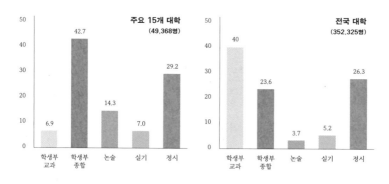

대입 전형별 정원 비율(%)

주요 15개 대학 (49,368명)
학생부교과 6.9 / 학생부종합 42.7 / 논술 14.3 / 실기 7.0 / 정시 29.2

전국 대학 (352,325명)
학생부교과 40 / 학생부종합 23.6 / 논술 3.7 / 실기 5.2 / 정시 26.3

문재인정부 첫해인 2017년에 치러진 2018학년도 대입의 전형별 정원 비율. 학종은 전국 4년제 대학 전체 정원 대비 23.6%이지만, 서울 소재 상위권 15개 대학으로 한정하면 42.7%다.(건국대·고려대·경희대·동국대·서강대·서울대·서울시립대·성균관대·숙명여대·연세대·이화여대·중앙대·한국외대·한양대·홍익대) 상위권 대학일 수록 학종 비율이 높아지는데 서울대의 경우 2018학년도 기준 무려 78.5%다. 참고로 현재(2021학년도 대입)의 전형별 비율은 이와 크게 달라지지 않았다. 출처: 뉴스핌 2017년 9월 13일, '2018 수시 주요 15 개大 학종 선발.'

학생부 종합전형(학종)의 전신은 입학사정관전형이다. 입학사정관전형은 노무현정부 마지막 해인 2008학년도 대입에서 첫선을 보였지만 당시에는 10개교 254명을 뽑는 시범사업에 불과했다. 그런데 2008년 취임한 이명박 대통령은 자신의 대선 공약이었던 '대입 자율화'의 일환으로 입학사정관전형의 비중을 급속히 끌어올렸다.

입학사정관제는 처음부터 여러 가지 문제를 노출했다. 특히 비(非)교과라고 불리는 교과 외(外) 활동을 중심으로 황당한 일이 벌어졌다. 부모가 내준 돈으로 가난한 나라에 가서 봉사활동을 하고 오거나 사교육을 통해 토플시험을 준비해서 그 점수를 반영하는 것도 가능했다. 특허를 출원하거나 논문 저자로 이름을 올리는 일도 벌어졌다. 다양한 활동에서 잠재력을 평가한다는 취지였지만 '기회 평등'이라는 관점에서 볼 때 매우 불공정한 일들이 벌어진 것이다.

입학사정관제의 문제점에 대한 불만이 속출하자 이명박정부는 학교 밖 스펙을 점차 금지했다. 2010학년도 대입부터는 학교 밖 수상이력이 배제되었고 2011학년도부터는 해외 봉사활동과 공인 어학시험이, 2012학년도부터는 교외 경시대회가, 2013학년도부터는 발명 특허가, 2014학년도부터는 논문 등재와 도서 출간이 대입에서 배제되었다. 박근혜정부는 취임 첫해인 2013년에 명칭을 아예 학생부 종합전형(학종)

으로 바꾸도록 하고 학교 밖 스펙을 완전히 배제해 2015학년도 대입부터 적용하도록 했다. 이로써 앞에서 언급한 극단적인 행태는 줄었지만 여전히 비교과에서 '부모 찬스'와 '사교육 찬스'가 작용할 여지가 있었다.

2017년 대입 논쟁이 불거질 때 치러진 2018학년도 대입 기준으로 학종의 기본 전형요소는 다음과 같았다.

■ 내신 성적: 석차등급으로 매겨지는데 학기별·과목별 석차 기준으로 상위 4%는 1등급, 4~11%는 2등급, 11~23%는 3등급 하는 식으로 9등급까지 매긴다.(수능 석차등급 기준과 동일)

■ 세부특기사항: 수업·평가과정에서 드러난 학생의 특성을 교사가 적어주는 것이다. 비교과가 아니라 교과로 분류되지만 내신 성적처럼 정량적인 자료가 아니라 정성적인(문장으로 된) 자료다.

■ 비교과: 독서, 동아리, 봉사, 교내 수상이력, 소논문 등 정규 교과 이외의 학교 내 활동을 통칭하는 말이다. 2015학년도 학교 밖 스펙은 활용이 금지되었다. 예를 들어 학교 밖에서 봉사활동을 할 수는 있지만 그 결과 지자체로부터 상을 받은 것을 학생부나 자기소개서에 적을 수는 없다.(참고로 2022학년도 대입부터 교내 수상이력과 자율 동아리는 학기당 1개로 제한하고 소논문은 금지했으며, 2024학년도 대입부터는 비교과가 전면 제외된다.)

■ 수능: '최저학력기준'이라는 이름으로 반영된다. 수능 '점수'를 반영하지는 않지만 수능에서 '몇 과목 이상에서 몇 등급 이상을 받으라'는 식의 기준을 대학이 미리 정해놓는 것이다. 최근에는 최저학력기준을 폐지한 대학들이 늘었지만 상위권 대학이나 의대는 최저학력

문재인 이후의 교육

기준이 만만찮게 높아서 이 때문에 탈락하는 경우가 많다.

■ 기타 서류: 학생이 쓴 자기소개서와 교사가 쓴 추천서(참고로 추천서는 2022학년도 대입부터 폐지되며, 자기소개서는 2024학년도 대입부터 폐지된다.)

■ 면접: 전형의 마지막 단계에 면접을 보는 경우도 있다. 대체로 학생부와 자기소개서에 기반한 면접이지만 일부 대학에서는 상호토론 등을 실시하며 서울대, 연세대, 고려대 등 최상위 대학은 본고사를 방불케 하는 구술면접 시험을 치른다.

이처럼 학종은 반영하는 요소가 매우 다양하기 때문에 학생들의 부담이 크다. 철인 5종경기를 철인 10종경기로 바꾸면 부담이 더 늘어나는 것과 마찬가지다. 게다가 하필이면 늘어난 5종 중에는 부모와 사교육의 조력이 작용할 가능성이 큰 것들이 포함되어 있었다. 사교육업계는 전통적인 내신 대비 사교육, 소논문이나 교내 수상 이력 등을 준비하는 비교과 사교육, 그리고 학종 준비 전략 컨설팅과 자기소개서 컨설팅까지 학종 사교육을 빠르게 성장시켰다. 학부모들은 문재인정부가 출범하기 전부터 이미 학종에 부정적인 반응을 나타냈다.

박근혜정부 말기 학종에 대한 학부모들의 비호감을 보여주는 대표적인 자료가 2016년 8월 국회 송기석 의원이 한국리서치에 의뢰한 여론조사 결과다. 학부모들은 학종이 상류계층에게 더 유리한 전형이며(77.6%) 사교육비 경감에 기여하지 못한다고(66.3%) 답했다. 학종은 학생의 노력과 능력에 근거한 공정한 전형이 아니며(59.0%) 부모와 학교, 담임, 입학사정관에 따라 결과가 달라지는 불공정한 전형이다.(75.4%) 축소나 폐지를 바라는 대입 전형으로 논술 전형(49.1%)에 뒤이어 학종(39.8%)이 꼽

했다. 참고로 논술이 첫 번째로 꼽힌 것은 논술은 학교 교육에서 준비할
방법이 없어 논술학원이 필수이기 때문이다.

학종 관련 학부모 대상 여론조사

1. 학생부종합전형은 사교육비 경감에 기여한다

2. 학생부종합전형은 고교교육 정상화에 기여한다

**3. 학생부종합전형은 학생의 노력과 능력에 근거한
공정한 전형이다**

**4. 학생부종합전형은 상류계층에게 더 유리한
전형이다**

**5. 학생부종합전형은 학생과 학부모가 합격 불합격
기준과 이유를 정확히 알 수 없는 전형이다**

**6. 학생부종합전형은 부모와 학교, 담임, 입학사정관에
따라 결과가 달라지는 불공정한 전형이다**

2016년 8월 국회 송기석 의원실이 한국리서치에 의뢰하여 전국 초중고·대학생의 학부모 804명을 대
상으로 실시한 조사. 학종에 대한 부정적 여론이 광범위하게 퍼져 있음을 알 수 있다. 2017년에도 동
일한 여론조사를 했는데 거의 똑같은 결과가 나왔다.

학종에 대한 부정적 여론이 모두 타당한 것은 아니다. 예를 들어 학생부종합전형은 고소득층이나 특목고·자사고생에 유리하다는 풍문이 널리 퍼져 있었고 이는 앞에 인용한 여론조사에서도 드러났다. 하지만 실제 상위권 대학의 정시(수능 전형) 입학자와 학종 입학자를 비교해보면 특목고·자사고 출신이 차지하는 비율은 서로 비슷하고, 서울·수도권 출신 및 고소득층 비율은 학종보다 정시(수능 전형)에서 더 높게 나타난다. 즉 학종이 금수저에게 더 유리하다는 통념은 사실이 아니다. 하지만 학종에 대한 학부모들의 불만이 모두 근거 없는 괴담인 것도 아니다. 학종에는 분명히 학생·학부모의 부담과 사교육을 키우는 면이 있고, 특히 비교과에서 기회 불평등을 체감할 가능성이 크다.

학종에 대한 여론이 매우 비판적임을 감안한다면 '수능 개편안'을 발표하기 전에 '학종 개편안'을 먼저 발표해야 했다. 그런데 교육부는 대뜸 수능 개편안을 2017년 8월 초에 내놓겠다고 예고해버렸다.

국회 의원회관에서 열린 토론회 발제를 부탁받은 나는 수능 절대평가에 대해 첫 번째로 제기될 질문, 즉 '그렇다면 정시모집에서 합격/불합격을 가르는 변별력은 어떻게 얻느냐'에 집중하기로 했다. 이미 면접을 활용하거나 내신 성적을 일부 활용하는 등 몇 가지 대안이 있었고 대선 캠프 시절 내가 보고서를 쓰기도 했는데, 그중에서 가장 유력한 방법은 수능 원점수를 일부 활용하는 것이었다. 예를 들면 등급제를 기본으로 하되, 동점자 가운데 합격 여부를 가릴 때 원점수를 활용하는 것이다. 엄밀히 보면 절대평가에는 등급제만 있는 것이 아니라 원점수제도 있으니 '등급'을 '원점수'로 보완하는 셈이다.

예를 들어 '우리 대학 공대는 동점자가 나오면 수학 원점수를 서로 비교하고, 그래도 동점자가 있으면 과학 원점수를 비교하겠다'는 식의 원칙을 미리 정해놓는 것이다. 이렇게 되면 '경쟁을 줄인다'는 등급제의 취지는 훼손된다. 하지만 적어도 상대평가의 고유한 결함인 '공부 잘하는 학생이 선호하는 과목은 다른 학생들에게 기피 대상이 되는' 현상, 그래서 물리와 경제를 기피하고 아랍어로 쏠리는 등의 문제는 피할 수 있다.

나는 김상곤 장관과 측근들 그리고 교육부 관료들이 이런 방안을 당연히 공유할 거라고 생각했다. 대선 캠프 시절 내가 직접 리포트한 내용이었을 뿐 아니라 상식적으로 수능을 절대평가로 변경하면서 변별력을 확보하는 방안은 뻔했기 때문이다. 그런데 막상 2017년 8월 10일 교육부가 발표한 수능 개편안은 매우 기묘했다. 사상 최초로 정부의 수능 개편안이 한 가지가 아니라 두 가지로 제시된 것이다.

- 1안: 절반은 상대평가, 절반은 절대평가. 국어·수학·탐구는 상대평가 유지(여기서 탐구란 과학/사회/직업탐구 중 학생이 선택한 1과목), 영어·한국사·통합사회·통합과학·제2외국어는 절대평가(등급제). 참고로 한국사는 이미 절대평가로 전환(2017학년도), 영어는 전환이 예고된 (2018학년도) 상황이었다.
- 2안: 전 과목 절대평가

위와 같이 수능 개편안이 발표되자 여론이 들끓었다. 사람들은 김상곤 장관이 2안(전 과목 절대평가)을 추진하기 위해 1안을 들러리로 세웠다고 여겼다. 학종을 대세로 만들고 수능을 무력화하기 위해 '쇼'를 한다는 의견이 횡행했다.

하지만 실제로는 반대였다. 김상곤 장관은 1안으로 가려고 작정하고 2안을 들러리로 세운 것이었다. 그는 왜 2안(전 과목 절대평가)을 포기했을까? 그사이 청와대와 민주당으로부터 강력한 견제를 받았기 때문이다. 특히 이낙연 국무총리는 회의석상에서 수능 절대평가 전환에 대한 우려를 노골적으로 표명했고 이것이 언론에 보도되기도 했다.

여기가 바로 '김상곤 쇼크'가 일어난 지점이다. 김상곤 장관은 '수능이 절대평가(등급제)로 전환되면 정시모집에서 변별은 어떻게 하느냐?'는 기본적인 질문에 제대로 대비하지 않았던 것이다. 일각에서 정시모집의 폐지 또는 사실상 무력화를 거론했으나 이런 방법은 애초에 선택지가 아니었다. 대선 공약집에는 대입을 '학생부 종합전형, 학생부 교과전형, 수능 전형 3가지로 단순화'한다는 내용이 포함되어 있었다.

김상곤 장관은 결국 같은 편(청와대와 민주당)으로부터 비판을 받고서야 부랴부랴 1안(절반 상대평가, 절반 절대평가)을 마련하고 원안에 해당하는 2안(전 과목 절대평가)을 들러리로 세웠다. 1안을 급조했음을 보여주는 증거가 있다. 1안에 따르면 수능을 준비하기 위한 학습량이 늘어난다. 탐구(과학/사회/직업)과목의 이수단위 총합이 10단위에서 21단위로 늘어나기 때문이다. 그뿐만 아니라 1안은 과목 수도 늘어난다. 그래서 이를 감추기 위해 교육부는 공식 발표 자료에 '통합사회'와 '통합과학'을 합쳐서 한 과목이라고 적는 꼼수를 썼다. 통합사회와 통합과학이 각각 8단위씩이니 무려 16단위짜리 거대 과목을 만들어낸 셈이다.

2017년 8월 21일, 나는 국회 의원회관에서 열린 토론회에서 발제자로 나서 1안과 2안이 가진 각각의 문제점을 설명했다. 토론회장에 앉아 있던 민주당 국회의원들의 표정이 점점 어두워졌다. 나는 노무현정부의 실책, 즉 섣부른 수능 개편으로 시작해 대입을 전략적으로 관리하지 못하고 결국 '죽음의 트라이앵글'로 욕을 먹은 것과 같은 실수가 반복되어서는 안 된다고 주장했다. 그리고 2안을 채택해 전 과목 절대평가를 추진하되 원점수를 부분적으로 활용하여 변별력을 확보하는 방안을 제시했다. 사실상 3안을 제시한 셈이다.

하지만 이미 교육부가 1, 2안을 후보로 발표한 상태에서 내가 제기한 3안이 채택되기는 어려워 보였다. 발제 이후 공식 토론자였던 이종태 선생이 말문을 열었다. 그는 노무현정부 시절 한국청소년정책연구원 원장으로 있다가 이명박정부에서 강제로 쫓겨나다시피 한 인물이다. "1, 2안 중에서 결정하지 말고 차라리 연기하는 게 좋겠습니다." 이 말을 듣고 나는 귀를 의심했다. 정부가 연기를 선택하기는 어려울 거라고 생각했다. 하지만 거센 여론의 역풍을 맞은 문재인정부는 결국 8월 말에 확정 예정이던 수능 개편을 1년 연기한다고 발표했다. 그리고 다음 해인 2018년 대입 논쟁은 '공론화' 국면으로 진입한다.

진보 교육감 시대, 무엇이 달라졌나

문재인 대통령이 후보 시절 김상곤 전 경기도 교육감에게 교육정책의 책임을 맡긴 것은 단순히 김상곤이라는 개인을 기용한 것이 아니었다. 진보 교육 진영의 대표자에게 교육정책을 위임한 것이었다. 김상곤 장관은 명실상부한 대한민국 1호 '진보 교육감'이다.

2000년대까지 교육감 선거는 시도별로 치러지는 시기가 달랐는데,

2010년 지방선거부터 전국적으로 동시에 교육감 선거를 치르기로 했다. 그래서 2009~2010년 사이 14개월간의 자투리 임기를 채우기 위해 경기도 교육감 선거가 치러졌다. 이때 민교협(민주화를 위한 전국 교수협의회)과 교수노조에서 활동하던 김상곤 한신대 경제학과 교수가 출마했다. 경기도 교육감 선거에 모든 반이명박 세력이 결집해서 김상곤 후보를 지원했다. 나도 김상곤 후보 캠프의 요청으로 기자들 앞에서 진중권 교수와 함께 플래카드를 들고 김상곤 후보 지지 선언을 하기도 했다.

2009년에는 영어몰입교육, 자사고, 일제고사 등 이명박정부의 교육정책에 대한 비판 여론이 높았다. 이에 힘입어 경기도 교육계 내에서는 무명이나 다름없던 김상곤 후보가 당선되었다. 교육감 직선제의 힘이었다. 그는 '무상급식'과 '혁신학교'라는 진보 교육감의 대표 정책을 처음으로 추진했다. 그의 활약은 2010년 지방선거에서 전국에 진보 교육감이 6명 당선되는 계기가 되었다. 진보 교육감은 2014년에 17개 시도 중 13명, 2018년에는 14명으로 늘었다. 김상곤 교육감은 2014년에 교육감 재출마를 포기하고 경기도지사 선거에 나섰다가 민주당 내 경선에서 패했고, 이후 문재인 대통령이 당대표를 지내던 2015년 당내 혁신위원장에 임명되어 본격적으로 문재인 대통령과 정치적 동지 관계를 맺었다.

교육에서는 보수보다는 진보를 선호하는 여론이 확실히 높다. 교육감 선거를 앞두고 인물을 특정하지 않고서 '진보 후보와 보수 후보 중 어느 쪽을 지지하느냐?'는 질문을 던지면 진보 후보가 보수 후보를 압도하는 결과가 나왔다. 예를 들어 2010년 교육감 선거 1개월 전인 5월, 한겨레신문이 리서치플러스에 의뢰한 여론조사에서 진보/보수 교육감 후보 선호도가 41.3% 대 15.1%였다. 같은 시기 동아일보가 코리아리서치에 의뢰한 여론조사에서도 42.5% 대 27.2%였다. 국책연구기관인 한 국교육개발원(KEDI)에서 2000년부터 2016년까지 해마다 "고교평준화 에 찬성하십니까?"라는 질문으로 설문조사를 해보면 '그렇다'가 꾸준히 60~70%를 기록했다. 이것이 밑바닥 민심이다.

왜 교육감 선거에서 진보가 보수보다 유리할까? '보수 교육'이라고 하면 경쟁, 서열화, 주입식 교육, 부패 등 부정적 이미지가 먼저 떠오르기 때문이다. 진보 교육은 경쟁보다는 협동, 서열화보다는 평준화, 주입식 교육보다는 창의적 교육, 부패보다는 청렴을 내세우므로 자연히 비교우위에 놓이게 된다. 이 같은 비교우위는 최근 일부 진보 교육감과 진보 정치인들의 이중성에 대한 비난(대표적으로 자녀를 특목고에 보내면서 특목고를 없애려 한다는), 학종을 옹호하는 진보 교육계의 태도에 대한 반감 등으로 흔들리는 것으로 보인다.

그럼에도 진보 교육감 후보에게는 또 하나의 막강한 무기가 있다. 그것은 '후보 단일화'다. 보수 교육감 후보들은 막판까지 이해관계와 명분을 조정하지 못해 단일화에 실패하곤 한다. 보수 후보 단일화를 추진하는 단체가 여러 개 생겨 '단일화 기구를 단일화해야 하는' 웃지 못할 상황이 벌어지기도 한다. 반면 진보 후보들은 대부분 단일화에 성공한다. 2009년 경기도 교육감 선거는 첫 진보 교육감이 당선되었다는 것뿐만 아니라 진보 후보 단일화 과정의 본보기를 확립했다는 점에서도 정치 사적으로 의미 있는 사건이었다. 물론 진보 후보 단일화 과정에서도 이런저런 잡음이 나오지만 상황이 다급해지면 진보 사회운동의 원로들이 나서서 분란을 조정하기도 한다. 보수 사회운동에서는 기대하기 어려운 특징이다.

진보는 교육감 선거에서 유리하다. 국민의 기본 여론이 진보 교육을 지지하는 편인데다가 진보 교육감 후보는 단일화에 대체로 성공하기 때문이다. 하지만 이들이 중앙정치와 국가정책의 영역으로 진입할 때 몇 가지 문제가 발생할 소지가 있다. 나는 김상곤 장관이 취임할 때 김 장관과 그 측근들, 아니 신보 교육 진영 전체의 약점 두 가지를 내심 걱정했다.

진보 교육 진영의 첫 번째 약점은 대입을 잘 모른다는 사실이다. 진보 교육계에는 '입시 때문에 교육을 망친다'고 입버릇처럼 말하면서도 입시가 별것 아니라는 식으로 가볍게 여기는 이중적 태도가 팽배해 있다. 마치 부동산 실물을 잘 모르면서 집값을 잡을 수 있다고 믿는 것과 닮은 꼴이다. 게다가 진보 교육감들은 이명박-박근혜정부 기간에 중앙정부와 갈등 관계에 있었기 때문에 국가수준에서 대입제도를 고찰해볼 기회가 없었다. 수능 절대평가를 선언해놓고도 보완책을 준비하지 않은 채 정부·여당 내부의 비판에 속수무책으로 당한 것은 이런 약점을 여실히 보여주는 일이었다.

예를 들어 전교조를 중심으로 하는 진보 교육 진영에서는 오랫동안 '수능 자격고사화' 및 '수능 폐지'를 주장해왔다. 이렇게 되어 수능의 영향력이 줄어들거나 없어지면 대학 합격 여부를 내신 성적으로 가려야 한다. 한국은 수능과 내신이 모두 상대평가다. 그런데 수능과 내신 중 체감 경쟁 강도가 더 높은 것은 내신이다. 수능은 전국에서 수만에서 수십만 명 단위가 경쟁하기 때문에 적어도 바로 옆 자리 친구가 경쟁상대로 느껴지지는 않는다. 하지만 내신은 바로 주위 친구들이 직접적 경쟁자가 된다. 보통 고등학교에서 문과/이과로 나누어 석차를 매기므로 경쟁 단위는 100~200여 명, 심지어 규모가 작은 학교라면 수십 명인 경우도 있다. 따라서 대입에서 내신 성적의 비중이 커지면 학생들이 체감하는 경쟁 강도는 오히려 높아진다.

정부가 이런 대입 정책을 실제로 추진한 적이 있다. 노무현정부 시절이던 2004년, 정부는 다음 해 고1이 치르게 될 2008학년도 대입 개편안을 발표했다. 첫째로 수능은 상대평가를 유지하되 성적표에 점수를 표기하지 않고 등급(석차등급)만 매겨서 수능의 영향력을 줄이겠다는 것이고, 둘째로 내신 성적을 중심으로 대입 선발이 이뤄지도록 하되 내신을 상대평가로 바꿔 내신 성적을 후하게 주는 '성적 부풀리기'를 방지하고 변별력을 확보하겠다는 것이었다.

그러자 이 정책의 첫 적용 대상인 2005년 고1 학생들이 1학기 중간고사를 보고 나서 자살하는 사태가 벌어졌다. 과거에도 수능시험을 보고 나서 자살하는 사건은 있었지만 첫 번째 중간고사 이후 여러 명이 자살하는 사건은 사상 초유의 일이었다. 학생들이 전국 곳곳에서 추모제를 겸한 촛불집회를 추진했다. 그 이전에도 2002년 여중생 2명이 미군 장갑차에 치여 사망한 사건(이른바 '미선이·효순이 사건')과 2004년 노무현 대통령 탄핵 국면에 촛불집회가 열렸지만, 어린 학생들이 중심이 되어 자발적으로 모인 촛불집회는 처음 있는 일이었다.

노무현정부는 집회 현장에 교장과 교사들을 투입해 집회를 막으려고 총력을 기울였다. 진보 언론에서는 학생들의 목소리를 피상적으로 전달하는 수준에 그쳤을 뿐 정책의 근본적인 문제를 제대로 파헤치지 않았다. 진보 교육단체들도 촛불집회에 부정적이었다. 당시 촛불집회를 주도한 청소년단체 관계자는 나에게 "전교조 쪽 사람들이 찾아와서 이 제도가 얼마나 좋은 제도인지 아느냐고 큰소리치더라"라고 토로했다.

2005년 5월 7일 광화문 앞에서 열린 집회에서 '한국청소년모임' 위원장 신지예 학생은 "우리는 내신등급제도 본고사도 원하지 않는다… 내 옆에 있는 친구를 밟아야 하는, 물건에 점수 매기듯이 우리에게 점수를 매기는 이 전쟁터 같은 학교가 근본적으로 변하는 것이 바로 우리가 원하는 것"이라고 발언했다.(《프레시안》 2005년 5월 7일자 '친구와 경쟁하는 교실 싫어요') 그 후 13년이 지난 2018년 지방선거에서 녹색당 서울시장 후보로 나선 그 신지예다. '늙은 진보'와 '젊은 진보'의 경험치가 얼마나 다른지를 확연하게 보여주는 일화일 것이다.

내신을 절대평가로 바꿔도 문제다. 고교 내신을 절대평가로 바꾸면 한편으로는 '내신 부풀리기'가 일어난다. 시험문항을 쉽게 출제해 내신 성적을 높이는 것이다. 아울러 내신 상대평가의 유일한 장점인 '균등 선발효과'가 무너진다. 현재 내신 성적은 상대평가이므로 학력 수준이 높은 학교에서도 과목별로 4%만 1등급을 주고, 학력 수준이 낮은 학교에서도 동일하게 4%에게 1등급을 주는 식이다. 따라서 대학에서 내신 성적을 반영하여 선발하면 지역별·학교별로 비교적 골고루 뽑히는 '균등 선발효과'가 생긴다. 그런데 내신 성적이 절대평가로 바뀌면 '균등 선발효과'가 무너진다. 특목고·자사고 쏠림, 강남 집값 상승은 필연적이다. 한국에서 대입제도가 단순히 교육 문제가 아니라 정치 문제이기도 하다는 점이 이런 지점에서 잘 드러난다.

진보 교육계, 대안 마련에 실패하다

진보 교육 진영의 두 번째 약점은 대학 체계를 개혁할 대안이 불완전하다는 것이다. 한국의 치열한 교육 경쟁은 상위 서열의 대학에 진학하기 위한 것이다. 따라서 교육 경쟁을 완화하려면 대학 시스템을 개혁해야 한다. 그런데 진보 교육계의 대학 개혁 정책은 설득력이 낮고 구체적이지 못하다.

진보 교육계의 대학 체계 대안은 '국립대 통합 네트워크' 및 '공동입학·공동학위제'다. 2000년대 초 정진상 경상대 교수가 정리해 민주노동당 공약으로 채택되었고 2012년에는 민주당 문재인 대선 후보 공약집에 '서울대를 포함한 10개 거점 국립대학의 통합 네트워크'가 담겼다. 하지만 이 정책을 시뮬레이션해보면 심각한 약점이 보인다. 한국은 사립대 비율이 매우 높아서 전체 대학생의 75%가 사립대에 다닌다. 특히 인구의 절반 가까이가 몰려 있는 서울·수도권 지역 대학들이 대부분 사립이어서 서울·인천·경기 지역 고등학교 졸업자 대비 이 지역 국공립대 입학정원은 5% 미만이다. 따라서 교육 수준이 전국적으로 유사한 공동입학·공동학위 시스템을 설계하기란 매우 어렵다. 그래서 나는 2012년부터 줄곧 '국립대 통합 네트워크'에 대해 비판적 견해를 밝혀왔다. 즉 이 것은 정책이라고 주장되지만 실은 구호일 뿐이고 구체적인 실행 계획 (action plan)을 만들 수 없다.

2017년 문재인 대선 캠프에서 일할 때 대학 정책은 내 권한 밖이었다. 그런데 어느 날 대학 관련 공약을 담당하던 간사급 인물이 나에게 찾아오더니 질문을 던졌다. "이범 선생님, 공동입학제는 어떻게 하는 거예요?" 국립대를 통합하고 공동입학제를 실시하는 방안을 시뮬레이션하다가 벽에 부딪힌 것이다. 도저히 답이 안 나온다는 것이었다. 여기에 대한 내 답은 간단했다. "그거 안 되는 거 이제야 아셨어요?"

서울대를 포함한 거점 국립대들을 통합해서 가칭 '한국대'를 만들자는 주장이 있다. 어떻게든 공동입학제를 실현하자는 것이다. 그런데 그 결과 대입 경쟁이 얼마나 줄어들지 불투명하다. 3만 4,000명가량을 모집하는 가칭 한국대와 각각 4,000명가량을 모집하는 연세대·고려대가 경쟁하는 상황을 가정해보자. 한국대의 서울 캠퍼스 배정 확률은 10%에 불과하다. 서울시립대와 서울과학기술대까지 합쳐 총정원이 3만 8,000명이 되어도 20%다. 그리고 연고대의 학벌은 그대로 이어지지만 서울대의 학벌(학부 선후배 관계)은 대가 끊긴다. 그렇다면 한국대와 연고대에 동시 합격한 학생들은 어디를 선택할까? 물론 한국대 등록금이 더 저렴하겠지만 등록금만 감당할 수 있다면 특히 서울·수도권 지역 학생은 거의 연고대를 선택할 것이다. 그렇다면 한국대의 서열은 어느 정도일까? 연고대와 서성한 사이? 서성한과 중경외시 사이? 또는 그 이하?

이후 캠프 내에서 대학 시스템과 관련해 어떤 논의를 했는지는 자세하게 알지 못한다. 그런데 아니나 다를까 2017년 문재인 후보 대선 공약집에는 '국공립대 네트워크 구축'이라고 해서 '통합'이라는 두 글자가 빠져 있었다. 그리고 문재인 대통령 취임 이후 발표한 '100대 국정과제'에는 국립대 통합이나 국립대 네트워크가 아예 언급조차 되지 않았다.

문재인 후보 공약집에는 국공립대 네트워크와 더불어 '공영형 사립대'가 담겨 있었다. 정부가 일부 사립대에 대규모 재정지원을 하는 대신 이사진 중 절반을 공익이사로 바꿔 이른바 정부의존형(혹은 정부책임형) 사립대로 전환하자는 것이다. 이렇게 되면 기존 재단은 핵심 기득권인 인사권과 재정권을 내놓게 된다. 문제는 서울·수도권 지역 대학들은 학생 모집이 원활해서 재정 기반이 안정적이므로 이런 정책에 반응할 가능성이 거의 없다는 점이다.

'공영형 사립대' 정책에 호응할 만한 대학은 비수도권 지역 사립대들, 즉 학생 수 감소로 정원 미달과 재정난이 예고되어 있는 대학들이다. 그런데 곧 문을 닫을지도 모를 대학들을 예산을 지원해 회생시키는 방안에 국민들이 찬성할까? 아니나 다를까, 공영형 사립대 예산은 기재부와 국회를 거치면서 2019년 예산에서 연구비 명목의 10억 원만 남고 거의 전액 삭감되었다.

이미 2017년 대선 캠프 시절부터 캠프 상층부에서 '김상곤 전 교육감의 정책이 엄청난 돈이 드는 데 비해 효과는 의심스럽다'는 이야기가 흘러나오고 있었다. 결론적으로 진보 교육계는 오랫동안 대학 서열화를 교육 황폐화의 주범으로 지목해왔지만 정작 대학 서열화를 완화할 방안을 마련하지 못한 것이다.

이것이 김상곤 쇼크의 원인이다. 진보 교육계는 입시와 서열화를 비난해왔을 뿐 입시의 기능과 구조를 밀도 있게 분석하고 대안을 만들어 놓지 않았다. 아울러 '구호'나 '가치'가 곧 정책이 될 수 있다는 착각 내지 안이함에 빠져 있었다. 이런 태도는 사회운동에 오랫동안 몸담아온 사람들에서 드물지 않은 모습이다. 규모가 큰 개혁을 성공하려면 중앙정치 고유의 시야, 그리고 이를 통해 구성된 구체적인 정책 시뮬레이션과 실행계획이 필수적이다. 김상곤 장관의 실패는 개인의 실패가 아니라 진보 교육 진영 전체의 실패였다. 실패 원인은 진보 교육계가 사회운동의 패러다임에서 벗어나 중앙정치와 국가정책의 문법을 자기 것으로 만들지 못했기 때문이다. 즉 아직 진정한 한국 교육의 '주류' 수준에 이르지 못한 것이다.

OECD 국가들의 입시제도는 어떨까? OECD 국가에서도
대부분 입시를 치르지만 대세는 선다형이 아니라 논술형이며
입시와 내신 모두 상대평가가 아니라 절대평가를 한다.
심지어 미국의 고등학교에서는 입시 교육을 하지 않는다. *

나는 대입 논쟁에서 양비론자다. 수능 지지자에게는 "5지선다 교육에
무슨 미래가 있냐?"고 묻고, 학종 지지자에게는 "교과를 혁신해야지 왜
비교과를 갖다 붙여?"라고 한다. 선진국 입시는 대부분 논술형이며 주
요 선진국 가운데 객관식 입시를 하는 나라는 미국과 일본밖에 없다. 그
런데 미국은 객관식 입시가 고교 교육에 영향을 미치지 못하도록 구조
적으로 차단되어 있고, 일본은 본고사를 병행하므로 객관식 입시의 영
향력이 적다. 또 주요 대입전형에서 비교과를 높은 비중으로 반영하는
나라는 OECD 국가에서 한국을 제외하면 미국과 영국밖에 없다. 내신
성적을 상대평가로 매겨 반영하는 나라는 OECD 국가 중에서 한국이
유일하다. 한국의 대입은 '객관식 입시+비교과 반영+내신 상대평가'라
는 매우 희한하고 기괴한 조합으로 되어 있다.

진보 교육 진영에서는 꾸준히 입시(수능) 철폐를 주장해왔다. 그러나 OECD 35개국(2017년 기준)을 살펴보면 대부분 입시가 존재한다. 여기서 '입시'의 뜻은 고등학교의 수업 담당교사가 아닌 외부에서 출제·주관하는 시험(external exam)이다. 나라마다 인증시험, 졸업시험, 대입시험 등 다양한 명칭으로 부르지만 공통적으로 그 성적이 대학 입학 여부를 결정하는 데 활용되므로 나는 '입시'로 통칭한다. 입시가 없는 나라는 OECD에서 캐나다, 노르웨이 두 나라밖에 없다. 심지어 핀란드에도 입시가 있다. 왜 대부분 나라에는 입시가 있을까? 여기서 선진국 입시의 두 가지 기능을 이해할 필요가 있다.

많은 나라에서 입시는 과목별 이수/낙제 판별 기능을 한다. 유급은 한 학년을 다시 다녀야 하는 것이고, 낙제는 특정 과목을 이수하지 못한 것으로 처리하는 것이다. 선진국에서 유급은 주로 초등학교와 중학교에 있고, 낙제는 과목별로 이뤄지며 주로 고등학교에 존재한다. 그런데 낙제 여부를 판별하는 수단으로 외부 시험(입시)이 활용된다. 여기서 일정 점수에 미달하면 낙제, 대학으로 치면 F를 받는 셈이다. 어떤 나라는 고교 이수과목 거의 전체에 대해 외부 시험(입시)을 치른다. 프랑스와 영국이 그렇다. 하지만 이수과목들 가운데 일부만 외부 시험(입시)을 치르는 나라도 있다. 핀란드는 4과목(필수 1과목+선택 3과목), 독일도 4~5과목만 시험을 치른다.

참고로 한국은 OECD에서 고등학교에 낙제가 없는 유일한 나라다. 1970년대까지는 한국의 고등학교에도 낙제 제도가 있었는데 이후 없어졌다. 그래서 교실에서 잠을 자고 시험에서 0점을 받아도 법정 출석일수만 채우면 졸업장이 나온다. 이것은 국가의 책무성과 교육의 효율을 방기하는 명백한 포퓰리즘이다.

만일 내신 성적으로 이수/낙제를 판정한다면 어떻게 될까? A교사와 B교사 간에 낙제 여부를 판단하는 기준이 서로 다를 테니 불공정 시비가 일어날 수 있다. 이를 예방하는 간편한 방법이 바로 일제히 외부 시험(입시)을 치르는 것이다. 낙제 여부를 판정할 때 교사가 매긴 성적을 함께 고려하는 경우도 있지만(대표적으로 독일), 외부 시험(입시)만으로 낙제 여부를 판별하는 나라가 많다(대표적으로 프랑스, 영국). 미국의 경우 대체로 학교별·지역별로 시행하는 외부 시험을 활용한다. 참고로 2012년 이후 미국에서는 대학 입학 자격시험(SAT)보다 대학 입학 학력고사(ACT)를 더 많이 응시하는데, 그 이유 중 하나는 미국의 일부 지역에서 ACT를 고등학교 졸업자격 시험, 즉 영어·수학의 낙제 여부를 판별하는 시험으로 활용하기 때문이다.

이 글에서 '입시'라고 표현하는 고등학교 외부 시험의 두 번째 기능은 '과목별 성취도'를 측정하는 것이다. 즉 이 시험으로 낙제점 위에 어느 정도 수준인지 성적을 매기는 것이다. 영국과 핀란드는 낙제점 위에 6개 등급을 부여한다. 독일은 16개 세부 등급(기본 등급은 6개)을 부여한다. 프랑스는 낙제점 위에 11개 등급을 부여한다. 프랑스는 낙제점 이상만 받으면 대학에 입학할 수 있는 독특한 대입제도가 있는데도 낙제점 위로 여러 등급을 부여하여 성취도를 확인한다.

성취도 측정은 입시뿐만 아니라 내신으로도 가능하다. 하지만 내신 성적으로는 서로 '비교'하기 어렵다. 예를 들어 들어 A지역 (가)고등학교의 ㄱ교사가 매긴 90점과 B지역 (나)고등학교의 ㄴ교사가 매긴 90점은 동등한가? 당연히 동등하지 않을 텐데, 이런 의문이 드는 것은 '학생들을 서열화하고야 말겠다'는 사악한 의도에서 비롯된 것이 아니라 상당히 자연스럽고 상식적인 일이다. 여기에 답하는 명쾌한 방법이 외부 시험(입시)을 치르는 것이다.

그렇다면 입시가 존재하지 않고 내신 성적만 활용할 수 있는 캐나다의 대학에서는 어떻게 학생을 선발할까? 대학에서 내신 성적을 보정한다. 내신 성적이 후하다고 알려진 지역·고교 출신 지원자의 성적은 깎고, 내신 성적이 짜다고 알려진 지역·고교 출신 지원자의 성적은 높인다. 당연히 구체적으로 어떻게 보정하는지 궁금할 것이다. 하지만 대학에서는 내신 성적 보정 방법을 절대 밝히지 않는다. 대입 경쟁이 한국보다 상당히 덜한 나라인데도 내신 성적 보정 방식을 공개할 때 벌어질 시비와 논란을 경계하는 것이다.

OECD 국가, 비교과 반영은 예외적 현상

대부분 국가에서는 입시 성적과 내신 성적으로 대학 입학 여부를 결정한다. 여기서 '내신'이란 고등학교 성적이 대입 선발에 활용되는 것을 의미한다. 나라마다 2년, 3년, 4년 등 내신을 반영하는 기간과 반영하는 과목 범위가 다르다. 입시·내신의 반영 방식을 분류해보면 다음과 같다.

OECD 주요 국가들의 입시·내신 반영 방식

반영 방식	대표적인 국가
입시 성적 위주(내신 반영하지 않음)	영국, 프랑스, 네덜란드, 이탈리아, 일본
입시 성적과 내신 성적을 합산	독일, 호주, 스페인, 덴마크
입시/내신 반영 여부를 대학이 결정	핀란드
입시/내신 반영 여부를 학생이 결정	스웨덴
내신 성적 위주(입시 없음)	캐나다, 노르웨이
입시, 내신, 비교과 모두 주요한 요소로 반영	미국

- 입시 성적 위주로 선발하고 내신 성적을 반영하지 않는 나라: 영국, 프랑스, 이탈리아, 네덜란드 등은 내신을 반영하지 않고도 멀쩡하게 공교육이 돌아간다. '공교육을 살리려면 내신을 반영해야 한다'는 주장이 항상 타당하지는 않다는 얘기다. 단 이 나라들의 입시는 논술형이고 한국의 입시는 객관식이라는 차이를 고려해야 한다. 참고로 프랑스에서는 내신 성적도 10% 반영하는 대입제도 개편을 추진하고 있다.

- 입시 성적과 내신 성적을 합산하여 반영하는 나라: 독일, 호주, 스페인, 덴마크 등은 입시 성적과 내신 성적을 합산하여 대입에 반영한다. 내신 성적 고유의 가치를 인정하는 것이다. 선다형보다는 논술형이 역량을 더 폭넓게 평가할 수 있고, 논술형보다 수행평가가 역량을 더 폭넓게 평가할 수 있다. 그런데 수행평가를 외부 시험(입시)으로 하기는 매우 어렵고, 특히 프로젝트(탐구 주제를 본인이 설정하고 진행)는 더욱 그렇다. 이렇게 보면 내신 성적을 활용하는 취지를 이해할 수 있다.

- 입시 성적과 내신 성적을 선별적으로 반영하는 나라: 스웨덴은 입시로 뽑는 전형과 내신으로 뽑는 전형이 병존한다. 모집단위별 정원의 1/3 이상은 입시 성적만으로 선발하도록 규정되어 있다. 어느 쪽 전형에 지원할지는 학생이 선택한다. 핀란드는 입시/내신 반영 여부와 반영 비중이 대학 자율로 맡겨져 있는데, 대체로 내신 성적을 반영하지 않는다. 필수 1과목+선택 3과목의 입시에 더해 추가로 모집단위별로 대학에서 출제하는 본고사를 치르고, 대체로 이 두 가지 시험 성적을 활용하여 선발한다. 본고사 문항은 전공별로 특화되어 있

는데 예를 들어 헬싱키대 인문대학에서 "어떤 유형의 언어 문법이 존재하며, 그렇게 생각하는 근거는 무엇인가?"라고 묻거나, 교육학과 지원자들에게 책이나 논문을 지정하여 읽도록 한 뒤 논술·면접·토론을 거치기도 한다.

■ 입시 성적, 내신 성적, 비교과 모두 반영하는 나라: 대부분 서구 선진국은 입시 성적과 내신 성적 위주로 학생을 선발한다. 그런데 중요한 예외가 있다. 바로 미국이다. 미국의 대학들은 입시 성적과 내신 성적을 모두 반영할 뿐만 아니라 다양한 교과 외 활동, 즉 비교과(extra-curricular)까지 반영한다. 미국에서 비교과는 혼자 한 것이든 여럿이 한 것이든, 학교 안에서 한 것이든 밖에서 한 것이든 상관없다. 또 상을 받든 책을 쓰든 여행을 하든 무제한 활용할 수 있다.

세계적으로 보면 비교과 반영은 예외적 현상이다. 비교과는 불공정 문제가 따르기 때문이다. 입시와 내신은 나름대로 기회가 평등하다. 입시는 어느 나라나 기출문제와 출제 범위를 공개하며 특히 유럽에서는 입시 준비를 고등학교에서 해주므로 나름대로 기회가 평등하다. 내신도 학교수업과 관련해 평가받는 것이므로 나름대로 기회가 평등하다. 하지만 비교과는 아무리 교육적으로 좋아 보인다 할지라도 기회가 불평등할 수밖에 없다.

독서를 예로 들면, '교과'의 독서활동은 기회가 평등하다. 교사가 수업과 관련해 특정한 책을 선정해서 읽게 하고, 이에 대하여 토론을 진행하고, 이와 관련된 문항을 기말고사에서 출제하거나 수행평가를 했다고 가정해보자. 이때의 독서는 기회가 평등했다고 볼 수 있다. 하지만 한국의 학생부에 적히는 독서활동은 대부분 교사가 지도하는 활동이 아니다. 따라서 기회가 불평등하다. 예를 들어 부모 학력이 고졸이냐 대학원졸이냐에 따라 큰 영향을 받을 수 있다. 이뿐만이 아니다. 수상 이력을 노리고 사교육의 도움을 받아 각종 교내 대회를 간편하게 준비하기도 한다. 2015학년도 대입부터 금지되었지만 대학 연구실에 가서 인턴으로서 연구에 참여하거나 논문 저자로 참여하는 것 또한 종종 '부모 찬스'를 활용하곤 했다.

미국에서 비교과 활동은 학생부가 아니라 주로 자기소개서(essay)에 반영된다. 유학생이 아닌 자국 고등학교 졸업자에게 보편적으로 자기소개서를 요구하는 나라는 OECD에서 미국과 영국밖에 없다. 캐나다의 일부 대학에서 자기소개서를 요구하지만 드문 일이다. 영국의 경우 자기소개서에 비교과 활동을 반영하기는 하지만 그 비중은 크지 않고, 역시 성적(입시 성적)을 가장 중시한다. 학문적 역량과 전공적합성에 초점을 맞추기 때문이다. 반면 미국의 대학들은 폭넓은 사회적 역량과 잠재력을 평가한다. 그만큼 비교과의 비중이 크다.

대입에서 비교과 활동을 반영하는 것은 세계적으로 보면 예외적 현상이다. 예를 들어 핀란드나 독일 고등학생에게 "대입에 동아리활동이 반영되느냐?"라거나 "교내 대회 수상 이력이 합격 여부에 영향을 주느냐?"라고 물어보면 그들은 십중팔구 질문 자체를 이해하지 못할 것이다. 학종이 한국에 도입된 것은 한국의 지식 생태계가 미국 유학자 위주로 되어 있기 때문이다. 유럽에 유학한 사람들이 많았다면 한국의 대입제도는 지금과 많이 달랐을 것이다.

OECD 35개국 가운데 객관식(선다형) 입시를 하는 나라는 한국, 일본, 미국, 터키, 칠레, 멕시코 6개국이다. 나머지 나라의 입시는 논술형 문항으로 되어 있다. 프랑스, 독일, 이탈리아처럼 구술고사를 겸하기도 한다. '논술형'이라고 하면 한국에서는 대학에서 출제하는 논술고사를 연상하는데, 한국의 논술고사는 과목도 불분명하고('논술'은 과목명이 아니다) 고등학교 교육과정과 연계성도 낮은 기형적인 시험이다. OECD 국가들에서 한국의 논술고사와 유사한 시험은 찾아볼 수 없다. 영국, 프랑스, 독일, 핀란드 등에서 실시하는 논술형 시험은 '과목별' 시험이다. 즉 수학시험이 논술형이고 역사시험이 논술형이고 과학시험이 논술형이라는 뜻이다. 언론에 종종 프랑스 입시(바칼로레아) 문항이라고 소개되는 것들은 철학 과목 문항이다.

그렇다면 입시가 논술형인 나라들에서는 어떤 문항이 출제될까?

■ 영국 입시(A레벨) 역사 문항: 여태까지 배운 전쟁들 가운데 하나를 선정하여 '전쟁이 사회를 발전시킨다'는 명제의 타당성에 대한 자신의 견해를 서술하시오./'히틀러의 대외 정책은 독일의 제1차 세계대전 패배를 복수하고 싶은 원한에 기반했다'는 주장에 당신은 얼마나 동의하는가?

■ 프랑스 입시(바칼로레아) 철학 문항: 진리는 경험을 통해 확증될 수 있는가?/우리는 욕망을 해방시켜야 하는가, 아니면 욕망으로부터 해방되어야 하는가?/'권리를 수호한다는 것'과 '이익을 옹호한다는 것'은 같은 뜻인가?

■ 독일 입시(아비투어) 국어 문항: 학교에서 '욕망-유혹-조작'이라는 주제로 연구 발표회를 하기로 했다. 당신이 참가한 교실에서는 '문학 속의 유혹'이라는 주제를 다루고 있다. 이 주제로 발표하는 활동 중에서 도입부 발표문을 작성하시오. 되도록 문학작품이나 영화의 줄거리에서 '문학 속의 유혹'에 관한 실마리를 얻고, 본론에 이론적 배경(1~5쪽 분량)과 탐구 결과(6~9쪽), 그리고 탐구 결과를 논의하는 결론에 당신 생각을 담아 작성하시오.

■ 독일 입시(아비투어) 수학 문항: (기상 측정 데이터를 그래프 세 개로 보여준 뒤) 다음 3개 상관계수 0.974, 0.911, 0.126이 각각 어느 그래프에 해당하는지 연결하고 그 이유를 쓰시오. 그리고 다음에 대한 자신의 의견을 쓰시오. "기온은 일조 시간과 강수량에 영향을 받지만, 놀랍게도 계절과는 상관이 없다."

■ 스웨덴 입시 국어 문항: 파편화된 사회보다 하나로 뭉친 공동체를 이루기 위해 총리가 젊은이들을 대상으로 프로젝트 아이디어를 공모한다. 총리에게 보낼 서한문을 작성하시오. 공동체 형성을 도모할 수 있는 프로젝트를 제안하고, 왜 자신의 프로젝트가 투자할 가치가 있는지를 논하시오.

■ 핀란드 입시 심리학 문항: 페이스북 또는 기타 소셜 미디어에서 성격이 개인의 행동에 어떤 영향을 미치는지 알아보기 위한 연구를 설계하시오. 이 같은 유형의 연구를 할 때 윤리적 고려 사항도 논하시오.

이런 질문에 답하려면 깊이 있고 다각적으로 사고하는 훈련을 해야 한다. 선다형 문항은 '이미 하나의 정답이 정해져 있는' 질문만 할 수 있는 반면 논술형 문항은 그보다 폭넓은 역량과 창의력을 유도하고 평가하는 것이 가능하다. 아울러 이런 질문은 무엇보다 '나'의 생각을 요구한다는 점을 알 수 있다. 객관식 문항은 항상 남(출제자)의 의도를 알아맞히도록 요구하는 반면, 논술형 문항에서는 나의 논리, 나의 의견, 나의 정서를 표현하고 구성하고 정리하는 것이 중시된다. 무엇이 민주시민 교육에 유리할까? 당연히 논술형이다.

그렇다면 이런 나라들의 수학·과학 입시 문항들은 어떨까? 수학·과학 문항들은 주로 주어진 자료를 비판적으로 해석하거나 설명하도록 요구하는 문항과 전형적인 '문제풀이' 문항들로 이루어져 있다. 그런데 문제풀이 문항이라 해도 답만 적어서는 안 된다. 논리전개 과정을 반드시 설명하라고 요구하며 논리도 채점한다. 답이 맞았어도 논리에 허점이 있으면 감점하고, 계산 실수로 답이 틀렸다 해도 논리전개 과정에 빈틈이 없으면 높은 점수를 준다. 나는 심지어 덴마크에서 만점을 주는 경우도 보았다.

수학을 교육하는 목적은 단순히 '정답 빨리 찾기'가 아니라 논리력을 기르고 수학적 방법들을 익히는 데 있다. 따라서 답만 채점할 것이 아니라 풀이과정의 논리까지 채점하는 것이야말로 수학 교육의 목적에 잘 들어맞는 평가방식이다. 그리고 답을 찍어도 1/5의 확률로 맞힐 수 있는 평가보다는 풀이과정까지 채점하는 평가가 더 '공정'하다.

물론 선다형 문항으로도 상당한 수준의 역량을 측정할 수 있다. 수능이 '지식'이나 '암기'만을 측정하는 시험이라고 간주하는 것은 지나친 편견이다. 1982~1993학년도에 치러진 대입학력고사에 비해 수능은 암기의 비중이 낮아지고 독해력·추론능력 등 기초 역량을 평가하는 비중이 커졌다. 그런데도 객관식 문항은 '미리 정해진 하나의 정답'이 존재하는 질문만 할 수 있다는 한계가 있다. 그래서 '논증능력'이라든가 '창의력'으로 대표되는 비판적 사고력을 이끌어내고 평가하는 데는 한계가 있다. 논술형 문항은 확실히 선다형 문항보다 차원이 높은 능력을 폭넓게 평가할 수 있다.

원래 시험은 전통적으로 논술 또는 구술 형태로 이뤄져왔다. 한국에도 오랫동안 국가가 주관하는 논술형 평가가 존재했는데, 그것이 바로 과거시험이다. 고려 광종 때 도입된 과거제도는 조선으로 이어지면서 900년 넘게 시행되었다. 조선시대 과거시험 가운데 문과의 대과(大科) 기출문제를 몇 가지 살펴보자.

- 하늘의 변화는 어떠한 이치에 따르는가? (명종)
- 공납을 장차 토산품 대신 쌀로 바꿔 내도록 하자는 의견에 대하여 논하라. (광해군)
- 노비 또한 하늘이 내린 백성인데 그처럼 대대로 천한 일을 해서야 되겠는가? (세종)
- 요즘 일본인들이 울릉도 주변 우리 백성들의 어로 활동을 금지해달라고 요청했는데, 우리 입장을 설명해도 들을 생각이 없다. 변방을 편안히 하고 나라를 안정시킬 방도를 강구해 자세히 나타내도록 하라. (중종)

이런 문항들을 보고 있으면 조선이 왜 500년이나 유지될 수 있었는지 그 이유를 알 것 같다. 그런데 우리는 이런 교육 전통을 일제강점기에 잃어버렸다. 당시 조선인들이 '자신의 생각', '자신의 논리'를 훈련하는 것은 권장할 만한 교육이 아니었을 것이다. 자연히 교육은 '정답 찾기'에 초점을 맞춰 이뤄졌다. 게다가 해방 후 미군정기에 객관식 시험이 소개되면서 평가방식이 더욱 협소해졌다. 이것은 한국만의 문제는 아니다. 아시아 주요 국가들의 입시를 살펴보면 객관식이거나, 서술형이라 할지라도 대체로 '하나의 정답'을 요구하는 문항들이 주류다. 이것은 아시아 국가들이 공통적으로 식민지 또는 권위주의적 통치를 경험했다는 점과 연관이 있을지도 모른다.

미국 고등학교에서는 '입시 교육'을 하지 않는다

객관식 시험의 원조는 미국이다. 선다형의 기원이라고 할 수 있는 여론조사는 1900년대 초 미국에서 크게 발달했고 지능지수(IQ) 테스트도 미국에서 1916년 창안되었다. 미국 컬럼비아대 벤저민 우드가 1919년경부터 객관식 시험과 자동 채점방식 등을 고안했다. SAT는 1926년에, ACT는 1959년에 처음 시행되었다. 객관식 시험이 '과학적' 평가방식이라며 한국에 소개된 것이 미군정 시기였던 것은 우연이 아니다.

주요 선진국 가운데 미국(SAT·ACT) 외에 객관식 입시를 하는 나라는 미국의 영향을 많이 받은 한국(수능)과 일본(센터시험)밖에 없다. 그런데 일본은 많은 대학에서 직접 출제하는 본고사를 병행한다. 사립대는 본고사만 반영하는 경우가 많으며, 국공립대는 센터시험도 반영하지만 국공립 상위권대에서는 본고사 전 일종의 예비고사 역할을 한다. 따라서 센터시험의 영향력은 제한적이다. 미국의 SAT·ACT는 고교 교육에 영향을 미치지 못하도록 구조적으로 차단되어 있다는 점에서 한국과 결정적으로 다르다.

미국 입시가 객관식이다 보니 한국 사람들은 미국 교육도 한국 교육과 비슷한 줄 오해한다. 하지만 이는 큰 착각이다. 한국은 수능 준비를 고등학교에서 해주는 반면, 미국은 SAT나 ACT 준비를 고등학교에서 해주지 않는다. 특히 학교 정규수업 시간에 입시에 대비한 '객관식 문제 풀이' 훈련을 하는 것은 미국에서 상상하기 힘들다.

왜 그럴까? SAT는 1년에 7번, ACT는 1년에 6번이나 치러지며 응시 횟수와 시기가 학생 자율에 맡겨져 있기 때문이다. 대학에 지원하기 전 2~3년 안에 치른 시험 성적이 모두 유효하다. 기본시험(영어+수학)과 선택과목시험(SAT의 경우 20과목) 일정이 학생별로 제각기이고 응시자가 한 과목을 여러 번 보기도 한다. 따라서 고등학교 정규수업에서 이 시험을 준비해주기가 구조적으로 불가능하다. 학교에서 SAT나 ACT를 준비해주는 경우가 있기는 한데 정규수업이 아닌 방과 후 선택형 보충수업의 형태다. 즉 선다형 입시가 존재하지만 그것이 고교 교육에 미치는 영향이 구조적으로 차단되어 있다. 미국의 고등학교 내신(학교 시험)은 대부분 객관식이 아니라 논술형·수행평가다.

유럽 국가들은 입시와 고교 교육이 잘 연계되어(aligned) 있다. 학교 시험과 입시가 모두 논술형인데, 시험 문항만 봐서는 이게 고등학교의 시험 문항인지 입시 문항인지 구분되지 않는 경우가 많다. 좀 과장해서 말하면, 학교 공부를 잘 따라가면 입시 준비가 저절로 되도록 설계되어 있다. 반면 미국은 입시와 고교 교육의 연계성이 떨어진다. 입시는 선다형인데 고등학교 내신(학교 시험)은 주로 논술형·수행평가인 것만 봐도 그렇다.

여기서 미국식 입시의 약점이 드러난다. 고등학교에서는 입시 준비를 해주지 않으니, 학생들은 입시 준비를 개인적으로 해야 한다. 이 틈을 타서 학원이 늘고 있다. 처음에는 한국계·중국계·인도계 학생이 중심이었지만 점차 백인들도 많이 다니게 되었다. 과거 미국인에게 학원은 낯선 것이었지만 미국 대입제도의 틈새를 노린 학원들이 번창하기 시작한 것이다.

여기서 미국 대입제도의 또 다른 단점이 드러난다. '내신 따로, 입시 따로, 비교과 따로'인 것이다. 세 가지가 서로 따로 노니 이걸 다 챙기려면 정신이 없다. 특히 명문대에 진학하고자 하는 학생들은 너무 바쁘다. 한국에서 조기유학한 학생들을 비교해보면, 미국으로 유학한 학생들은 정신없이 바쁜 데 비해 캐나다나 영국으로 유학한 학생들은 삶이 비교적 단순하다. 미국에서는 입시/내신/비교과를 다 챙겨야 하는 반면 캐나다에서는 내신만 잘 챙기면 되고, 영국에서는 입시만 잘 챙기면 되기 때문이다.

한국사회의 교육에 대한 통념 가운데는 미국에서 온 것들이 많다. 많은 한국인이 입버릇처럼 이야기하는 '입시 위주 교육'에 대한 비판 그리고 '고교 교육이 입시에서 독립되어야 한다'는 주장 등은 모두 미국에서 유래했다. 유럽 국가들에서는 '입시 위주 교육'을 백안시하지 않는다. 예를 들어 프랑스나 영국이나 독일에서 대학에 진학하려는 학생들은 고등학교에서 2년 정도 열심히 입시 준비를 해주지만 아무도 이를 이상하게 여기지 않는다. 다만 '입시 위주 교육'의 내용이 한국과 크게 다르다. 문항이 논술형이고 앞에서 본 것처럼 자기 생각과 논리를 전개하라고 요구하는 문항이 많기 때문에 토론, 글쓰기, 독서, 다양한 탐구활동이 입시 교육의 핵심에 자리 잡고 있다.

OECD 국가들의 입시와 내신은 대부분 절대평가로 원점수나 등급을 부여하며, 상대평가를 하는 경우는 매우 드물다. 터키의 대입시험(선다형)에서 표준점수를 부여하는 등 그나마 '입시'에서는 상대평가를 찾아볼 수 있다. 하지만 '내신'이 상대평가인 나라는 한국과 일본밖에 없다. 그나마 일본에서는 내신 성적이 대입에 거의 반영되지 않는다. 일본은 완전한 고교 비평준화 체계로 고교 서열이 뚜렷하고 심지어 문부과학성에서 매년 전국/지역별 고교 랭킹(편차치)을 발표한다. 이런 조건에서 상대평가 내신 성적을 대입에 반영하기는 불가능하다. 일부 사립대의 추천(무시험) 전형이나 AO(정원 10% 이내의 입학사정관전형)에서 참조하는 정도다. 상대평가 내신 성적이 주요 전형에서 반영되는 나라는 한국이 유일하다.

그렇다면 왜 상대평가가 드물까? 여러 가지 이유가 있지만, 상대평가는 '합리적 과목 선택'을 방해하여 교육의 다양성을 저해한다는 심각한 문제가 있다.

수능 과학 선택과목들(물리, 화학, 생명과학, 지구과학) 가운데 대학 공부에 가장 필요한 과목은 물리일 것이다. 특히 공대에 진학하면 물리가 무척 많이 필요하게 된다. 최근 이공계가 취업이 잘된다는 것이 알려지면서 이공계 인기가 다시 높아졌다. 이공계 전공을 하려면 물리가 중요하다는 것은 다들 알고 있다. 그런데 수능에서 가장 적게 선택하는 과목이 바로 물리다.

2020학년도 수능을 기준으로 보면 수능 과학탐구 선택자 중 물리 I 선택자는 25.8%로 화학 I(34.7%), 생명과학 I(60.3%), 지구과학 I(70.0%)보다 적다.(1인당 2과목까지 선택 가능하므로 합산하면 100%가 넘음) 공대에 진학하려는 학생도 물리를 기피하고 다른 과목을 선택하는 경우가 많은 것이다. 참고로 물리Ⅱ 선택자는 1.2%, 화학Ⅱ는 1.4%, 생명과학Ⅱ는 3.4%, 지구과학Ⅱ는 3.1%다.

수능에서 물리 선택률이 낮은 이유는 뭘까? 흔히 '물리가 어려워서' 또는 '선택자 수가 적어서'라고 하는데, 두 가지 답변 모두 설득력이 약하다. 2005학년도 대입부터 문과생은 수능에서 과학 과목을 아예 응시하지 않는다. 물리를 유난히 어려워할 만한 성향의 학생들은 진작 문과로 갔을 가능성이 크므로 '어려운 과목이어서'라는 답은 설득력이 약하다. 또 '선택자 수가 적어서'라는 답은 논리적으로 말이 안 된다. 선택자가 소수라 할지라도 그들의 평균 학력 수준이 낮다면 오히려 그 과목을 선택해야 상대평가에서 유리할 것 아닌가?

물리 선택자가 가장 적은 이유는 물리 선택자 가운데 비교적 공부를 잘하는 학생이 많기 때문이다. 물리를 선택하면 이들과 경쟁해야 하므로 더 치열한 경쟁 상황에 놓이게 되고, 당연히 상대평가에서 불리할 수밖에 없다.

사회탐구에서도 이와 비슷한 현상이 나타난다. 나는 수능 사회탐구 과목들 가운데 가장 중요한 것은 역사와 경제라고 생각하는데, 2020학년도 수능에서 사회탐구 선택자 중 경제 선택자는 2.3%로 최하위였다. 문과 계열의 대학 전공 가운데 가장 인기 있는 전공이 경영-경제 계열인데도 이렇다. 참고로 세계사 선택자는 7.9%로 꼴찌에서 두 번째다. 경제나 세계사를 선택하는 학생은 주로 공부를 잘하는 학생 또는 '경제 덕후' 내지 '역사 덕후'이기 때문이다. 이들과 상대평가로 경쟁하는 상황이 부담스러우니 기피하는 것이다.

가장 황당한 현상은 제2외국어 가운데 아랍어 선택이 압도적이라는 점이다. 전국에 아랍어를 제2외국어로 가르치는 고등학교는 5개밖에 없다. 수능에서 아랍어를 선택한 학생들은 대부분 학교에서 아랍어를 배우지 않으니 경쟁하기에 부담이 적다. 아랍어를 선택해 몇 달 바짝 공부하면 요행히 높은 등급도 나올 수 있다. 2020학년도 수능에서 제2외국어·한문 선택자 중 아랍어 선택률이 무려 72.2%였다. 다른 8과목 선택자를 다 합친 것의 2배가 훨씬 넘는다. 상대평가를 하는 한국 입시에서 가장 '웃픈' 현상이다.

상대평가를 하게 되면 학력 수준이 높은 학생들이 선호하는 과목이 나머지 학생들에게 기피 과목이 되어버리는 현상이 나타난다. 학생들의 '합리적 선택', 즉 본인이 좋아하거나 진로에 필요한 과목을 선택하기가 어려워지는 것이다. 속된 표현으로 '깔아주는 아이들'이 많은 과목으로 가야 유리하다. 자연히 '다양한 교육'과 양립하기 어렵다. 이것이 대부분 선진국에서 절대평가를 택하는 주요한 이유다.

참고로 한국처럼 선다형 입시를 하는 일본과 미국을 보면 물리 선택률이 한국보다 높다. 일본 센터시험의 경우 과학 중 한 과목을 선택하게 되어 있는데 2018년의 경우 물리 34.5%, 화학 46.8%, 생물학 18.2%, 지구과학 0.5%다. 물리가 2등이며 1등인 화학과의 격차도 크지 않다. 왜 이럴까? 무엇보다 절대평가(원점수제)이기 때문에 학생들의 선택이 왜곡되지 않는다. 아울러 센터시험 이후 대학별 본고사를 추가로 봐야 하는 경우가 많으므로 본고사 과목과 동일한 과목을 센터시험에서 선택하려는 경향도 작용한다.

미국의 SAT는 어떨까? 미국의 2016~2018년 SAT 과학 선택과목

응시자를 보면 물리 16만9,950명, 화학 20만8,588명, 생태생물학 9만 1,866명, 분자생물학 11만6,622명이다. 물리 선택자가 그다지 적지 않고, 한국 수능에 비해 과목별 편차가 적다. SAT에서는 물리 선택자가 불리해지지 않도록 점수를 보정해주기 때문이다.

한국에는 SAT가 상대평가라고 생각하는 사람들이 많다. SAT 시험이 1년에 7회 치러지므로 회차별로 난이도가 조금씩 다르기 때문에 원점수를 그대로 통보하지 않고 균등화(equating)라는 보정을 거친다. 그래서 선택과목의 경우 200~800점 사이의 환산점수(scaled score)를 통보한다. 흔히 SAT 점수라고 하는 것이 환산점수다. 보정 과정을 거치므로 한국 사람들은 SAT 점수가 수능 표준점수와 유사한 상대평가 지표라고 여긴다. 하지만 SAT는 한국 수능과 전혀 다르다.

SAT와 수능의 차이를 극명하게 드러내는 증거가 만점자 비율이다. 2017~2019년 3년간 SAT 공식 통계를 보면, 선택과목 중 생태생물학(ecological biology)에서 만점(800점)을 받은 비율은 응시자의 3%였는데 물리의 만점 비율은 응시자의 14%로 5배 가까이 차이 난다. 물리 과목은 몇 문항 틀려도 만점이 나오는 것이다! 참고로 분자생물학(molecular biology)의 만점자는 6%, 화학의 만점자는 10%였다. 물리 선택을 유도하려는 정책적 의도, 물리의 체감 난이도가 높다는 점, 물리 선택자 가운데 학업능력이 우수한 학생 비율이 높다는 점 등을 고려했을 것으로 추정된다. 이런 면에서 SAT는 한국식 상대평가와 전혀 다르다. 적어도 미국에서는 대입에 불리해질까봐 물리 선택을 기피하는 일은 없다.

지금까지 상대평가가 일으키는 치명적인 문제점을 설명했다. 이를 정리하면 다음과 같다.

① 상대평가는 합리적 과목 선택을 방해하여 교육의 다양성을 저해한다. 이 문제점은 '입시'와 '내신' 양쪽에 모두 나타난다. 서구 선진국에서는 입시과목뿐만 아니라 내신과목(고교 이수과목)도 상당 수준 학생 개인이 선택하도록 되어 있다. 따라서 입시뿐만 아니라 내신도 절대평가일 수밖에 없다. 한국도 2025학년도 고1부터 고교학점제를 전면 도입해 학생이 이수할 과목을 스스로 선택하도록 할 예정이다. 이때 '합리적 과목 선택'이 가능하려면 내신 절대평가가 필수적이다. 따라서 고교학점제에는 내신 절대평가가 패키지로 포함되어 있다.

그런데 상대평가 중에서도 특히 '내신' 상대평가에는 ① 외에도 몇 가지 문제점이 더 있다. 하나같이 심각한 단점들이다.

② 내신 상대평가는 학생의 객관적 성취수준을 전혀 보여주지 못한다. 소속 집단의 학력 수준이 높든 낮든 무조건 일정 비율씩 각 등급을 부여하는 제도이기 때문이다. 따라서 다른 학교로 전학하면 내신 성적이 크게 달라질 수 있다. 물론 내신 절대평가로 측정되는 성취도는 입시(외부 시험)로 측정되는 것만큼 객관적이지 않다. 하지만 적어도 내신 상대평가보다는 낫다.

③ 내신 상대평가는 교권의 핵심 중 하나인 '평가권' 침해를 제도화한다. 예를 들어 교사 또는 교수가 수강자의 30%에게 A를 부여해야겠다고 판단했는데 규정상 20%에게만 A를 부여해야 한다면 이는 당연히 교권 침해다. 물론 절대평가를 하면 교사 또는 교수가 점수를 너무 잘

주는 경향이 나타날 수 있다. 이른바 '성적 인플레이션'은 미국 유명 대학들에서도 겪는 문제다. 하지만 이것은 학생이 일으키는 문제가 아니라 교사나 교수가 일으키는 문제이니 이들이 해결해야 마땅하다. 그런데 한국에서는 이를 교사나 교수가 해결하는 게 아니라 상대평가로 학생들에게 부담을 전가하는 방식으로 해결했다.

심지어 교육부가 대학들을 평가하면서 상대평가를 도입한 대학들에 더 높은 점수를 줘왔다. 대학 구조 개혁 평가 기준에 '성적 분포의 적절성'이라는 지표를 두어 상대평가를 유도한 것이다. 교육부가 교육학의 기본에 어긋나는 정책을 시행한 셈이다. KAIST, 고려대, 이화여대 등 일부 대학만이 절대평가를 상당 수준 시행했을 뿐 대부분 대학에서는 상대평가가 제도화되었다. 이 정책은 문재인정부 들어서야 겨우 폐지되었다.

하지만 대학에서 상대평가가 사라진 것은 아니다. 심지어 교사를 양성하는 교대에서는 교육부의 평가 지표 이전부터 상대평가를 실시하고 있었고 지금도 유지하고 있다. 교대 교수들은 모두 교육학을 들여다본 사람들인데 왜 이런 불합리한 제도에 아무 말도 하지 않는지 의문이다. 심지어 로스쿨에도 상대평가를 하도록 규정되어 있어서 선택과목의 활성화를 방해하고 '다양한 배경을 가진 전문가를 양성한다'는 로스쿨 설립 취지를 무색하게 만들고 있다. 한국은 그야말로 상대평가의 왕국이다.

④ 내신 상대평가는 체감 경쟁 강도가 높다. 수능도 상대평가지만 수만에서 수십만 명이 경쟁하므로 바로 옆에 있는 동료와는 경쟁이 아닌 협력 관계가 만들어질 수도 있다. 하지만 내신은 소집단 내에서 바로 옆의 동료들과 제로섬 경쟁을 해야 하기 때문에 경쟁 강도가 높게 느껴진다.

⑤ 내신 상대평가는 ④의 귀결로 협력적 인성 형성을 방해한다. 상대평가에서는 심지어 경쟁자의 학습을 방해하는 일이 일어나기도 한다. 상대평가는 우정과 사회통합을 저해할 뿐만 아니라 조직의 경쟁력을 저해할 우려도 크다. 현대 사회에서 경쟁은 개인 간에도 벌어지지만 그보다는 주로 기업 간 경쟁, 국가 간 경쟁 등 조직 간에 벌어진다. 그런데 조직의 경쟁력을 높이려면 조직 내부에서는 '경쟁'보다 '협력'이 우선시되어야 한다. 즉 서로 협력해야 (조직의) 경쟁력을 높일 수 있다. 상대평가는 협력적 역량의 형성을 방해하는데, 이는 조직의 경쟁력을 낮출 수 있는 위험 요소다.

희한한 요소만 모아놓은 한국 대입제도

한국에는 '한국은 이미 별의별 입시제도를 다 시도해봤다'는 이상한 미신이 퍼져 있다. 하지만 진정한 미국식 또는 진정한 유럽식 입시는 한국에서 결코 시행해본 적이 없다. 진정한 미국식, 즉 객관식 입시를 시행하되 고교 교육을 여기서 분리해본 적이 있는가? 진정한 유럽식, 즉 수능을 논술형 문항으로 바꾸고 학교에서 이를 준비해주는 교육을 실시해본 적이 있는가? 둘 다 전혀 없다.

그렇다면 만약 한국에서 진정한 미국식 또는 유럽식 입시를 시행하면 어떻게 될까? 예를 들어 수능을 SAT처럼 여러 번 치를 수 있도록 하면서 '미국처럼 더 이상 학교에서 수능 문항을 풀어주지 않겠습니다'라고 발표하면 어떻게 될까? 고등학교가 입시 위주 교육에서 벗어났음을 축하하게 될지는 모르겠지만, 학생들은 수능을 준비하려고 사교육을 더 많이 찾게 될 것이다. 그렇다면 '유럽처럼 수능 문항을 모두 논술형으로 바꾸겠습니다'라고 발표하면 어떻게 될까? 그 결과 또한 사교육 시장의 급팽창으로 나타날 것이다. 사교육이 급팽창할 우려를 무릅쓰고 이런 정책을 추진할 '간 큰' 정치세력은 한국에 존재하지 않는다.

한국 대입의 특성을 요약하면 '선다형 입시+비교과 반영+내신 상대평가'다. OECD에서 보기 드문 요소들만 조합해놓은 것이다. 그런데 여기서 벗어나기가 쉽지 않다. 입시를 미국식으로 바꾸거나 유럽식으로 바꾸면 사교육 대란이 벌어질 우려가 있다. 비교과를 삭제하면 대학 측이 학종 지지를 철회할 우려가 있다. 내신 상대평가를 절대평가로 바꾸면 강남 쏠림, 특목고·자사고 쏠림이 더 심해질 것이다. 이렇듯 한국의 대입제도는 정치적 파장을 낳는다. 그래서 욕하기는 쉽지만 대안을 만들기는 어렵다.

7장
학종은 어디서 왔나

학종의 기원인 미국 입학사정관제의 진실은 무엇이고

왜 입학사정관제에는 돈이 많이 들까?

우리 정책은 개인의 자율을 위한 것인가, 기관의 자율을 위한 것인가?

우리에게는 자율 담론에 대한 새로운 사회적 합의가 필요하다.

학종(학생부 종합전형)은 느닷없이 등장한 것이 아니다. 한국에서 학종이 탄생하고 자리 잡기까지 무려 20년 세월과 대통령 5명이 기여했다. 김영삼정부 시절 5·31교육개혁안의 '자율' 원칙과 김대중정부가 표방한 '여러 줄 세우기'가 학종의 기초를 닦았다. 노무현정부가 미국식 입학사정관제를 시범적으로 도입했고, 이명박정부가 드라이브를 걸어 주요 전형으로 키워냈으며, 박근혜정부가 학교 밖 스펙을 활용하지 못하도록 하면서 학종(학생부 종합전형)이라는 이름을 붙였다. 학종은 한마디로 보수와 진보의 합작품이다. 학종은 '제도'임과 동시에 일종의 '사상'이었고, 최근에는 심지어 '정치'가 되었다.

미국 입학사정관제의 진실은?

현재 미국의 대입제도가 기틀을 마련한 것은 1920~1930년대다. 이때 중요한 두 가지 변화가 일어난다. SAT와 입학사정관제가 시작된 것이다. 예전에는 미국에서 주로 대학별 본고사로 학생을 선발했는데, 이를 SAT가 점차 대체하기 시작했다. 아울러 입학사정관제가 시작되었다. 한국 수능의 기원인 SAT와 학종의 기원인 입학사정관제가 모두 100년 전 미국에서 시작된 것이다.

한국에는 입학사정관제의 긍정적 측면들이 주로 소개되어왔다. 입학사정관제의 가장 긍정적인 측면은 1960년대 도입된 적극적 우대조치(Affirmative action)와 결합되어 이뤄낸 성과일 것이다. 케네디 대통령의 행정명령을 계기로 입학사정관제가 유색인종, 여성, 저소득층 등을 대학에 입학시키는 통로로 활용된 것이다. 주립대학뿐만 아니라 사립대학들도 비슷한 내부 정책을 통해 다양한 학생을 선발하기 위해 노력해왔다. 현재 미국에서는 정부나 대학 이외에도 많은 민간 재단이 성취욕이 높은 저소득층 학생들의 대학 등록금을 지원하고 대학 생활과 학업을 돕는 활동을 펴고 있다.

입학사정관제의 또 하나 긍정적인 면은 특별한 잠재력이나 강한 개성을 지닌 지원자를 선발할 수 있다는 것이다. 마이크로소프트 창업자 빌 게이츠와 페이스북 창업자 마크 저커버그가 하버드대를 중퇴했다는 점은 하버드대가 공부벌레가 아니라 남다른 사회적 잠재력을 지닌 지원자들을 입학사정관제를 통해 선발해왔음을 보여주는 증거이기도 하다.

하지만 미국의 입학사정관제에는 빛과 어둠이 함께 존재한다. 특히 미국의 입학사정관제에는 뜻밖에 '차별'이라는 어두운 그림자가 드리워져 있다. 입학사정관제의 부정적 측면들을 드러낸 중요한 저작이 2000년대 연달아 출간되었다. 하나는 저널리스트 다니엘 골든이 퓰리처상을 수상한 기사를 보완해서 책으로 펴낸 『왜 학벌은 세습되는가?』(*The*

Price of Admission, 2005)이고, 또 하나는 버클리대 사회학과 교수 제롬 캐러벨의 『누가 선발되는가』(*The Chosen*, 2006)다. 최근에는 저널리스트 폴 터프의 『인생의 특별한 관문』(*The Years that Matters Most*, 2019)이 미국 대입의 현실을 잘 보여주고 있다.

이 책들에 드러나는 입학사정관제의 기원과 실태는 충격적이다. 20세기 초반까지는 미국 대학도 지원자들을 성적순으로 선발했다. 그러다가 1920년대부터 대학들이 성적순 선발에서 벗어나 입학사정관제를 도입하기 시작했다. 왜 그랬을까? 19세기 후반 미국에 유입되기 시작한 유대인 이민자들이 곧바로 명문대 입학실적에서 두각을 나타냈다. 어려서부터 질문과 토론을 통해 배우는 유대인의 하브루타 교육과 이민자로서 주류 진입을 열망하는 심리가 어우러진 결과였다. 20세기 초반 미국의 유대인 인구 비율이 5%도 되지 않는 상황에서 하버드대 신입생의 30%, 컬럼비아대 신입생의 50%를 유대인이 차지했다.

미국의 주류는 와스프(WASP), 즉 인종적으로는 앵글로색슨 계열 백인이고 종교적으로는 개신교(프로테스탄트)다. 메이플라워호를 타고 온 청교도들로부터 지속된 전통이다. 아이비리그 대학들은 이들에게 '지성의 전당'인 셈인데, 이곳을 이교도(유대인)가 차지하다시피 하는 일이 벌어진 것이다. 미국의 주류는 이에 대응해 입학사정관제로 유대인 입학자 비율을 일정 수준으로 통제한 것이다. 이러한 일은 우리에게도 낯선 일이 아니다. 일제강점기 서울대의 전신인 경성제국대학의 한국인(조선인) 학생 비율은 30% 수준에서 통제되었다.

입학사정관제는 이처럼 특정 인종을 차별하기 위해 도입한 제도인데도 이들이 내세운 취지는 그럴듯해 보인다. '어떻게 사람을 점수만으로 평가하느냐', '성적만으로 한 줄을 세우는 것은 비교육적이다', '리더십과 같은 사회적 역량이 중요하다' 등등이다. 그리고 이것은 한국에 수입되어 매우 낯익은 담론이 되었다.

미국의 입학사정관제는 과거에는 유대인 차별에 활용되었고 지금은 아시아계 차별에 활용되고 있다고 의심받는다. 아시아계는 아무리 성적이 좋아도 아이비리그 대학들의 입학정원 중 20% 이내로 제한되는 데 항의해 2018년부터 미국의 명문 대학들을 상대로 일련의 소송을 벌여왔다. 그런데 이 소송의 결과는 예측 가능하다. 지난 수십 년간 대학의 학생 선발에 대한 소송이 여러 번 있었는데 모두 연방 대법원에서 '대학 자율'의 승리로 끝났기 때문이다. 입학사정관제는 이러한 과정을 거쳐 살아남은 매우 독특한 미국적 제도다.

입학사정관제는 심지어 명문가 자녀를 입학시키는 방법으로 활용되기도 한다. 미국의 명문 사립대에서 이뤄지는 레거시(legacy) 입학은 한국에서 '기여입학제'라고 알려져 있다. 돈과 합격증을 맞바꾼다는 뜻이다. 하지만 미국의 대학들은 기여입학이 이뤄진다는 사실을 한 번도 공식적으로 인정한 적이 없다. 어차피 레거시 입학인지 아닌지 검증하기도 어렵다. 입학사정관제는 애초에 대학 자율과 불투명함이 특징이기 때문이다.

예를 들어 우등생이었던 아버지 부시 대통령(조지 H. W. 부시)과 달리 학업능력이 뛰어나지 못했던 아들 부시 대통령(조지 W. 부시)이 예일대학에 입학한 것은 레거시 입학이라는 의견이 많다. 트럼프 대통령이 아이비리그인 펜실베이니아대에 편입한 것(그의 형의 동창이 입학사정관이었다), 트럼프 대통령의 사위이자 부동산 재벌의 아들인 재러드 쿠슈너가 하버드대에 입학한 것 등도 마찬가지다. 1990년대 이후 한국의 재벌가 자녀들이 다수 미국의 명문대에 진학하는데 그중 적어도 일부는 레거시 입학이 아니냐는 의혹이 있다.

보수와 진보가 합작한 입학사정관제

미국에서 유학한 한국인이 한국 지식인 사회에 미쳐온 영향력은 지대하다. 이들은 귀국하면서 '미국 제도가 좋은 것'이라는 선입견을 함께 들여왔다. 앞에서 살펴본 것처럼 서구 선진국의 대입은 주로 입시 성적과 내신 성적을 위주로 한다. 비교과를 폭넓게 반영하는 입학사정관제는 미국에서 발달한 예외적인 제도다. 그런데 한국에는 유독 미국의 입학사정관제가 선진적 제도의 대표인 양 알려졌다.

입학사정관제를 도입하고 확대하는 과정에서 진보와 보수는 일종의 합작을 한다. 대통령 직속 교육개혁위원회는 김영삼-김대중-노무현정부에 연속해서 존재했는데(노무현정부 때 명칭은 교육혁신위원회), 김영삼정부 시절인 1995년 교육개혁위원회에서 내놓은 '5·31교육개혁안'은 이후 20여 년 동안 한국 교육에 지속적으로 큰 영향을 미쳤다. 5·31교육개혁의 핵심 개념은 '자율'이다. 자율 없이는 다양성과 창의성이 발달하기 어렵기 때문에 미래 교육을 위해서는 자율화가 필수라는 것이다.

5·31교육개혁에서 천명된 '자율'이라는 가치와 김대중정부 시절 이해찬 교육부장관이 천명한 '한 줄 세우기가 아닌 여러 줄 세우기'를 결합해보라. 논리적 귀결은 '대학 자율로 여러 줄을 세워 선발하는 것'이 된다. 1997학년도에 시작된 수시모집에서 다양한 전형을 세분한 것이 '명시적으로 여러 줄 세우기'라면, 2008학년도 수시모집부터 도입된

입학사정관제는 '암시적으로 여러 줄 세우기'에 해당한다.

이명박 대통령은 2007년 대선 공약으로 '대입 자율화'를 내세웠다. 사람들은 자연스레 대학별고사(본고사)를 떠올렸다. 대학별고사는 선진국에는 드물게 존재한다. 일본과 핀란드의 본고사, 한국의 논술고사, 독일·이탈리아 등의 의대 입학시험, 영국 최상위 3개 대학(옥스퍼드, 케임브리지, 임페리얼컬리지)의 인터뷰 정도다. 더구나 대선 당시 이명박 후보는 본고사 부활 가능성을 극구 부정했다. 그렇다면 결론은 미국식 입학사정관제였다.

나는 당시 칼럼, 저서, 인터뷰 등에서 이명박정부가 미국식 제도를 맹신하고 있으며 한국처럼 대입 경쟁이 심한 환경에서는 입학사정관제가 경쟁 종목을 늘려 부담과 사교육을 키울 것이라고 적극적으로 경고했다. 하지만 일제고사와 자사고를 몰아붙이던 이명박정부는 입학사정관제에서도 거침이 없었다.

본고사·논술·면접 등과 달리 입학사정관제에는 돈이 많이 든다. 입학사정관을 고용해야 하기 때문이다. 노무현정부의 입학사정관제는 일종의 시범사업이어서 2008학년도 대입에 10개 대학에서 254명을 선발했을 뿐이다. 그런데 이명박정부는 돈을 적극 투입하여 대학들을 이끌었다. 교육부의 '입학사정관제 지원 사업' 예산은 나날이 늘어 이명박정부 마지막 해인 2012년에는 391억 원에 이르렀다. 박근혜정부 시절에는 '고교정상화 기여대학 지원 사업'으로 이름이 바뀌어 마지막 해인 2017년에는 543억 원에 달했다. 문재인정부에서는 명칭이 '고교 교육 기여대학 지원 사업'으로 변경되면서 성격이 다소 변형되었는데, 2020년 예산은 697억 원이다.

'자율이 좋아, 규제가 좋아?'라고 묻는데 '규제가 좋아'라고 답할 사람은 거의 없을 것이다. '자율-규제 프레임'은 자율 쪽이 자동으로 승리하게 되어 있는 프레임이다. 하지만 나는 5·31교육개혁 이래 도도히 이어져온 '자율'의 물결에 두 가지 문제를 제기한다. 첫 번째는 자율의 주체가 '개인'이 아니라 '기관'이라는 것이다. 두 번째는 자율의 성격과 수준이 사회가 감당할 수 있는 범위냐는 것이다.

자율의 주체가 '개인'인가, '기관'인가? 개인이라면 어떤 개인이고, 기관이라면 어떤 기관인가? 이를 따져보면 자율 담론의 배후에 도사리고 있는 권력관계가 드러난다. 예를 들어 기업의 자율만 강조하고 노동자나 소비자의 자율을 배제한다면 그 자율 담론은 이미 특정한 권력관계를 옹호하는 것이다. 기관의 자율만 강조하고 개인의 자율을 등한시한다면 그 자율은 오히려 집단주의나 봉건적 억압을 강화할 수도 있다. '기관의 자율'에 근거하여 내부 구성원 '개인의 자율'을 억압하는 사례가 적지 않은데, 가장 극적인 사례는 사립학교의 자율권에 근거하여 공익제보자 등 내부 고발인을 탄압하는 경우다.

창의적 교육으로 전환하려면 개인에게 자율권을 줘야 한다. 창의력의 궁극적 원천은 개인이기 때문이다. 또 이것이 더 민주주의에 맞는 방향이기도 하다. 한국 헌법에 명시된 주권의 주체는 국민인데 여기서 국민이란 사회 유기체가 아니라 이를 구성하는 개개인을 의미한다.

그런데 5·31교육개혁안과 이후 정책 기조를 보면 '개인'(교사·학생)의 자율은 무시하고 '기관'(대학·고교)의 자율만 강조하는 일관된 편향을 보인다. 교과서 자유발행제, 교육과정 간소화, 교사별 평가 등 교사 개인의 자율을 넓히는 조치는 25년간 전혀 진전이 없다. 5·31교육개혁안에 '선택과목 확대'는 나와 있지만 선택의 주체가 개인(학생)인지 기관(학교)인지조차 명시되지 않았고 실제 이후 과목 선택권은 개인(학생)에게 거의 부여되지 않았다. 반면 자사고는 5·31교육개혁안에 이미 자세히 설명되어 있으며(당시 명칭은 자립형 사립고), 김대중정부 말기에 최초로 6개를 인가하고 이명박정부 임기 때 51개교를 무더기로 추가 인가했다. '대입자율화'는 1994학년도 이후의 대학별 논술고사, 수시모집의 다양한 전형, 입학사정관제-학종 등의 형태로 뚜렷한 족적을 남겼다.

역대 정부 가운데 가장 세밀하게 설계된 교육정책을 준비하고 출범한 정부는 이명박정부다. 이명박정부의 교육정책을 설계한 이주호 한국개발연구원(KDI) 교수는 이명박 대통령이 당선되기 1년 전인 2006년 한나라당 비례대표 국회의원을 지내면서 『평준화를 넘어 자율화로』를 펴냈다. 그가 만일 고전적 자유주의자였다면 '어떻게 하면 학생과 교사 개개인에게 자율의 숨결을 불어넣을까?'를 먼저 고민했을 것이다. 그런데 『평준화를 넘어 자율화로』를 보면 교사나 학생 개인의 자율과 관련된 내용은 거의 없고 주로 기관(학교)의 자율을 다루었다. 나중에 본인이 교육과학기술부 차관-장관으로서 집행한 정책도 그러했다.

고전적 자유주의와 신자유주의는 대략의 경향적 특징은 분간할 수 있지만 명확히 경계 짓기는 어렵다. 하지만 한국적 맥락에서는 오히려 상당히 명확하게 신자유주의자를 가려낼 수 있다. 한국에는 '개인의 자율'이라는 고전적 자유주의의 과제가 광범위하게 남아 있기 때문이다. 이런 한국적 환경에서 '개인의 자율'은 제쳐놓고 '기관의 자율'만 강조하는 사람이라면 신자유주의자로 분류해도 거의 틀림이 없다.

완전한 자율은 존재하지 않는다. 예를 들어 기업의 자율은 노동환경이나 임금에 관한 법으로 규제되고, 제아무리 상업적 거래의 자유를 옹호하는 사람들도 인신이나 마약의 거래를 법으로 금지하는 것을 인정한다. 문제는 그 법이 역사적으로 변한다는 것이다. 결국 자율의 성격과 수위를 결정하는 것은 사회 자체 또는 사회적 합의다.

교육제도도 궁극적으로 사회가 용인하는 한도 안에서 존재한다. 예를 들어 '사립은 자율, 공립은 규제'라는 가치기준을 지닌 사람들이 많다. 이는 '민간기업은 자율, 공기업은 규제'의 연장선상에 있는 프레임이다. 진보 지식인 중에도 이런 사상을 가진 사람들이 적지 않다. 이런 논리에 따르면 박정희 대통령이 1970년대 공립과 사립을 가리지 않고 고교 평준화를 단행한 것은 잘못이다. 또 공공병원과 민간병원 구분 없이 국민건강보험에 가입한 사람이면 무조건 진료하도록 만든 제도는 잘못된 것이다.

이러한 입장은 한국인의 평균적 인식과 상당히 다르다. 한국에서는 모든 병원·의원이 국민건강보험 진료기관이다. 이를 '당연지정제'라고 하는데, 만일 당연지정제를 해제하고 병원 자율로 환자를 선별해서 받을 수 있도록 허용하면 어떻게 될까? 이것이 이른바 '영리병원'의 출현이다. 의료 양극화, 의료비 증가, 그로 인한 사회적 비용 증가가 뒤따를 위험이 크다. 그래서인지 영리병원 허가에 대한 여론조사를 보면 반대가 찬성보다 훨씬 높다. 당연지정제를 지키고 영리병원의 출현을 막는 주체는 시민들 또는 사회 자체인 것이다. 사회적 합의는 '자율이 좋다'는 가치관이나 공립/사립, 공공/민영 사이의 구분보다 우선한다.

이와 유사한 논리를 교육에 적용해보자. 고교평준화를 해체하고 사립학교의 재정과 학생 선발을 자율화하는 순간 등록금을 비싸게 받고 성적이 높은 학생을 골라 입학시키는 대입 명문고가 출현할 것이다. 민사고, 상산고, 하나고 등 현재 10개인 전국자사고가 이런 특권을 가지고 있다. 이런 학교가 늘어날수록 고교 서열화, 사교육비와 고입 경쟁의 증가, 그로 인한 사회적 비용의 증가와 사회통합의 저하, 기회 불평등의 심화가 필연적이다. 여론은 고교평준화를 지지하는 쪽으로 기울어 있다. 2016년 한국교육개발원(KEDI)의 교육 여론조사에서 고교평준화 정책에 대한 찬반은 찬성이 64.7%, 반대가 20.9%였다.

그런데 건강보험 당연지정제는 지켜지는 반면, 고교평준화는 이미 심각하게 훼손되었다. 누가 그랬을까? 보수와 진보가 합작해서 그랬다. 흔히 자사고는 이명박정부의 정책이라고 생각하지만, 민사고·상산고 등 6개 자사고를 최초로 인가한 것은 김대중정부였다. 또 노무현정부 시절에는 과학고가 3개, 외국어고가 무려 11개나 인가되었다. 이로써 고입 경쟁과 사교육이 크게 증가했다.

입학사정관제 이전에도 대학은 '대학 자율'에 근거하여 본고사를 도입하거나(1994~1996학년도 대입), 수시모집에서 새로운 전형들을 신설하거나(2000년대 초반 이후), '통합교과형 논술'을 도입하기도 했다(2008학년도 대입). 그 결과 학생·학부모를 혼란스럽고 피곤하게 만들고 불평등과 사교육을 키웠다.

대중은 자율이 싫어서 '자율 피로감'을 느끼는 것이 아니다. 한국인은 그 자율이 자신들(개인)의 자율이 아니라 권력체(대학·고고)의 자율이며, 자신들은 을(乙)로서 일방적으로 끌려 다니게 된다는 것을 알고 있다.

2017~2019년에 걸쳐 벌어진 대입 논쟁은 '대학 자율'이라는 기조 아래 이뤄진 지난 20여 년간의 정책 흐름을 근본적으로 위협한다. 이제 자율 담론에 안주하는 것은 불가능하다. 대입이 정치 쟁점이 됨에 따라 주권자의 목소리가 정치를 통해 대입제도에 영향을 미치게 되었기 때문이다. 지금부터 과거로 돌아갈 수 없음을 냉정하게 인식하고 새로운 사회적 합의를 모색해야 한다.

8장
수능도 공정하고 학종도 공정하다

대학은 물론 초중고 교육계는 왜 학종을 선호할까?

학종과 수능 중 어느 쪽이 금수저 전형일까? 학종은 형평성,

수능은 비례성에 중점을 두는데 학생들은 어느 것이 더 불공정하다고 느낄까?

영재학교에서 특기자전형으로 이어지는 '골든 로드'는 과연 끝낼 수 있을까?

2018년 4~8월 새 대입제도를 결정하기 위한 공론화가 진행되었다. 뜨거운 논쟁이 벌어졌지만 나는 여기에 참여할 수 없었다. 라디오 시사 프로그램을 진행하고 있었기 때문이다. 2018년 2월, 나를 방문연구원으로 초빙하려던 영국의 교수에게서 급작스러운 행정적 문제로 초빙이 어려워졌다는 연락이 왔다. 급히 다른 대학으로 변경해야 하는 난감한 상황이었는데, 공교롭게 그 3일 뒤 MBC 시사프로그램 '시선집중'의 진행자를 제안받았다. 방송을 진행하면서 관찰자로서 경험한 논쟁도 충분히 의미 있었다. 그런데 수능 지지자는 수능이 더 공정하다고 주장했고, 학종 지지자는 학종이 더 공정하다고 주장했다. 즉 '공정'이라는 말뜻을 서로 다르게 쓰고 있었다.

대학은 왜 학종을 선호할까?

대학은 처음엔 입학사정관제를 탐탁지 않게 여기면서 이명박정부에 끌

려가는 분위기였다. 입학사정관제가 낯설기도 했고, '대학 자율'이 왜 본고사가 아니라 입학사정관제로 구현되어야 하는지에 대한 의문도 있었다.

이런 분위기를 반전시킨 것은 2011년 서울 지역 상위 사립대들이 공동으로 진행한 조사 결과다. 입학사정관제로 입학한 학생들의 대학 재학 중 성적이 정시(수능 전형)나 논술 등 다른 전형으로 입학한 학생들보다 높게 나온 것이다. 이 보고서는 공개되지 않았고 나도 보고서 내용을 모 대학 입학처장에게서 들었을 뿐이다. 그런데 이후에 이와 비슷한 보고서가 여러 건 발표되면서 입학사정관제-학종 입학생이 상대적으로 대학 재학 중 성적이 높고 중도탈락률이 낮다는 점이 알려졌다.

2017년 3월 30일 '학생부 종합전형 3년의 성과와 고교 교육의 변화' 심포지엄에서 발표된 서울 지역 10개 주요 사립대 조사를 보면, 2015~2016년 2년간 입학자의 대학 성적(평균 평점)을 비교해보면 학종은 3.33, 수능은 3.10이었다. 중도탈락한 비율은 학종이 2.5%인 반면 수능은 6%였다. 학종 입학자가 대학 재학 중 성적은 더 높고 중도탈락률은 절반 미만인 것이다.(이하 '10개 주요 사립대 조사'로 통칭. 10개 대학은 연세대, 고려대, 서강대, 성균관대, 한양대, 중앙대, 경희대, 한국외국어대, 숙명여대, 서울여대)

이 조사에서 빠진 서울대는 어떨까? 서울대는 2018년 5월 국회 김병욱 의원실의 요청으로 2013~2017학년 4년간 입학자 성적을 전공계열별로 집계하여 보고했는데, 인문사회계열은 학종 3.70, 수능 3.44, 자연과학계열은 학종 3.46, 수능 3.17, 공학계열은 학종 3.37, 수능 2.93, 의학계열은 학종 3.23, 수능 3.06이었다. 또 2014학년도 서울대 입학자의 중도탈락률을 조사한 결과 학종 입학자는 4.1%이고 정시 입학자는 11.5%였다. 앞에서 본 상위 사립대들처럼 서울대도 학종 입학자가 수능 입학자보다 대학 재학 중 성적은 더 높고 중도탈락률은 절반 미만이었다.

그렇다면 학종 입학자가 수능 입학자보다 중도탈락률이 낮고 대학 재학 중 성적이 더 높은 이유가 무엇일까? 세 가지를 꼽아볼 수 있다.

첫째, 수능에 비해 학종 입학자는 재수하기 어렵다. 학종에서는 재수생이 그다지 유리하지 않기 때문에 전년도 자료를 거의 그대로 제출해 '학종 재수'에 성공하는 경우는 드물다. 학종 입학자가 재수를 하려면 수능이나 논술과 등 새로운 전형으로 갈아타야 하는 부담이 있다. 반면 정시(수능 전형) 입학자에게는 수능 점수를 높여 더 상위 대학으로 진학할 수 있다는 유혹이 강하다. 서울대의 경우 중도탈락자 상당수가 의대에 도전하려고 재수를 선택한 이과생으로 보인다. 특히 대학에 합격한 이후 첫 학기는 등록하고 두 번째 학기는 휴학하면서 재도전하는 이른바 '반수'를 하는 경우가 많은데, 그러면 그만큼 대학 1학년 학업에는 소홀해지고, 반수에 실패할 경우 대학 1학년 성적뿐만 아니라 이후 대학 생활에 후유증이 반영된다.

둘째, 학종 입학자는 전공 준비가 상대적으로 잘되어 있다. 학종에 지원하기 위해 일찌감치 대학 전공을 대략 정해놓고 전략적으로 준비하는 경우가 많기 때문이다. 이 과정에서 동아리활동, 독서이력, 교내 경시대회, 소논문 등을 통해 전공과 직간접적으로 연관된 준비를 하게 된다. 반면 정시에서는 수능 점수를 받아놓고 지원하는 과정에서 지망 전공을 바꾸는 경우가 적지 않다. 특히 '전공과 간판을 맞바꾸는', 즉 서열상 더 상위 대학의 비인기 전공으로 갈아타는 경우에는 흔히 전공과 적성이 맞지 않거나 전공 준비가 부실한 상황을 맞게 된다.

셋째, 학종에 반영되는 고교 학업성적(내신)과 대학 학업성적은 그 구성 요소가 유사하다. 주로 중간·기말고사 그리고 수행평가다. 따라서 고등학교 3년간의 학업성적(내신)이 높은 학생이 대학교 4년간의 학업 성적도 높은 것은 어찌 보면 당연한 일이다. 특히 일부 대학에서 내신 성적만으로 선발하는 전형(학생부 교과전형) 입학자의 대학 성적이 수능 입학자는 물론이요 학종 입학자보다 높다는 결과가 나온 점은 시사하는 바가 크다.

한편 이 세 가지 이유에 대해 만만찮은 반대 논리가 존재한다. 학종은 수시모집이고 수능 전형은 정시모집이므로 우수한 학생이 학종에서 먼저 뽑혀간다는 것이다. 특히 서울대가 전체 정원의 80%가량을 학종으로 선발하는 상황에서 최상위권 학생들은 학종에 큰 비중을 두게 된다. 따라서 학종으로 진학한 학생의 평균적 능력치가 더 높은 것은 당연하다는 것이다.

이러한 반박 논리에도 일리가 있다. 다만 그럼에도 어쨌든 대학으로서는 학종을 더 선호할 만하다는 것을 부인할 수 없다. 입학사정관제 초기에 정원을 늘린 것은 정부 의지였지만, 이후 입학사정관제-학종 정원을 늘린 것은 대학 의지였다. 대학으로서는 재학 중 성적도 고려하지만 중도탈락률도 의외로 중요한 문제다. 등록금 수입이 그만큼 감소하기 때문이다. 결원을 편입으로 보충하지만 재정 결손이 완전히 상쇄되지는 않는다.

초중고 교육계는 왜 학종을 선호할까?

학종을 지지하는 것은 대학뿐만이 아니다. 초중고 교육계도 학종을 지지한다. 학종을 진보 교육계의 전유물로 간주하는 사람들도 있는데, 확인해보면 여태까지 보수 교육감들도 예외 없이 학종을 지지해왔다. 예를 들어 2019년 10월 22일 문재인 대통령의 정시 확대 발언 이후 시도 교육감연합회 전체 명의로 반대 성명이 발표되었는데 여기에는 보수 교육감(대구, 경북, 대전) 3명이 포함되어 있었다. 그중 한 명인 대구의 강은희 교육감은 별도의 언론 인터뷰에서 반대 입장을 선명히 밝혔다.

초중고 교육계가 전체적으로 학종을 지지하게 된 이유는 세 가지다.

첫째는 학종에 내신 성적이 주요한 요소로 반영되기 때문이다. 오래전부터 한국의 초중고 교육계는 '대입에서 내신 성적을 많이 반영해야 공교육이 살아난다'고 주장해왔다. 물론 대입에서 내신 성적을 전혀 반영하지 않고도 멀쩡하게 공교육이 돌아가는 나라들도 있다. 하지만 한국의 현실에서 내신 성적의 비중을 높이는 것이 공교육의 위상을 높이는 데 도움이 되는 것은 부인하기 어렵다. 내가 학원강의를 하던 시절에는 내신 성적의 비중이 낮고 수능 성적의 비중이 높았는데, 심지어 낮에는 학교에서 줄곧 자고 밤에는 쌩쌩한 몸과 마음으로 학원에서 수능 준비를 하는 학생들도 있었다. 이러면서 서울대에 합격한 학생은 못 봤지만 연고대까지는 합격한 사례를 직접 봤다.

둘째는 '세특'이 고등학교의 수업과 평가를 개선하는 효과가 있기 때문이다. 세특이란 학생부에 있는 항목들 가운데 '세부능력 및 특기사항'의 줄임말인데, 학생 개개인의 특성과 성취를 교사가 문장으로 적어주는 것이다. 내가 교사로서 국어를 한 학기 가르쳐보니까 이 학생이 이러이러한 면에서 문학적 표현능력이 뛰어나고 어떤 특성이 있더라, 내가 과학을 한 학기 가르쳐보니 이 학생의 과학적 연구를 설계하는 능력이 무슨 계기로 어떻게 돋보이더라… 이런 식의 이야기가 적힌다.

학생부 교과 세특(세부능력 및 특기사항) 사례

과목	세부능력 및 특기사항
	독서와 문법: 평소 수업에 가장 적극적이고 활발하게 참여하여 수업 분위기가 생기 있게 하도록 하는 역할을 함. 자기주장을 잘 표현하고 교사나 다른 학생의 의견에 공감도 잘하며 그 속에서 자신의 생각을 단단히 하는 내공이 있음. 소설 토론 수업에서 주인공과 등장인물의 심리와 감정에 몰입하여 각각의 인물 입장에서 의견을 말해보는 활동을 하여 모둠원이 소설에 대해 더 깊이 있게 이해하도록 도움. 모둠 활동을 하면서 모둠원의 역할을 정할 때 주도적으로 나서 의견을 냄으로써 구성원들의 성향과 맞도록 역할을 나누는 데 도움을 줌.
	물리: 모둠에서 일어나는 협력하고 토론하는 과정을 모둠활동 기록지에 꼼꼼하게 기록하여 교사가 미처 발견하지 못한 학생활동을 알게 하는 데 큰 도움이 되었음. 모둠 문제 풀이 과정에서 자신이 맡은 문제를 풀어오는 과제를 잘 이행하고 이를 다른 학생에게 설명하는 능력이 뛰어날 정도로 자기주도 학습 능력이 우수함. 특히 진류 주변에 형성되는 자기장의 모습을 입체적으로 이해하고 모둠원에게 효과적으로 설명함. 전류에 의한 자기장의 이용과 관련한 모둠별 조사활동에서 스피커의 작동 원리에서 음의 높낮이를 조절하는 답을 찾기 위해 노력함.

나는 일부러 평범한 교사들의 이야기를 들어보곤 한다. 그런데 이들 중에는 세특 때문에 수업과 평가 개선을 고민하게 되었다는 경우가 상당히 많다. 세특에 수업과 평가를 변화시키는 힘이 있는 것이다. 예를 들어 교과서 순서대로 설명과 판서를 진행하는 관성적 수업과 전통적인 객관식 평가에만 안주하는 교사가 있다고 해보자. 그는 세특에 의미 있는 얘기를 한마디도 써주기 어려울 것이다. 세특을 제대로 써줄 수 있으려면 수업방식과 평가방식을 바꿔야 한다. 탐구와 협력과 참여를 중시하고 수행평가를 잘 활용해야 한다. 여태까지 입시제도가 공교육을 황폐화한다는 욕을 먹기 일쑤였는데, 이처럼 학종은 학교 교육을 개선하는 효과를 내고 있다.

셋째는 학종이 학생들의 자율적 활동과 진로교육을 활성화하는 데 기여하기 때문이다. 학종으로 교내 동아리활동 등이 양적으로나 질적으로 크게 성장했는데, 예를 들면 학교 축제를 기획하고 준비하는 과정을 완전히 학생 자율로 하는 학교도 늘고 있다. 아울러 학종은 진로교육을 활성화했다. 학종에서는 자신의 진로나 대학 전공을 일찌감치 정해놓고 전략적으로 준비하는 것이 유리하다. 정시(수능)에서는 수능 점수를 받아보고 나서 지원 학과를 바꿔버리기는 일도 벌어지지만, 학종에서는 그런 일이 벌어지기 어렵다. 학생들이 성인이 된 이후 삶을 구체적으로 그려보고 자신의 진로나 대학 전공 등을 준비하는 것은 고등학교 교육에 직간접적으로 긍정적 영향을 미쳤다.

2017년 3월 30일 서울 지역 10개 주요 사립대가 공동주최한 심포지엄에서 발표된 고교 교사 809명 대상 설문조사 결과를 보면 학종에 대해 긍정적인 반응 일색이다. 교사들은 학종 도입 후 '진로탐색 기회가 많아졌다'(81.5%), '과정평가 방식이 확대됐다'(78.1%), '학생중심 수업이 활성화됐다'(76.8%), '개설과목이 다양해졌다'(56.8%), '교사와 학생의 소통이 활성화됐다'(78.8%), '(학생의) 협동심 및 참여의식이 향상됐다'(75.2%)고 답했다.

이처럼 초중고 교육계가 학종을 지지한 것은 내신, 세특, 자율활동, 진로교육 등이 모두 고교 교육에 긍정적 효과를 가져왔기 때문이다. 이를 요약하는 표현이 바로 '공교육 정상화'다. 2016년 6월 15일자 중앙일보 교육섹션 '열려라 공부'에서 종합한 설문조사에 따르면 '학종이 공교육 정상화에 기여했다고 생각한다'는 진술에 '그렇다'고 답한 비율이 학생은 21.5%, 학부모는 18.9%인 반면 교사는 무려 76.6%였다.

팩트 체크, 어느 쪽이 금수저 전형인가?

2017년 수능 개편안을 내놓았다가 1년 연기를 선언했던 문재인정부는 공론화를 거쳐 대입제도를 결정하겠다는 방안을 발표했다. '공론화'라는 의사결정 절차는 문재인정부 첫해인 2017년 고리 원자력발전소 5, 6호기를 계속 건설할 것인지를 결정할 때 활용된 바 있다.

공론화 초기에는 대학이 학종으로 일반고 학생들을 차별하고 특목고·자사고 학생들을 쓸어 담는다는 괴담이 퍼져 있었다. 하지만 실증데이터가 알려지면서 이러한 괴담은 조금씩 잦아들었다. 실제로 상위권 대학의 전형별 일반고/특목고·자사고 출신 입학자 비율을 비교해보면, 학종 입학자의 일반고 비율과 수능(정시) 입학자의 일반고 비율은 조사에 따라 결과가 엇갈렸으나 전체적으로 크게 차이 나지 않았다.

서울 지역 10개 주요 사립대 조사에서 2017학년도 입학자 가운데 일반고 비율은 학종이 63.5%, 수능이 61.6%로 학종이 약간 더 높았다. 이 통계에서 빠진 2017학년도 서울대 입학자를 살펴보면 일반고(+자공고) 출신 비율이 학종에서 53.7%, 수능에서 54.2%로 거의 같았다. 2019년 11월 5일 교육부가 발표한 13개 주요 대학의 2016~2019학년도 입학자 통계에서는 일반고 비율이 학종 63.8%, 수능 69.0%로 수능이 좀더 높았다.(이하 '13개 주요 대학 조사'로 통칭. 다만 보통 상위권대 통계에 넣지 않는 대학들이 포함되어 있음에 유의. 서울대, 연세대, 고려대, 서강대, 성균관대, 경희대, 동국대, 건국대, 홍익대, 광운대, 포항공대, 한국교원대, 춘천교대)

통계를 보면 '학교별' 분포에서와 달리 '지역별' 분포에서는 뚜렷한 차이가 드러난다. 서울·수도권 출신자 비율은 학종<수능이고 비수도권 출신자 비율은 학종>수능이다. 앞서 언급한 서울 지역 10개 주요 사립대 조사의 2017학년도 입학자를 보면 수능 입학자의 비수도권 고교 비율은 29.4%인데 학종 입학자의 비수도권 고교 비율은 43.9%이다.

8장 수능도 공정하고 학종도 공정하다

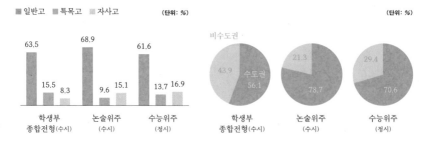

학종/수능 입학자의 고교유형별, 지역별 분포

(가) 출신 고교유형별 분포

■ 일반고　■ 특목고　■ 자사고　　　(단위: %)

(나) 출신 지역별 분포

(단위: %)

서울 10개 주요 사립대 2017학년도 입학자 통계. 학종 입학자와 수능 입학자의 일반고 비율은 비슷하다. 수치의 합이 100%에 못 미치는 이유는 영재학교, 검정고시, 외국학교 출신자 때문이다. 출신 지역별로 보면 학종은 비수도권 학생에게 유리한 것이 분명해 보인다. 단, 여기서 지역은 학생 주민등록상 주소가 아니라 고교 소재지 기준이다.

　'소득별' 분포는 어떨까? 입학생의 소득 분포를 분석할 때 보통 한국장학재단에서 지급하는 국가장학금(Ⅰ유형) 통계를 활용한다. 국가장학금은 박근혜정부에서 등록금 부담을 줄이기 위해 시작했는데, 소득이 낮을수록 장학금을 많이 받고 고소득층(9·10구간)은 장학금을 받지 못하므로 국가장학금 미수혜자를 고소득층으로 분류할 수 있다.

　앞서 언급한 13개 주요 대학 조사에서 2016~2019학년도 입학자 중 고소득층(9·10구간) 비율은 학종 64.9%, 수능 75.0%다. 저소득층(0~3구간) 비율은 학종 16.2%, 수능 10.7%이다. 고소득층에게는 수능이 유리하고 저소득층에게는 학종이 유리한 것이다. 참고로 일반 경제 통계에서는 소득 '분위'를 10개로 나누는 데 비해 국가장학금은 소득 '구간'을 11개로 나눈다. 기초생활보호수급자를 별도 구간(이른바 '0구간')으로 설정하기 때문이다.

이 같은 결과는 2019년 9월 교육부가 국회 김해영 의원실에 보고한 자료와도 일치한다. 2016~2018학년도 6개 대학 입학자 조사에서 고소득층 비율은 학종 입학자 중 63.8%, 수능 입학자 중 73.0%였다.(조사 대상 대학은 서울대, 연세대, 고려대, 중앙대, 경희대, 한국외대) 아울러 서울 지역 10개 주요 사립대 조사에서 대학별·연도별로 입학자를 분석해본 결과, 학종 정원 비율이 높아짐에 따라 전체 입학자 중 고소득층 비율은 낮아지고 저소득층 비율은 높아지는 경향이 확인되기도 했다.

학종/수능 입학자의 소득 분포

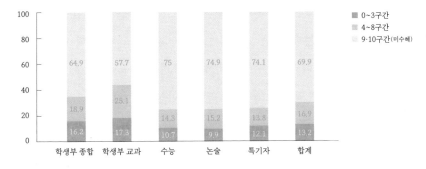

각 전형에서 소득구간별 등록자의 구성비(%, 기회균형 포함)

· 교육부가 2019년 11월 5일 발표한 13개 주요 대학 2016~2019학년도 입학자 조사.
· 0구간은 기초생활수급자를 의미(차상위는 1구간에 포함).

서울대의 학종/수능 입학자 통계를 볼 때는 주의할 점이 하나 있다. 서울대는 수시모집 전체가 학종인데, 2010년대 중반 이후 서울대 수능(정시) 입학자 가운데 일반고는 55~60%, 학종(수시) 입학자 가운데 일반고는 50~55%로 거의 일정하게 유지되고 있다. 그런데 학종 가운데 지역균형선발전형은 일반고가 90% 내외지만 수시 일반전형은 일반고가 약 35%에 불과하다. 2020학년도에는 각각 92.8%, 36.6%였다(이상 일반고에는 자공고 포함). 학종이라고 통틀어 보기엔 너무 이질적인 두 전형이 섞여 있는 것이다. 지역균형선발전형은 고교별로 학교장 추천을 받은 2명만 지원이 가능하므로 문과·이과별로 학교 1, 2등이 아니면 무의미한 전형이다. 반면 수시 일반전형은 지원 자격에 제한이 없고 서울대 전체 모집인원의 절반가량(2020학년도 51.7%)을 선발하는 가장 큰 전형이다. 그런데 이것이 자사고·특목고·영재학교 학생이 진입하는 주요 통로 구실을 하는 것이다. 소득 통계는 드러난 바 없지만 서울대 수시 일반전형은 고소득층 비율도 매우 높을 것으로 추정된다.

단, 이상의 통계를 볼 때 고소득층이 부풀려져 있음에 유의해야 한다. 종종 이 통계수치를 인용하여 명문대에 고소득층 출신이 엄청나게 많다는 기사가 나오는데 이는 오해다. 2019년 전국 4년제 대학 전체 입학자를 봐도 국가장학금 미수혜자 비율이 무려 51.8%나 된다. 고소득층 경계인 9구간의 월 환산소득이 923만 원 이상(세전)인데 4년제 대학 평균 고소득층이 51.8%나 될 리는 없지 않은가? 국가장학금 미수혜자 가운데 고소득층(9·10구간)이 아닌 경우가 상당수 포함되어 있다고 봐야 할 것이다. 부모 직장에서 자녀 학비를 지원받거나 다른 장학금을 받아 규정상 국가장학금을 받지 못하는 경우, 그밖에 이런저런 이유로 국가장학금을 신청하지 않은 경우 때문으로 보인다. 다만 학종/수능 입학자 특성을 비교하는 목적에 한정한다면 큰 문제는 없을 것이다.

학종은 형평성, 수능은 비례성

공정함에는 두 가지 의미가 있다. 이를 구분하지 않으면 늘 혼란이 생긴다. 공정함의 첫 번째 의미는 '형평성'(equality)이다. '부잣집 자녀들이 명문대를 독차지하는 것은 불공정하다'는 주장이 있다. 이때 공정함은 '형평성'과 '결과의 평등'을 의미한다. 공정함의 두 번째 의미는 '비례성'(proportionality)이다. 결과가 실력이나 노력에 비례해야 공정하다는 것이다. 내신이나 세특이 학교별·교사별 편차 때문에 불공정하다거나 비교과가 불공정하다는 주장을 할 때 공정함은 '비례성'과 '기회의 평등'을 의미한다.

학종이 수능보다 공정하다고 생각하는가? 그렇다면 거기에는 충분한 이유가 있다. 공정함을 '형평성'으로 이해하는 것이다. 앞서 살펴본 것처럼 상위권대 학종 입학자는 수능 입학자에 비해 저소득층·비수도권은 많고 고소득층·수도권은 적다. 비교과에서 부모 찬스, 사교육 찬스가 횡행하는 듯한데 왜 학종이 더 공정하게(형평성 있게) 선발되는가? 학종에 반영되는 내신 상대평가는 학력이 높은 학교나 낮은 학교나 일정 비율씩 내신 등급을 배분하고, 그로써 이를 대입에 반영하면 비교적 골고루 뽑히는 '균등 선발효과'가 일어나기 때문이다.

한국의 학종에서 나타나는 선발의 형평성은 미국처럼 적극적 우대조치(Affirmative action)에 따른 것이 아니라 주로 내신 상대평가의 '균등 선발효과'에 따른 것이다. 물론 한국에도 적극적 우대조치가 이뤄지는 '기회균형 전형'이 있다. 대학에 따라 '고른기회 전형'이라고 불리기도 하는데, 학종의 일부로서 저소득층, 농어촌 지역 장기 거주자, 산업체 근무 경력자, 특성화고 졸업자 등을 선발한다. 하지만 이것들은 정원 외 모집인 경우가 많아서 대입 통계에서 빼는 경우도 있고 통계에 포함한다 해도 수가 적어서 큰 영향을 주지 않는다.

앞에서 언급했듯이 내신 상대평가는 교육적으로 바람직하지 않으며 서구 선진국에서는 찾아볼 수 없는 제도다. 그런데도 이것이 수반하는 '균등 선발효과' 때문에 한국에서 뿌리내리고 있다. 즉 내신 상대평가는 '교육적 부정성'과 '정치적 긍정성'을 동시에 가지는 기묘한 제도다.

수능이 학종보다 공정하다고 생각하는가? 그렇다면 거기에도 충분한 이유가 있다. 공정함을 '비례성'으로 이해하는 것이다. 비례성을 확보하는 가장 좋은 방법은 수능과 같은 입시, 즉 학생을 직접 가르친 교사가 아닌 외부인이나 외부기관이 주관하는 시험(external exam)을 치르는 것이다. OECD 국가 대부분에 입시가 존재하는 이유가 담당 교사나 학교에 따른 편차가 없는 공정한(비례적인) 결과를 얻는 방법이기 때문이다.

공정이라는 개념을 비례성과 '기회의 평등'이라고 해석해보면, 학종에는 확실히 문제가 있고 오히려 수능이 더 공정하다. 학종의 구성요소는 '내신 성적+세특+비교과'인데 그중 비교과는 비례성이 낮음은 물론이요 근본적으로 기회 자체가 불평등하고, 내신 성적과 세특은 학교별·교사별 편차가 발생할 수밖에 없기 때문이다.

학생들은 언제 불공정하다고 느낄까?

비교과는 아예 기회 자체가 불평등하기 때문에 비례성이 낮을 수밖에 없다. OECD 국가 중 미국, 영국, 한국을 제외하면 거의 활용되지 않는 이유가 무엇이겠는가? 예를 들어 어떤 학생이 학기 초 공지된 각종 교내 대회 가운데 하나를 골라 상을 받으려고 준비한다고 해보자. 그런데 친구가 똑같은 대회를 부모와 사교육의 도움을 받아 준비하는 걸 보게 된다면 어떤 느낌이 들까? 친구가 건당 300만 원짜리 소논문 컨설팅(심지어 대필이 의심스러운)을 받는 걸 안다면? 물론 수능이나 학교 중간·기말고사 대비 학원도 있지만 여기엔 '인터넷 강의'라는 저렴한 대체물이 있다. 반면 비교과 사교육에는 값싼 대체물이 없다.

심지어 '수상 이력 몰아주기', 즉 내신 성적이 좋아서 명문대에 도전해볼 만한 학생들에게 각종 교내 상을 몰아준다는 이야기는 워낙 많이 보도되었고 전혀 새삼스럽지 않은 일이 되어버렸다. 이런 일들을 경험하면서 자연히 학생들은 학종이 공정하지 않다는 생각을 하게 되고, 심지어 분노를 느끼기도 한다.

부모의 소득 또는 사회경제적 지위가 높을수록 자녀의 수능 성적이 좋다는 것은 2000년대 이래 여러 연구로 알려진 사실이다. 이것은 종종 '수능의 불공정함'을 보여주는 증거로 언급되기도 한다. 가로축에 '부모 소득', 세로축에 '수능 성적'을 놓고 데이터를 표시해보면 강한 양(+)의 상관관계가 나타나는 것이다.

그러면 가로축에 '부모 소득', 세로축에 '비교과 스펙'을 놓으면 어떻게 될까? 아마 이것도 강한 양(+)의 상관관계를 보일 것이다. 그렇다면 수능 성적과 비교과 스펙 가운데 어느 쪽이 더 부모 소득과 깊이 연관되어 있을까? 이것은 알 수 없다. 이를 비교하려면 비교과를 수치화해야 하는데, 비교과는 워낙 여러 항목으로 구성되어 있어 한 가지 지표로 수치화하기가 어렵기 때문이다. 다만 상식적으로 비교과가 부모 소득과 상당한 상관관계를 보일 것임은 충분히 추정할 수 있다.

앞에서 '세특'이 수업·평가를 개선하는 효과를 낸다는 점에서 공교육에 긍정적 기여를 한다고 언급했다. 하지만 종종 교사가 특정한 학생에게 편파적으로 세특을 써준다는 의심이 제기된다. 주로 내신 성적이 좋아서 명문대 진학이 가능해 보이는 학생, 교사가 개인적으로 예뻐하거나 부모와 연줄이 있는 학생들에게 세특을 정성들여 써준다는 의심을 받곤 한다. 나는 교육청 근무 경력이 있는 부부 교사의 자녀에게 다른 교사들이 유난히 세특을 빼어나게 써준 사례를 확인한 적이 있다.

세특에 신경을 많이 쓰는 교사와 그렇지 않은 교사의 편차에 대해 학생들은 불만이 많다. 2016년 6월 15일자 중앙일보 교육섹션 '열려라 공부'가 고등학교 2·3학년 850명을 대상으로 한 조사에서 "학종의 공정성·객관성에 문제가 있다고 생각한다면 그 이유는 무엇인가요?"라고 한 질문에 가장 많이 답한 보기가 '교사에 따라 학생부 기록이 크게 달라진다'(22.3%)는 것이었다. 참고로 두 번째는 '각 대학의 기준이 불명확하고 모호하다'(18.8%), 세 번째는 특목고·자사고 등 특정 학교 학생에게 유리하다(15.1%)였다.

한 교육감에게서 직접 들은 이야기가 있다. 그는 평균 학력 수준이 낮은 지역의 일반고에 가서 학생들과 오랫동안 이야기를 나눴다. 교육감이 학생들에게 "학종이 없고 수능으로만 대학에 간다면 이 학교에서 인서울(서울 소재) 대학에 몇 명이나 진학할 수 있겠는가?"라고 물으니 얼마 안 될 거라는 대답이 돌아왔다고 한다. 그런데 교육감이 "학종과 수능 중 무엇이 더 공정하다고 생각하느냐?"고 물어보니 학생들이 이구동성으로 '수능'이라고 답했다는 것이다.

이 학교의 학생들에게 수능이 학종보다 공정하다고 여겨지는 것은 이들이 '시험만이 공정하다'는 구태의연한 편견에 사로잡혀서일까? '능력에 따른 차별은 당연하다'는 지배 이데올로기에 포섭되어서일까? 이들은 계몽이나 깨우침이 필요한 우매한 존재들인가? 내가 보기엔 그렇지 않다. 이들이 학종보다 수능이 더 공정하다고 여기게 된 이유를 곰곰이 따져봐야 한다.

학종은 '결과의 형평성'이라는 측면에서는 수능보다 우월하다. 즉 지역별/계층별로 좀더 골고루 뽑힌다. 하지만 이 형평성은 3학년 끝날 무렵에야 드러나고, 본인이 체감하기 어려운 일종의 '숫자'로 발표될 뿐이다. 반면 '과정의 불공정'은 일상적인 학교생활에서 경험되며 따라서 학생들이 체감하기가 쉽다. 교사의 의욕과 노력에 따라 크게 달라지는 세특, 친구가 활용하는 값비싼 비교과 사교육이나 컨설팅, 전학 가면 달라지는 상대평가 내신 성적, 심지어 상위권 학생에게 수상 실적 등의 스펙을 몰아주는 일부 학교의 불법행위 등 학생들이 학종이 불공정하다고 느끼게 되는 계기는 그들이 체험한 일상생활 자체에서 유래한다. 한마디로 '결과의 형평성'은 잘 안 보이고 '과정의 불공정'은 잘 보인다.

수능을 선호하면 보수적일까?

사회심리학자 하이트(Jonathan Haidt)는 『바른 마음』(The Righteous Mind, 2012)에서 진보/보수에 따라 공정함의 의미가 다르다고 말한다. 진보층은 공정함을 '형평성'으로 이해하는 반면 보수층은 공정함을 '비례성'으로 이해한다는 것이다. 그렇다면 진보는 학종을, 보수는 수능을 지지할 것이다. 그런데 적어도 한국의 대입 논쟁에서는 진보=형평성=학종, 보수=비례성=수능 등식이 성립하지 않는다. 여론조사를 보면 정시/수시 선호도와 진보/보수 성향은 별 상관이 없다.

수시/정시 선호도 여론조사

(단위: %)

지지정당/이념성향	'수시'가 보다 바람직	'정시'가 보다 바람직	모름/무응답
민주당	23.0	64.5	12.5
자유한국당	26.0	59.2	14.8
바른미래당	7.7	85.0	7.4
정의당	18.1	58.6	23.3
무당층	19.2	65.5	14.3
보수	28.6	59.0	12.5
중도	20.1	68.6	11.3
진보	22.4	63.0	14.6
전체 평균	22.5	63.2	14.3

"대학교가 신입생을 선발할 때 주로 고등학교 내신 성적, 학교생활기록부를 기준으로 하는 '수시 제도' 와 주로 대학수학능력시험, 즉 수능 성적을 기준으로 하는 '정시 제도' 중 어느 제도가 더 바람직하다고 생각하십니까?"에 대한 답변. 지지정당·이념성향별 경향이 잘 드러나지 않는다. 참고로 성별/연령별/지역별 차이는 거의 없다. 2019년 9월 4일 리얼미터 전국 19세 이상 501명 대상 조사.

비례성이나 입시(외부 시험)가 보수의 전유물이라고 단정해서는 곤란한 이유가 또 하나 있다. OECD 국가 대부분(35개국 중 33개국)이 어떤 식으로든 입시를 시행하고 이를 대입에 반영하는 것이다. 심지어 내신을 전혀 반영하지 않고 입시 성적을 중심으로 입학 여부를 결정하는 경우도 프랑스, 영국, 이탈리아, 네덜란드 등 적지 않다. 비례성에 매우 충실한 나라들이다. 그렇다고 해서 이 나라들이 '매우 보수적'이라고 할 수는 없는 노릇 아닌가?

핀란드에서 내신 성적 반영 여부는 대학 자율인데, 대체로 내신 성적을 반영하지 않고 대입시험(4과목)과 대학별 본고사만 활용해 성적순으로 선발한다. 그렇다면 핀란드도 비례성에 충실한 나라인데, 핀란드가 보수적인 나라라고 볼 수는 없다. 최근 프랑스의 마크롱 대통령이 바칼로레아(과목별로 치르는 논술·구술형 대입시험) 성적뿐만 아니라 내신 성적도 반영하도록 입시 개편을 추진하고 있는데, 이에 대해 프랑스 학생들은 반대한다. 2005년에도 시라크 대통령이 비슷한 개편안을 내놓았다가 학생들의 반대에 부딪혀 철회한 적이 있다. 어떤 교사를 만났느냐에 따라 내신 성적이 달라지고 그로써 대학 입학 여부가 달라진다면 불공정하다는 것이다. 프랑스 학생들은 전형적으로 공정함을 '비례성'으로 간주하는 것이다. 그렇다고 해서 '프랑스 학생들은 보수적'이라고 볼 수 있을까?

한국의 진보 지식인들 중에는 비례성을 싫어하는 사람들이 종종 보인다. 비례성을 강조하면 필연적으로 서열화와 능력주의를 긍정하게 되기 때문이다. 하지만 서열화와 능력주의를 거부하는 것이 가능한가? 또는 바람직한가? 설령 프랑스처럼 일정 성적만 되면 대학에 입학하는 특이한 제도를 도입한다 할지라도, 의대처럼 면허가 제한되어 있어 경쟁이 불가피한 분야는 어떻게 할 것인가? 프랑스에서도 의사는 인기 직업이다. 의사가 되려면 그랑제콜이 아니라 일반 대학에 진학해야 하는데, 바칼로레아에서 일정 점수 이상이 되면 일단 의대 입학을 허가한다. 그리고 진급 과정에서 탈락시킨다. 2학년으로 진급하면서 최초 입학자의 80% 이상이 탈락한다. 탈락 기준은 '성적순'이다. 실로 무시무시한 서열화이자 능력주의가 아닐 수 없다. 한국에서 프랑스식 제도를 도입한다면 의치한(의대·치대·한의대)·수의대·약대·교대 등에서 비슷한 일이 벌어질 것이다.

'학생 서열화'라고 해서 다 나쁜 게 아니다. 상대평가는 나쁘지만 성적순 선발은 나쁜 게 아니다. 내신 상대평가(이수자 서열화)와 수능 상대평가(응시자 서열화)는 앞에서 설명한 것처럼 여러 가지 심각한 문제점을 안고 있다. 그래서 선진국의 입시와 내신은 대부분 절대평가(등급제 또는 원점수제)다. 하지만 성적순 선발(지원자 서열화)은 심지어 핀란드, 스웨덴, 독일(일부 학과) 등에서도 시행하고 있고 교육적으로 나쁘다는 근거가 없다.

흔히 학생 서열화(성적순 선발)와 대학 서열화를 혼동하는데 이 둘은 완전히 다른 개념이다. 학생을 줄 세운다고 해서 대학이 줄 선다니 말이 되는가? 성적순 선발은 대학 서열화를 선명하게 드러내는 효과가 있긴 하지만 결코 대학 서열화의 '원인'이 아니다. 대학 서열화는 학생 서열화 때문이 아니라 대학 간 재정 격차와 그로 인한 교육 여건의 격차(학생 1인당 교육비, 교수 1인당 학생 수 등)로 발생하는 것이다. 이에 대해서는 10장에서 자세히 설명하기로 한다.

영재학교에서 특기자전형으로 이어지는 '골든 로드'

2018년 공론화 결과를 담은 대입 개편안이 8월 17일에 발표되었다. 첫째, 수능은 상대평가 중심인 현재 방식을 거의 그대로 유지한다. 둘째, 20% 초반까지 낮아진 정시(수능 전형)의 정원 비율을 30%로 끌어올린다. 셋째, 학종의 구성요소 가운데 부정적 영향력이 큰 비교과 요소를 일부 제한한다. 학생부에 '소논문'을 기재하는 것을 금지하고, 교내 수상 이력과 자율 동아리는 학기당 각각 1개씩만 활용할 수 있도록 제한한다. 자기소개서는 남기지만 추천서는 폐지한다. 당시 중3 학생들이 치를 2022학년도 대입안이었다.

대입 공론화 과정에서 벌어진 논쟁의 중심은 수능과 학종이었다. 그러다보니 다른 문제들이 무시되거나 곁가지로만 다뤄지고 말았다. 특히 수능이나 학종보다 명백히 훨씬 불공정한 전형이 있는데, 그것이 바로 특기자전형이다.

특기자전형은 '학종 위의 학종'이라 부를 만한 전형이다. 입학사정관 전형 초기인 2009학년도 대입까지는 학생부에 어떤 스펙이든 무제한으로 적을 수 있었는데, 이후 단계적으로 학교 밖 스펙이 배제되었다. 그런데 특기자전형에서는 여전히 각종 교외 경시대회 입상실적이나 토플(TOEFL) 등의 공인시험 성적 등을 활용할 수 있다. 전체 4년제 대학 모집 정원 34만 7,866명 가운데 특기자전형은 4,467명에 불과하지만(2020학년도 대입) 상위권 대학들에 몰려 있어 그 영향력이 적지 않다.

참고로 문재인 대통령의 2017년 대선 공약집에는 '대학입시 단순화' 항목 아래 '학생부 종합전형, 학생부 교과전형, 수능 전형 세 가지로 단순화'라고 하여 특기자전형과 논술전형을 폐지하겠다는 뜻이 밝혀져 있었다. 그런데 이후 교육부가 내놓은 여러 공식 자료를 보면 논술전형만 줄이도록 유도한다는 것이고 특기자전형에 대해서는 별다른 언급이 없다. 학종보다 훨씬 불공정한 전형인데 말이다.

우리나라에서 가장 불공정한 선발, 가장 높은 1인당 사교육비를 요구하는 전형은 대입이 아니라 고입에 있다. 바로 영재학교·과학고의 학생 선발이다. 대치동 유명 컨설턴트인 김은실 씨가 펴낸 『문재인 시대의 입시전략』(2017)에 따르면 대치동에서 영재학교·과학고 준비 과정에 초등학교 3학년 무렵부터 6~7년간 1억 6,000만 원을 들여야 한다. 이보다 훨씬 적은 돈을 들이고 합격한 사례도 많지만 대치동 학원들에서 권장하는 '표준적인' 프로그램의 비용이 이 정도라는 뜻이다.

이런 문제는 어제오늘의 일이 아니다. 내가 경기과학고에 입학한 1985년에는 선행학습을 전혀 하지 않고 과학고 입학시험만으로 합격할 수 있었는데, 이준석 전 미래통합당 최고위원이 서울과학고에 입학한 2001년에는 이미 올림피아드 경시대회 가산점이 없으면 서울과학고 합격이 불가능했다. 지금은 과학고의 경우 선행학습 금지법의 적용을 받아 문제가 한결 덜한 반면, 영재학교는 선행학습 금지법의 예외인데다가 '영재교육 특별법'에 근거해 엄청난 선발 자율권을 가지고 있다. 영재학교에 입학하려면 고3 수준의 수학·과학 선행학습과 전국 수학올림피아드(KMO) 경시대회 중등부 1차를 통과할 정도의 준비가 필요하다. 이 정도로 준비하지 않으면 영재성이 뛰어나도 합격하기 어렵다.

사교육업계에서는 일단 영재학교 준비를 시키고 불합격하면 과학고에 지원하도록 유도한다. 그래서 영재학교/과학고 지원자 구분 없이 고강도 사교육을 받는 게 표준이 되어버렸다. 영재학교 준비 전문 학원을 막판 몇 달만 다녔는데 합격했다는 사례들도 있다. 이는 다른 학원에서 선행학습을 꾸준히 해왔고 막판에 전문 학원에서 기출문제를 활용해 최적화한 파이널 프로그램을 수강한 경우다. 영재학교·과학고 기출문항은 거의 비공개이지만 아주 소수의 전문 학원들에서는 기출문항을 가지고 있다. 입시를 치른 직후 수험생들을 불러 모아 기억을 재생하는 것이다. 그래서 영재학교·과학고 수험생이 많은 소수의 전문 학원만 제대로 된 기출문항을 가지고 있다. 나도 비밀리에 1회분을 입수해서 가지고 있는데, 이런 자료를 이용하면 최적화된 파이널 프로그램을 만들 수 있다.

결국 전문 학원을 다니며 영재학교에 지원하고 불합격하면 과학고에 지원한다. 또 불합격하면 일반고에 진학한 뒤 전국 규모 경시대회에 입상해 특기자전형을 노리고, 그와 동시에 교내 경시대회 입상 등을 통해 학종 스펙을 쌓는 게 가능하다. 참고로 2019년 이른바 '조국 사태' 이후 정부가 다시 발표한 대입 개편안에 따르면 2021년 고 1(2024학년도 대입)부터 학종에서는 교내 경시대회 등 일체의 비교과가 배제되지만 특기자전형에 대해서는 아무런 언급이 없다. 설령 특기자전형이나 학종으로 합격하지 못해도 수학·과학 선행학습을 많이 해놓았으므로 내신이나 수능에서 유리하다.

현재 영재학교 정원은 800여 명에 불과하지만 응시자는 1만 명이 넘으며, 한때라도 영재학교를 준비해본 적이 있는 학생들은 아마도 2만~3만 명은 될 것이다. 전체 학생의 5%가량이 엄청난 사교육비를 들여가며 엄청나게 불공정한 선발제도의 관문에 도전하고 있다. 이것은 가히 명문대 입학을 위한 '골든 로드'의 출발점이라 할 것이다. 교육부는 2020년 하반기 중에 영재학교 선발 개선안을 발표하겠다고 예고해놓은 상태다. 문재인정부는 불공정하기 짝이 없는 '골든 로드'에 진입하려는 행렬을 멈출 수 있을까?

8장 수능도 공정하고 학종도 공정하다

9장
사교육 대책은 이명박정부에서 배우자

선발제도는 사교육비에 어느 정도 영향을 미치며 이명박정부는
어떻게 죽음의 트라이앵글을 해체하고 사교육비를 줄였을까?
소논문과 수상 경력은 왜 학종의 어두운 그림자가 되었을까?
국민은 더하기 개혁이 아니라 빼기 개혁을 원한다.

한국에서 사교육비가 줄어든 시기가 두 차례 있었다. 국제통화기금
(IMF) 외환위기 직후와 이명박정부 기간인 2010~2012년이다. 이명박
정부는 자사고 무더기 인가, 일제고사 시행 등 경쟁과 서열화를 부추기
는 정책을 편다는 비판을 받았지만, 다른 한편으로 학생 1인당 사교육
비를 낮추는 성과를 내기도 했다. 역대 가장 꼼꼼한 사교육 대책을 수립
하고 집행했기 때문이다. 반면 노무현정부 시기 사교육비는 급속히 증
가했고, 박근혜정부 후반부터 문재인정부에 걸쳐 다시 사교육비가 급증
하고 있다. 최근 사교육비가 증가하는 이유는 노무현정부 시절과 유사
하다. 사교육 대책은 이명박정부에서 배워야 한다.

선발제도가 사교육에 미치는 영향: 난이도와 복잡성
이명박정부 1, 2년차인 2008~2009년에는 학생 1인당 사교육비가 전년
보다 늘었다. 노무현정부 시절 사교육비가 빠르게 늘던 관성도 있었고,

이명박정부 초기 영어몰입교육 파동, 일제고사 시행, 자사고 급증 등으로 인해 불안과 경쟁심리가 커졌기 때문이다. 그런데 이명박정부 중후반인 2010~2012년에는 학생 1인당 사교육비가 조금씩 줄었다. 그 이전에 사교육비가 줄어든 경우는 IMF 외환위기 직후인 2008년밖에 없었다. 따라서 2010~2012년 3년 연속 사교육비가 줄었다는 것은 상당히 눈에 띄는 기록이다.(2006년까지는 통계청 사교육비 조사가 없었으므로 통계청 가계동향조사의 보충교육비 항목 기준)

2007~2019년 학생 1인당 월평균 사교육비

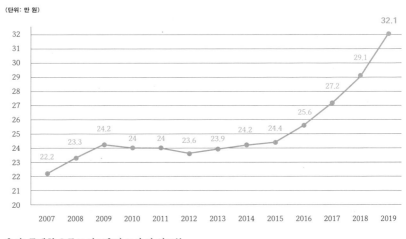

(단위: 만 원)

출처: 통계청 초중고 사교육비 조사 각 연도분.

나는 대입 경쟁과 사교육의 원인은 대체로 구조적 요인, 즉 대학 서열(대학 간 격차)과 노동시장(일자리 격차)에 있다고 본다. 이에 대해서는 뒤에서 따로 자세히 분석할 것이다. 그런데 구조적 요인 이외에 선발제도의 영향도 분명히 작용한다. 특히 지원자가 경험하는 대입 전형요소의 '난

9장 사교육 대책은 이명박정부에서 배우자

이도'와 '복잡성'이 부담 정도와 사교육에 영향을 미친다.

■ 난이도

내신이든 수능이든 논술이든 간에 난이도를 높이면 사교육이 늘고 난이도를 낮추면 사교육이 줄어든다. 이것은 사교육업계에서 매우 뚜렷하게 경험된다. 심지어 수능 수학이 유난히 어려우면 다음 해 사교육 수능 강의의 수학 수강생이 증가하는 현상이 관찰되기도 한다.

주의할 점은 '교육과정의 난이도'와 '평가의 난이도'를 구분해서 해야 한다는 것이다. 부담 정도와 사교육에 영향을 주는 것은 주로 '평가의 난이도'다. 예를 들어 똑같은 교육과정에서도 수능 난이도가 물수능/불수능 등 상당히 다를 수 있다. 고교 내신도 절대평가하던 시기에는 중간·기말고사 난이도가 지금보다 낮았다. 2005년 고1부터 내신 상대평가가 도입되고 내신 비중이 높아지자 변별력이 중시되면서 중간·기말고사 난이도가 높아진 것이다.

■ 복잡성

흔히들 대입제도가 옛날보다 '복잡해졌다'고 말하는데, 엄밀히 보면 두 가지로 구분 가능하다. ① 전형 종류의 다양성, ② 전형요소의 복합성이다. 그중에서 사교육에 영향을 주는 것은 주로 ② 전형요소의 복합성이다.

① 전형 종류의 다양성

전형의 종류가 늘어날수록 '내가 어느 전형에 적합한지'를 판단해야 하고 그만큼 정보비용이 발생한다. 어떤 선수가 출전 가능한 경기 종목이 다양할수록 어느 종목을 골라 준비해야 할지 판단하기 어려워지는 것과 같다. 한국에서 대입 전형이 다양해진 것은 수시모집이 생기면서부터다. 수시모집 안에 세분화된 여러 종류의 전형이 나타났고 이런 전형들은 지금까지 이어져오고 있다. 엄밀하게 보면 '전형 종류의 다양성'이 사교육에 직접 영향을 주는 것은 아니다. 하지만 다양한 전형을 신설하는 과정에서 난이도가 높은 전형요소가 포함되는 경우가 많았다. 예를 들어 2000년대에는 수시 일부 전형으로 '토플시험 성적으로 의대에 가는' 학생도 있었다. 또 전형 종류가 지나치게 다양해지면 어떤 전형에 적합한지를 판단하기 어려워지므로 이로 인한 심리적 부담이 커질 수 있다.

② 전형요소의 복합성

하나의 전형에서 여러 가지 전형요소를 얼마나 복합적으로 요구하느냐는 것이다. 출전할 종목이 단일 종목인 경우보다 5종경기, 10종경기… 이런 식으로 종목이 늘어날수록 훈련 부담이 커지는 것에 비유할 수 있다. 전형요소의 복합성이 컸던 첫 번째 사례는 김영삼정부 시절이던 1994~1996학년도 대입의 '수능+내신+본고사'다. 이때 학생들의 부담과 사교육이 급증하자 김영삼정부는 20여 년 만에 부활했던 본고사를 시행 3년 만에 폐지한다. 두 번째 사례는 노무현정부 마지막 해 치러진 2008학년도 대입 정시모집의 '수능+내신+논술'이다. 당시 이것은 '죽음의 트라이앵글'이라고 불렸는데 노무현정부 대입정책의 실패를 상징하는 말이었다. 이명박정부는 이것을 집권하자마자 해체했고 이후 정시모집은 거의 수능 성적 100%로 선발하는 전형이 되었다. 세 번째 사례는 '내신+비교과(+수능)'로 구성된 학종이다.

앞에서 학종은 '비례성' 또는 '기회의 평등'을 기준으로 보았을 때 불공정하다고 지적했다. 그런데 이 대목에서 학종의 또 하나 문제, 즉 전형요소의 복합성이 크다는 점을 짚어야 한다. 내신이 큰 비중으로 반영되고 수능도 최저학력기준으로 반영되는 경우가 있으며, '비교과'는 세 글자에 불과하지만 여기에 독서, 동아리, 봉사, 교내 수상 경력, 소논문 등 매우 다양한 전형요소가 포함된다. 명문대에 진학하기를 원하는 학생이라면 이들 가운데 하나도 소홀히 할 수 없다. '철인 5종 경기'를 하던 선수가 '철인 10종 경기'에 도전하게 된 셈이다.

전형요소별 사교육 유발

전형요소	사례 수 (804)	전혀 유발 하지 않는다	별로 유발 하지 않는다	①+②	보통 이다	유발 한다	아주 많이 유발 한다	④+⑤	계	평균
학생부 내신교과 성적		0.5	4.2	4.7	15.4	52.1	27.7	79.9	100	4.0
학생부 비교과활동기록 (고교 재학 중 활동내역)		1.0	12.8	13.8	30.6	37.9	17.7	55.6	100	3.6
자기소개서와 교사추천서		1.4	9.6	11.0	30.7	40.7	17.7	58.4	100	3.6
수능(대학수학능력시험) 성적		0.1	2.1	2.2	13.8	45.3	38.7	84.0	100	4.2
대학별 논술고사		0.4	1.1	1.5	7.0	37.2	54.4	91.6	100	4.4
적성고사		1.0	8.1	9.1	36.1	37.8	17.0	54.8	100	3.6
특기내역		0.7	6.5	7.2	25.5	43.8	23.5	67.3	100	3.8

"아래 전형요소들은 어느 정도 학생들의 사교육을 유발할 수 있다고 생각하십니까?" 질문에 대한 5점 척도 답변 결과. 수능은 4.2인 반면 학종은 내신(4.0), 비교과(3.6), 자기소개서·추천서(3.6)가 합쳐져 있다고 봐야 하고 여기에 수능도 최저학력기준(등급)으로 포함되는 경우가 있음에 유의해야 한다. 국회 송기석 의원실이 한국리서치에 의뢰한 2016년 8월 초·중·고·대학생 학부모 대상 설문조사. 응답자 804명 중 30대 14.3%, 40대 56.5%, 50대 28.2%, 60대 1.0%로 구성.

한국에서 대입 경쟁이 치열한 것은 구조적 요인(대학 서열, 노동시장)과 선발 방식(난이도, 복잡성)이 함께 원인으로 작용한 것이다. 물론 구조적 요인이 더 중요한 이유지만 선발 방식도 무시해서는 안 된다. 특히 '풍선 효과'라는 통념을 경계해야 한다. 풍선의 한쪽을 누르면 다른 쪽이 부풀어 오르는 것처럼, 특정한 영역에서 규제를 통해 사교육을 절감하고자 하면 다른 영역의 사교육이 증가해 결국 상쇄된다는 주장이 있다. 예를 들어 이명박정부 시절 외고 입시에서 중학교 내신 성적 가운데 영어만 반영하도록 제한했을 때, 그리고 박근혜정부 시절 수능 영어를 절대평가(등급제)로 변경했을 때, 풍선 효과 때문에 별 소용이 없을 것이라는 지적이 있었다. 하지만 이는 실제 경험과 다르다. 풍선 효과가 발생하는 것은 맞지만 (-)효과와 (+)효과가 완전히 상쇄되는 것은 아니다. 선발 방식의 변화는 구조적 요인(대학 서열, 노동시장)보다 그 정도는 작을지언정 분명히 학생·학부모의 부담 정도와 사교육비에 영향을 준다.

이명박정부, 어떻게 사교육비를 줄였을까?

이명박정부 시절인 2010~2012년에는 사교육비가 감소했고, 박근혜정부로 넘어간 2013~2015년에도 사교육비 증가율이 물가상승률에 못 미치는 수준이었다. 이것은 난이도(평가의 난이도)와 복잡성(전형요소의 복합성)을 통제함으로써 가능했다.

첫째, 이명박정부는 수능 난이도를 낮췄다. 특히 학생들이 가장 부담스러워하는 수학의 경우 수능부터 1등급(상위 4%) 원점수가 90점 이상이 유지되었으며(문과 수학은 2012학년도부터, 이과 수학은 2013학년도부터) 이러한 기조는 박근혜정부까지 이어졌다. 이전에는 수능 만점자가 대부분

0~1명이었던 반면 2012학년도부터 만점자가 꾸준히 다수 배출되어 30명-6명-33명-29명-16명-3명-15명-17명-15명으로 이어졌다.(다만 탐구과목 수가 최대 4과목→3과목→2과목으로 감소하고 2018학년도부터 영어가 등급제 절대평가가 된 것도 동시에 만점자 증가에 작용했을 것이다.)

2011학년도 수능부터 EBS 교재를 70%까지 반영하기 시작한 것도 체감 난이도를 낮추는 데 기여했다. 수능에 EBS 교재가 반영되기 시작한 것은 노무현정부가 EBS 무료 인터넷강의를 시작한 2004년(2005학년도 수능)부터였으나, 노무현정부에 비해 이명박정부는 이 정책을 훨씬 꾸준하고 세심하게 관리하며 지속시켰다. EBS 교재에서 본 소재나 지문이 수능에 출제되니 아무래도 학생들에게 쉽게 느껴지는 효과가 있었다.

둘째, 이명박정부는 대입 선발에서 복잡성(전형요소의 복합성)을 줄였다. 이를 위해 2008학년도 대입 정시모집의 '죽음의 트라이앵글', 즉 '수능+내신+논술'을 집권 첫해에 허물어 정시모집을 지금과 같은 수능 위주 전형으로 만들었다. 참고로 그때까지 '대입 3년 예고제'는 법령이 아니라 일종의 관행이었으므로 이 같은 발빠른 대응이 가능했다.

노무현정부는 내신 비중을 높이고 수능 비중을 낮출 목적으로 내신을 상대평가로 바꾸고 수능에 등급제(상대평가이되 점수 없이 등급만 산출)를 도입했다. 하지만 당시 통계를 보면 수능에서 국·영·수 3과목을 모두 1등급 받는 학생들이 응시자의 1%, 국·영·수에 더해 사회·과학 4과목까지 7과목 모두 1등급 받는 학생들이 0.1%에 불과했다. 즉 수능의 변별력도 상당 수준 유지되는 상황이었다. 게다가 대학들이 앞다투어 정시모집에 '통합교과형 논술'을 도입하여 수능+내신+논술 '죽음의 트라이앵글'이 만들어졌다. 이에 대한 원성이 높아지자 이명박정부는 정시모집에서 논술고사를 폐지하고 내신 반영비율을 자율화하여 트라이앵글을 해체한 것이다.

셋째, 이명박정부는 대입뿐만 아니라 특목고·자사고 선발에서도 난이도와 복잡성을 줄였다. 김대중·노무현정부 시절 내내 외국어고 학생 선발에는 시기별로 공인영어시험(토플·텝스), 수학시험(창의사고력), 영어 듣기평가 등의 각종 시험이 전형요소에 포함되어 있곤 했다. 이러한 시험들은 난이도가 높았고 사교육의 도움을 받아야만 준비가 가능했다. 그런데 이명박정부는 외고 전형에서 모든 시험을 폐지했다. 아울러 여러 과목의 중학교 내신 성적을 반영할 수 있었던 것을 영어 한 과목만 반영하도록 제한했다. 과학고 선발에서도 모든 시험과 학교 밖 경시대회(올림피아드 등)의 반영을 금지하고, 중학교 내신 성적 반영을 수학과 과학으로 제한했다. 종합적으로 이명박정부 시절 고입 선발에서 난이도와 복잡성이 상당히 감소했다.

참고로 이명박정부 시절 자사고가 급증했지만 이때 늘어난 자사고들의 학생 선발 방식은 대부분 '추첨'이었으며, 김대중정부 시절에 인가된 민사고·상산고 등 전국 단위 자사고들도 이명박정부에 의해 고교에서 출제하는 시험이나 학교 밖 스펙 반영이 금지되었다. 즉 자사고 숫자는 늘렸지만 거기에 입학하기 위한 1인당 사교육 수요는 줄인 것이다.

교육 전문가들 사이에는 역대 정부들 중 교육정책을 가장 치밀하게 편 것이 이명박정부였다는 평가가 있다. 그 이면에는 자사고와 일제고사를 밀어붙인 '강경파'뿐만 아니라 세심하게 선발제도 개선안을 마련한 '현실파'가 있었다. 나는 당시 정치인·관료·교수들로 구성된 현실파 그룹의 요청으로 이들과 직접 만나본 적이 있다. 이들은 선발제도가 사교육에

1982~2012년 사이 총사교육비

연간 사부담 교육비 증액

(단위: 원)

학생 1인당 사교육비를 알 수 있는 통계청 사교육비 조사(2007년 이후)와 달리, 통계청 가계동향조사에서는 가구당 사교육비와 총사교육비만 알 수 있다. 노무현정부 시기(2003~2007) 사교육비가 급증했음을 확인할 수 있다. 출처: 양정호, "우리나라 역대 정부의 사교육비 추이 분석", 『교육행정학연구』 2013 제4호.

미치는 영향에 대해 상세한 조사와 학습을 진행해놓고 있었다. 이후 이들이 내놓은 정책은 앞에서 본 것처럼 매우 꼼꼼했다.

물론 이것은 2010~2012년 사교육이 줄어든 것에 대한 하나의 '해석'이다. 내가 사교육비가 감소한 이유를 엄밀히 '증명'했다고 말하기는 어려울 것이다. 사교육에 영향을 주는 요인에는 앞서 언급한 구조적 요인(대학 서열, 노동시장)과 선발제도(난이도, 복잡성) 외에도 다른 요인이 있을 수 있기 때문이다.

나의 해석에 대한 반론으로, 당시 입학사정관전형에는 각종 학교 밖 스펙까지 반영이 가능했는데 어떻게 사교육비가 줄어들 수 있었냐는 질문이 있다. 하지만 당시는 입학사정관제 초기였기 때문에 정원 비율이 낮았고, 따라서 이를 준비하는 학생들이 지금 학종을 준비하는 학생들처럼 많지 않았다. 이명박정부 마지막 해인 2013학년도 대입 기준으로 입학사정관전형은 4년제 대학 전체 정원의 13.5%에 불과했다. 또한 정시모집이 전체 정원의 1/3 이상(35.7%)이었는데 실질적으로는 40% 이상이었다. 2012학년도부터 수시모집에 미등록 결원을 채우는 추가합격 제도가 생겼지만 초기에는 그리 정교하지 않았고 그래서 정시로 이월되는 정원이 상당히 많았기 때문이다. 따라서 '수시에서 떨어지면 정시로 가면 된다'는 분위기가 아직 존재했다.

나의 해석에 대한 또 다른 반론으로, 2010~2012년에 사교육비가 감소한 것이 2008년 미국발 금융위기로 인한 경기침체 때문이 아니냐는 질문이 있다. 하지만 1997년 연말에 벌어진 IMF 외환위기 때도 1998년 단 1년간만 사교육비가 감소한 이후 증가세로 반전한 반면, 2008년 9월에 시작된 미국발 금융위기 이듬해인 2009년에 1인당 사교육비는 오히려 늘어났다. 더구나 2008년 미국발 금융위기는 1998년 외환위기보다는 충격이 덜했고 한국이 지표상 OECD에서 2008년 금융위기를 가장 빨리 극복한 나라임을 고려할 때 미국발 금융위기로 인한 경기침체가 2010~2012년 사교육비 감소의 원인이라고 보기는 어렵다.

학종의 어두운 그림자, 소논문과 수상 경력

2018년 대입 공론화 과정에서 핵심 주제는 '공정함'이었다. 그런데 공정 문제에 관심이 집중되는 바람에 학종의 또 다른 문제점, 즉 '전형요소의 복합성'이 커서 경쟁과 사교육을 자극한다는 점은 제대로 조명받지 못했다. 학생 입장에서 '철인 5종경기'보다 '철인 10종경기'가 부담스러운 것은 당연한 이야기다. 이것은 근본적으로 미국식 대입제도 자체에 수반된 문제점이다. 미국은 세계에서 가장 복잡한(복합적인 전형요소를 요구하는) 대입제도를 가지고 있다. 내신 성적도 반영하고 입시(SAT나 ACT)도 반영하고 비교과도 반영한다. 이게 좋은 줄 알고 들여와서 탈이 난 것이다.

2013년 학교밖 스펙이 배제된 이후 학종의 전형요소들 가운데 가장 부작용이 심한 것은 무엇일까? '소논문'과 '수상 경력'이다. 실제로 사교육 학종 프로그램의 핵심이 컨설팅과 아울러 소논문과 수상 실적이다.

소논문이란 학생이 수행한 연구 결과를 논문 형태로 쓰는 것이다. 학위 논문이나 학술지에 기재되는 정식 논문이 아니기 때문에 소(小)논문이라고 불린다. 예전에는 정식 논문의 저자로 이름을 올리고 이를 학생부에 기재해 활용할 수 있었지만 2015학년도 대입부터 이것이 금지되자 정식 논문 대신 소논문을 작성한 기록을 학생부에 남기는 것이 유행한 것이다. 소논문은 학생부 '세특'(세부능력 및 특기사항)에 기재되는 경우도 있고, '창체'(자율활동/동아리활동/진로활동으로 구성된 창의적 체험활동상황)에 기재되는 경우도 있으며, 학교에서 개최한 논문 경시대회에서 입상해 '수상 경력'에 적히는 경우도 있다.

수상 경력은 교내에서 상을 받은 것을 학생부에 적어주는 것이다. 수상 경력이 사교육의 도움을 받기 어려운 형태로 관리되는 경우도 있다. 예를 들어 수업에서 이뤄진 활동이나 참조한 도서 등을 소재로 경시대회를 열어 상을 주는 것이다. 하지만 대부분 고등학교에서 시행하는 '과학 탐구 대회'나 '영어 토론 대회' 등의 일반적인 경시대회들은 사교육을 통해 준비해온 학생들에게 훨씬 유리하다.

　나는 이명박정부가 입학사정관제를 본격 도입할 때부터 이 제도에 반대했다. 내가 제기한 비판의 핵심은 '교과를 개혁해야지 왜 비교과를 갖다 붙이냐?'는 것이었다. 교과 평가방식을 논술형과 수행평가 중심으로 개편하고 학생에게 이수과목 선택권을 폭넓게 부여해서 다양성을 불어넣어야 했다. 그런데 교과 구조는 거의 그대로 유지한 채 비교과를 잔뜩 붙여놓으니 '전형요소의 복합성'이 커져 부담이 가중되고 '기회의 불평등'이 심해져 불공정하다는 비판도 받게 된 것이다.

　다행히 2018년 정부는 대입 공론화를 통해 소논문을 2019년 고1이 치르는 대입(2022학년도)부터 금지하기로 결정했다. 하지만 수상 경력은 계속 허용하되 학기당 1건만 활용 가능하도록 제한하는 데 그쳤다. 그러다가 2019년 이른바 '조국 사태' 이후 11월에 발표한 '대입제도 공정성 강화방안'을 통해 소논문·수상 이력을 포함한 모든 비교과를 배제하며 이를 2021년 고1이 치르는 2024학년도 대입부터 적용한다고 발표한다. 2017년 8월에 발표했어야 마땅한 조치를 '대입 대(大)논쟁'을 겪고 나서 2019년 11월에야 발표한 것이다.

흔히 대입제도가 자주 바뀐다고 개탄한다. 하지만 사람들이 모든 변화를 싫어하는 것은 아니다. 뭔가 새로운 것을 더하는 '더하기 개혁'은 싫어하지만, 이명박정부처럼 '빼기 개혁'을 하면 부담과 불안감이 오히려 감소한다. 죽음의 트라이앵글을 해체한 것은 '빼기 개혁'의 대표적 사례였다. 비교과 비중을 낮추거나 배제하는 것도 일종의 '빼기 개혁'이다.

2019년 2월에는 미래 대입제도로 수시모집과 정시모집을 통합하여 '수능+내신+비교과+면접'으로 선발하자는 제안이 두 군데서 나왔다. 하나는 시도교육감협의회 산하 대입제도개선연구단이 발표한 안이고, 또 하나는 국가교육회의 위원인 김경범 서울대 교수가 발표한 안이다. 현재 정시모집에서 시행하는 수능 전형은 없애고, 학종의 요소인 내신과 비교과에 수능과 면접을 더해 수시+정시 통합으로 선발하도록 하자는 것이다. 한마디로 '죽음의 트라이앵글'을 능가하는 '죽음의 스퀘어(사각형)'를 만들자는 얘기다. '더하기 개혁'의 끝판왕이라 할 만하다.

물론 서울대를 비롯한 최상위 대학의 학종 구술면접에는 이미 본고사를 방불케 하는 문항이 출제되고 있다. 하지만 구술면접 대비 사교육이 그리 발달하지는 않았다. 구술면접을 치르는 대학이 최상위 몇 개밖에 없는데다가 1단계 서류전형을 통과해야만 구술면접을 볼 수 있으므로 구술면접을 치르게 될지를 미리 알 수 없다. 지원자는 1단계를 통과했음을 확인한 이후에야 부랴부랴 단기 사교육 프로그램을 찾는 수준이다. 하지만 구술면접이 광범위한 학생들이 치러야 하는 '보편적' 전형요소가 된다면 자연히 이에 대비하는 본격적인 사교육 상품이 등장하고 수요가 크게 증가할 것이다.

'죽음의 트라이앵글'이 왜 나왔는가? 수능도, 내신도, 논술도 나름대로 타당성이 있는 요소이기 때문이다. 그래서 그걸 합산하니 '죽음의 트라이앵글'이 되었다. 학종이 왜 나왔는가? 내신도, 비교과도, 수능(최저학력기준)도 나름대로 타당성이 있는 요소이기 때문이다. 그래서 그걸 다 반영하면 된다는 생각에서 학종이 탄생했다. 하지만 교육적 타당성이 있다는 이유로 전형요소들을 동시에 여러 가지 반영하는 것은 부담을 늘리고 사교육을 자극한다. 백보 양보해서 '교육적'으로 타당하다고 주장할 수 있을지 몰라도 '정치적'으로 위험하다. 국민이 원하는 것은 '더하기 개혁'이 아니라 '빼기 개혁'이다.

그런데 오히려 지금보다 더 복잡한 대입제도가 제안되는 걸 보면 의아해진다. 왜 이럴까? 이들이 '대학 자율'을 내면화하고 '입시 위주 교육'을 관성적으로 비판하는 자신들만의 교육학에 갇혀 있기 때문이다. 그리고 상위권 대학에 진학하려는 경쟁의 원인을 제대로 보지 못한 채 사람들이 비합리적인 '학벌 경쟁'에 빠져 있다며 백안시하기 때문이다. 나는 이러한 관점을 '갈라파고스 교육학'이라고 부른다. 갈라파고스 교육학을 믿는 사람들은 종종 '학종은 좋은 제도인데 계층 상승 욕망에 사로잡힌 대중에 의해 오염되었다'고 주장한다. 한심한 생각이다. 무엇보다 이들은 경쟁의 원인인 '대학 서열'이 관념적인 것이 아니라 물질적인 것임을 고려하지 않는다.

10장
대학 서열은 물질적인 것

대입 경쟁의 진정한 원인은 무엇일까? 대학 서열화의 주범은

학벌주의, 학생 서열화인가? 학벌주의와 능력주의 비판의

함정은 무엇이며 학생들을 서열화하는 것이 과연 악의 근원인가?

교과 경쟁은 왜 비교과 경쟁으로 확장되었는가?

2019년 교육 시민단체인 '사교육걱정없는세상'에서 나에게 토론회 발제를 의뢰한 적이 있다. 앞 순서의 발제자는 수능 창시자로 불리는 박도순 고려대 명예교수였다. 그는 '변별력'에 매달리는 세태를 비판하며, 수능시험에서 작은 점수 차이는 통계적으로나 교육적으로 의미가 없다고 강조했다. 그 말은 타당하며 나도 동의하지만, 정곡을 한참 비켜간 발언이었다. 경쟁은 '변별'이나 '시험' 때문에 일어나는 것이 아니라 '격차' 때문에 일어나는 것이기 때문이다. 내가 발제할 차례가 되자 나는 청중에게 도발적으로 물었다. "여러분, 서울대하고 연고대 중 어느 쪽이 더 좋은 대학인가요?" 좌중이 꿀 먹은 벙어리가 되었다.

결과가 가져오는 격차가 대입 경쟁의 진정한 원인

서울대가 연고대보다 좋은 대학이다. 가장 강력한 증거는 '학생 1인당 교육비'다. 학생이 대학에 내는 등록금이 아니라 대학이 학생에게 투입하

는 비용이다. 2018년 기준 서울대는 4,475만 원인데 연세대는 3,173만 원이다. 서울대가 연세대에 비해 학생 1인당 40% 이상 더 많은 교육비를 투입하는 것이다. 그러니 서울대가 연세대보다 교육의 질이 더 높지 않겠는가? 한양대는 2,190만 원, 중앙대는 1,584만 원이다. 전체 4년제 대학 중 가장 적은 대학은 800만 원대여서 서울대의 1/5 정도에 불과하다. 어쨌든 대학들 사이에 격차가 매우 크고 이 순서가 잘 알려진 '서연고 서성한 중경외시…' 대학 서열과 잘 들어맞는다. 참고로 전체 4년제 대학 평균은 1,567만 원이고, 거점 국립대 가운데 서울대를 제외하고 가장 액수가 높은 대학은 부산대로 1,822만 원이다.

서울대가 좋은 대학임을 보여주는 또 하나의 증거는 '전임교원 1인당 학생 수'다. 서울대 13.7명, 연세대 18.1명, 한양대 21.9명, 중앙대 27.7명, 부산대 22.3명이다. 법정 정원수 기준으로 계산한 값인데 실제 재학생 수 기준으로 계산하면 이보다 약간 늘어난다. 어쨌든 대학들 간에 상당한 격차가 있으며, 통념적인 대학 서열과도 들어맞는다.

이 통계치는 대학 정보 공시 사이트인 '대학알리미'에 공개된 것인데, 완벽한 수치는 아니다. 무엇보다 학생 수에 학부생과 대학원생이 더해져 있다. 따라서 대학원의 규모가 클수록 학부생 1인당 교육비도 덩달아 커 보이는 착시현상이 발생한다. 또 의대는 다른 단과대에 비해 교수 1인당 학생 수가 상당히 적으므로 소속 대학의 전체 평균값을 끌어내리는 착시효과를 낸다. 아울러 교육비에 포함된 세부 항목들이 교비 회계, 산학협력단 회계, 도서구입비, 기계기구매입비 네 가지인데 이것들이 모두 진정한 '교육비'인지 의심스러운 부분도 있다. 이러한 요인들을 보정해 '진정한 학부생 1명당 교육비'를 산출한다면 격차가 다소 줄어들 것이다. 하지만 여전히 대학들 간에 상당히 큰 격차가 있을 것임은 분명하다.

왜 한국에서는 의대에 가려는 또는 공무원이 되려는 경쟁이 치열한 가? 의사 또는 공무원이 되느냐 못 되느냐에 따른 결과의 격차(생애소득과 안정성)가 크기 때문이다. 즉 경쟁은 시험이나 변별이나 학생 서열화 때문에 발생하는 것이 아니라 '결과의 격차' 때문에 발생하는 것이다.

따라서 경쟁을 완화하려면 '결과의 격차'를 축소해야 한다. 금메달은 10만 원, 은메달은 3만 원, 동메달은 1만 원을 받게 된다면 경쟁이 격렬할 수밖에 없다. 반면 금메달은 10만 원, 은메달은 8만 원, 동메달은 6만 원을 받게 된다면 경쟁 강도가 완화되고 사회적 비용과 스트레스가 줄어들 것이다. 시장 경쟁은 격렬해서 나쁠 것이 없지만(소비자 후생 측면에서), 교육 경쟁이 격렬해지면 청소년기 정신건강과 부모의 노후 준비에 악영향을 미친다. 특히 한국에서 교육 경쟁은 저출산의 주요한 원인으로 꼽힐 정도다. 따라서 반드시 교육 경쟁의 강도를 낮춰야 한다.

한국에서 대입 경쟁이 극심한 이유는 무엇인가? 진학하는 대학에 따른 격차가 크기 때문이다. 약간의 차이로 4,400만 원어치 서비스를 받을 기회, 3,100만 원어치 서비스를 받을 기회, 1,500만 원어치 서비스를 받을 기회가 엇갈린다면 교육 경쟁은 격렬할 수밖에 없다. 변별력이 강조되는 것도 사람들이 차별을 좋아해서가 아니라 결과의 격차가 크기 때문이다. 문과 계통 전공에서는 교육의 질이 얼마나 다른지 실감하기 어려울 수도 있다. 하지만 이공계와 의약계열에서는 사용하는 실험·실습 기자재의 수준과 사용빈도 등에서 대번에 격차가 실감된다.

대학 서열화의 원인으로는 다음 다섯 가지를 꼽을 수 있다.

■ 한국의 대학 서열 원인

① 교육 여건: 학생 1인당 투입 교육비, 학생 대 교수 비율, 교육 프로그램의 질과 수준 등

② 후광효과(halo effect): 재학 중이거나 졸업한 대학의 사회직 평판에 의한 영향

③ 네트워크효과(network effect): 동문 인맥으로 인한 사회적 유·불리

④ 지리적 위치(인서울효과): 서울에 소재한 이른바 인서울(in서울) 대학이 선호됨

⑤ 동료효과(peer effect): 재학 중 소속 집단에 의한 영향. '또래효과'라고도 함

①~⑤ 중에서 가장 중요한 것은 무엇일까? 단연코 ① 교육 여건이다. 그리고 이를 잘 보여주는 것이 앞에서 언급한 '학생 1인당 교육비' 통계다. 교육 여건을 충실히 확보해 대학을 설립하자마자 최상위 대학이 된 사례들이 있다. 1980년대의 포항공대(포스텍)와 1990년대의 한국예술종합학교(한예종)가 대표적이다. 신생 대학이어서 학벌효과(②과 ③)가 전혀 없는데도 단시간 내에 최상위권 서열의 대학이 되었다. 최근의 광주과학기술원(GIST), 대구경북과학기술원(DGIST), 울산과학기술원(UNIST) 등도 생긴 지 얼마 되지 않았는데 연고대와 서성한 사이 정도의 랭킹으로 인정된다. 이 중에서 포항공대와 GIST·DGIST·UNIST는 포항·광주·대

구·울산에 소재하기 때문에 인서울효과(④)도 없었다. 대학 서열화를 일으키는 가장 중요한 요인이 재정과 교육 여건임을 잘 보여주는 증거다.

특히 한예종의 사례에 주목할 필요가 있다. 예술계에 학벌이 상당히 심하기 때문이다. 지금도 서울대 미대 출신과 홍대 미대 출신 간의 알력은 유명하다. 그런데 이런 예술계에서 한예종이 개교하고 얼마 되지 않아 이들과 어깨를 나란히 하는 최상위 대학이 되었다. 학벌주의가 그토록 대단한 것이라면 절대 불가능한 일이다. 이런 대학들이 개교하자마자 높은 대학 서열을 차지하게 된 것은 오로지 재정 투자로 확보한 우수한 ① 교육 여건으로 설명할 수 있다.

대학 서열화가 학생 서열화(성적순 선발) 때문이라는 주장이 있다. 성적순으로 선발하면 대학 서열이 합격자의 합격선(커트라인) 순서로 명확히 드러나게 된다. 하지만 그렇다고 해서 학생 서열화(성적순 선발)가 대학 서열화의 '원인'이라고 말할 수 있는가? 핀란드, 스웨덴, 독일(일부 전공) 등의 대학에서 지원자들을 성적순으로 줄 세워 선발하지만 그렇다고 해서 대학이 서열화되지는 않는다.

예를 들어 학종으로 '학생 서열'을 흐트러뜨리면 대학 서열이 완화될까? 학종이 확대되면서 '한양대에는 불합격했는데 고려대에는 합격했다'는 식의 경험담이 늘고 있다. 성적만이 아니라 그밖의 다양한 자료를 종합적으로 평가하므로 이런 일이 벌어질 수 있다. 하지만 그렇다고 해서 지원자들이 선호하는 대학 순서가 '서연고 서성한 중경외시…'에서 벗어날 조짐이 보이는가? 전혀 그렇지 않다.

대학 서열이 우리 '믿음'이라면 우리가 그저 마음을 고쳐먹으면 된다. 하지만 대학 서열은 물질적인 것이고, 그중에서 가장 중요한 것은 ① 교육 여건이다. 큰 물질적 격차는 강력한 '경쟁의 자기장'을 만들어낸다. 이런 상황에서 '시험만으로 선발하는 게 문제가 있다'는 이유로 전형요소들을 추가하면 철인 5종 경기가 철인 10종 경기가 되어버리는 식으로 경쟁 종목이 늘어나서 부담과 사교육을 늘린다.

대학 서열화가 학벌주의 때문이라는 주장도 엉터리다. 학벌주의는 대학 서열의 원인이 아니라 결과이기 때문이다. 학벌주의는 이름값과 학연, 즉 ② 후광효과와 ③ 네트워크효과로 구성된다. 그런데 이 두 가지를 배제한다 할지라도 나머지 요인(특히 ①)으로 인한 대학 간 격차가 매우 크다. 그리고 이 같은 격차와 졸업자가 취업 후 보여주는 평균적인 능력 차이가 기업에서 신입사원을 선발할 때 출신 대학을 중요한 '스펙'으로 간주하는 근거가 된다.

서울대 출신이 학벌을 형성하게 된 계기를 살펴보면 대학 서열화와 고시제도가 결합해 '정부의 학벌'을 만들고, 이것이 정부주도 경제에서 '민간의 학벌'로 확장된 것이다. 참고로 최근 20년간 대학 서열에는 별다른 변화가 없는데도 학벌주의는 조금씩 완화되고 있다. 한국의 국가권력과 경제구조가 변화했기 때문이다. 여기에 대해서는 3부에서 자세히 설명하기로 한다.

대학 서열의 원인이 학벌주의와 같은 사람들의 '의식'이나 '믿음' 때문이라는 시각은 대중의 의식을 개혁하면 경쟁을 줄일 수 있을 거라는 그릇된 결론으로 이어진다. 이러한 생각은 진보/보수 할 것 없이 한국 사회에 광범위하게 퍼져 있다. 그래서 결국 대중의 의식을 깨우치는 '의식개혁론'으로 경도되거나, 대중의 명문대 선호와 계층 상승 욕망을 비난하는 도덕주의로 귀결된다. 물론 의식개혁론이나 도덕주의의 귀결은 대중과의 불화 그리고 좌절과 무력감이다. 원인 진단 자체가 근본적으로 잘못되었기 때문이다.

학벌주의·능력주의 비판의 함정

대학 서열상 되도록 상위 대학에 진학하라고 격려하는 것은 도덕적으로 비난받을 일인가? 상위 대학에 진학할수록 ① 교육 여건이 좋을 뿐만 아니라 아울러 긍정적인 ⑤ 동료효과도 얻을 수 있다. ④ 서울에 있는 대학에 진학할 경우 세계적 메가시티인 서울이 제공하는 기회와 매력도 맛볼 수 있다. 학벌효과라고 할 수 있는 ② 후광효과나 ③ 동문네트워크는 말할 것도 없지만 설령 이를 제외한다 할지라도 상위 서열 대학에 진학하려는 욕구에는 충분히 합리적인 이유가 있는 것이다.

앞에서 언급했듯이 이 중에서 가장 중요한 것은 ① 교육 여건이다. 심지어 학벌(②과 ③)이 전혀 없는 포항공대나 한예종 등의 신생 대학도 ① 교육 여건을 잘 갖춰 최상위 대학이 되곤 한다. 그럼에도 갈라파고스 교육학을 믿는 사람들은 대중이 명문대를 선호하는 이유를 '학벌 추구'로 단정하거나 '계층 상승 욕망'을 비판한다. 이런 태도는 경쟁의 원인을 냉정하게 파악하고 문제를 해결해가는 데 오히려 장애로 작용한다.

학벌주의 비판뿐만 아니라 능력주의 비판도 유사한 함정에 빠지곤 한다. 예를 들면 왜 그토록 많은 청년이 공무원이 되고자 하는가? 그것은 공무원이 되느냐 못 되느냐에 따른 '결과의 격차'가 매우 크기 때문이다. 경쟁을 일으키는 요인은 변별력이나 학생 서열화(성적순 선발)가 아니라 '결과의 격차'다. 이러한 원리를 살피지 않고 시험과 능력주의를 비판하는 것은 주객이 전도된 것이다.

물론 차별을 정당화하기 위해 능력주의를 동원하는 경우가 종종 존재한다. 따라서 능력주의를 경계하는 태도도 나름 필요하다. 하지만 능력주의(meritocracy)의 반대말은 엽관제(spoils system), 즉 친하거나 대가를 지불하는 사람에게 자리를 주는 것이다. 엽관제가 바람직하다고 생각하는 사람은 없을 것이다. 따라서 비판의 타깃이 능력주의 자체가 되어서는 곤란하다. 그보다는 능력주의에 따라 만들어진 구체적인 선발 방식이 타당한지, 그리고 선발 여부에 따른 불평등(격차)이 지나치게 크지는 않은지를 따져야 한다.

공무원 선발과 관련해 비판되어야 하는 지점은 두 가지다. 첫째는 선발 방식의 타당성이다. 특히 지나치게 세부적인 암기를 요구하는 시험 문항들은 공무원으로서 자질을 판단하는 데 부적합해 보인다. 둘째는 높은 경쟁 강도다. 공무원이 되기 위한 경쟁이 과열되고 이에 따른 사회적 부작용이 크다. 그런데 이것은 공무원 선발 방식으로 인한 문제가 아니라 합격 여부에 따른 '결과의 격차'가 매우 심하기 때문에 나타나는 현상이다. 따라서 이를 바로잡으려면 노동시장의 구조와 사회안전망에 전체적인 변화가 필요하다. 이를 분간하지 않고 능력주의 일반에 대한 비판으로 비화시키면 대안은 미궁으로 빠져버린다.

학생 서열화가 악의 근원인가?

학생 서열화에는 두 가지가 있다. 하나는 '상대평가'이고 또 하나는 '성적순 선발'이다. 상대평가는 이수자를 서열화하거나(내신) 응시자를 서열화하는데(수능), 앞에서 거론했듯이 합리적 과목 선택을 방해할 뿐만 아니라 특히 내신 상대평가는 학생들을 소집단 내에서 제로섬 경쟁을 하도록 만드는 비교육적인 제도다. 이는 체감 경쟁 강도가 높고 협력적 인성의 형성을 방해한다. 반면 성적순 선발은 '지원자 서열화'다. 많은 나라에서 대입 선발에 사용하는 방법이고 교육적으로 나쁘다는 증거도 없다. 그런데 갈라파고스 교육학은 이수자 서열화(내신 상대평가)에는 관대하고 지원자 서열화(성적순 선발)에는 적대적이다. 기묘하게 전도된 가치관이다.

독일은 대학 서열이 별로 없는 나라로 흔히 '대학들이 평준화되어 있다'고 일컬어진다. 이때 평준화란 대학들의 교육 여건이나 교수진 수준 등이 큰 격차가 없이 비교적 고르다는 뜻이다. 그런데 대학이 평준화된 독일에서도 인기 학과의 경우 입시 성적과 내신 성적을 합산해 주로 성적순으로 선발한다. 의학, 치의학, 약학, 수의학은 모든 대학에서 정원을 제한해 선발하며 법학, 경제학, 심리학, 생물학 등도 상당수 대학에서 정원을 제한하여 선발한다. 이런 전공으로 입학하려면 높은 성적이 필요하고 상당한 경쟁이 벌어진다.

독일의 의대에서는 모집정원 20%에 '대기 입학'이라는 독특한 제도를 시행한다. 예를 들어 병원에서 간호사로 일하며 의대 선발에 대기자로 등록해놓으면 대기한 기간에 비례해 가산점을 준다. 따라서 충분한 기간 대기하면 의대에 입학할 수 있다. 하지만 이것도 성적순 선발이라는 큰 틀을 뒤엎는 수준은 아니다. 모집정원 일부에만 해당할 뿐 아니라 대기 기간에 상응하는 가산점을 더해주는 방식이기 때문에 성적순 선발의 근본을 해치는 것은 아니다.

여기에서 인상적인 예외가 있는데 바로 프랑스다. 프랑스는 1968년 혁명이 일어날 뻔한 격변을 겪는 와중에 '포르 개혁안'이라는 대학 개혁안을 통과시키고 이에 따라 1971년 대학을 평준화했다. 프랑스의 대학 평준화는 진보 정부가 아니라 보수 정부의 작품이다. 1968년 당시 대통령은 드골이었고 총리는 드골의 후계자로 불린 퐁피두였다.

대학평준화를 '대학들의 수준이 비슷하다'는 의미로 이해한다면 프랑스뿐만 아니라 독일 등 여러 유럽 국가도 대학평준화가 되었다고 볼 수 있다. 그런데 프랑스는 대학평준화에 더해 입학 여부를 결정하는 방식도 매우 특이하게 설계했다. 입시(바칼로레아)에서 낙제점만 넘으면 지원자를 무조건 입학시키는 것이다. 독일의 대학에도 일정 수준 이상만 되면 입학할 수 있는 전공들이 많은데, 프랑스에서는 '모든' 전공에 정원 제한이 없다. 2009년부터 특정 대학에 학생들이 지나치게 몰리는 경우 불가피하게 추첨을 하기는 하지만 입학자를 선발(selection)하지는 않는다.

흔히 프랑스에 엘리트 교육기관인 그랑제콜(Grandes Écoles)이 있기 때문에 프랑스에서 진정한 '대학평준화'가 이루어진 게 아니라고들 한다. 이 지적은 맞다. 그랑제콜을 고려하면 진정한 대학평준화가 이루어진 나라는 프랑스가 아니라 독일이라고 봐야 한다. 하지만 그랑제콜은 분야별로 소수의 엘리트를 양성하기 위한 교육기관으로, 예를 들어 의사·변호사 등 인기 있는 전문직업인이 되려면 그랑제콜이 아니라 일반 대학을 다녀야 한다.

그랑제콜은 엄밀히 말해 대학(학부)이 아니다. 고등학교를 졸업한 뒤 프레파(Prépas)라는 그랑제콜 준비반에 지원해 2년간 다니고 다시 그랑제콜에 지원해 어려운 시험을 통과해야 그랑제콜에 입학한다. 프레파에 진학할 때부터 치열한 경쟁이 존재하며, 만일 프레파를 졸업했지만 그랑제콜에 불합격하면 대학 마지막 학년인 3학년(유럽의 대학은 3년제가 많다)

으로 편입할 수 있다. 이런 점에서 그랑제콜은 학부라기보다는 대학원에 가까워 보이기도 하는, 프랑스에만 있는 특이한 엘리트 교육기관이다.

프랑스 대학 교육의 진정으로 어두운 면은 대학에 다니다가 진급 시 탈락하는 학생들이 많다는 것이다. 대학에 입학한 학생들 가운데 30% 가량이 중도 탈락하며 의대의 경우 2학년 진급 시 80% 이상이 탈락한다. 탈락 기준은 '성적순'이다. 이는 '모집정원'과 '선발'을 배제한다는 것이 얼마나 어려운 일인지를 보여준다. 독일에서도 일부 인기 학과는 입학정원을 정해놓고 '선발'하지만, 나머지 전공들은 성적이 일정 수준 이상인 지원자들을 모두 입학시킨 후 진급 과정에서 탈락시키는 경우가 많다. 특히 자연과학 및 공학 계열 학과들은 중도탈락률이 40~50%대에 달한다. 그래서 독일에서도 프랑스처럼 중도탈락자 문제가 나타난다. 이들은 학업을 포기하거나 전문대나 직업훈련기관 등에 들어간다.

나는 성적순 선발만이 올바르다고 주장하는 것이 아니다. 예를 들어 교사가 학생부에 적어주는 세특을 고려하거나 저소득층을 배려해 성적순 선발에서 이탈하는 것 등에 찬성한다. 4부에서 거론하겠지만 일부 전공에서 소득별 쿼터제도 도입해야 한다고 주장한다. 하지만 학생 서열화를 대학 서열화의 원인으로 간주하고 학생 서열화를 완화하기 위해 비교과를 추가하는 식의 갈라파고스 교육학은 근본적으로 경쟁이 왜 벌어지고 선발이 왜 불가피한지를 이해하지 못하고 있다. 이런 발상이야말로 '교과 경쟁'을 '비교과 경쟁'으로 확산시킨 주범이다.

기회 불평등의 원인, 비교과 경쟁

학종은 전형요소가 복잡해서 부담과 사교육을 늘린다. 비교과에서 벌어지는 '기회 불평등' 문제도 심각하다. 이 문제에 대응하여 교육부는 입학사정관제 시절부터 비교과를 꾸준히 줄여왔고, 2019년 '조국 사태'를 겪고 나서는 마침내 비교과를 전면 폐지하겠다고 발표했다. 이는 2021년 고1(2024학년도 대입)부터 적용된다.

여기서 딜레마가 발생한다. '기회의 평등'을 고려하면 비교과를 축소하거나 삭제해야 하는데, 비교과를 계속 깎아내다 보면 대학이 학종 지지를 유보하거나 철회할 가능성이 있다. 상위권 대학들은 전통적으로 내신 성적을 불신해왔으므로 이들에게 비교과는 중요한 자료다. 예를 들어 2018년 대입 공론화 과정에서 '학종에서 교내 수상 경력을 삭제하자'는 주장이 있었다. 그런데 6월에 진행된 전문가 토론회 자리에서 대학 측 입장을 대변한 반론이 나왔다. "수상 경력을 없애면 학종이 유명무실해질 우려가 있다"는 것이었다.

학종의 또 하나 구조적 불안정성은 2025학년도 고1로 예정된 고교학점제가 도입되면서 내신 상대평가가 절대평가로 전환될 예정이라는 점이다. 이렇게 되면 학종의 장점으로 여겨진 형평성, 즉 내신 상대평가에 따른 '균등 선발효과'가 사라진다. 2028학년도 대입에서 나타날 문제다.

문재인정부는 고교학점제를 대선 공약으로 표방했고 2017년 12월에 고교학점제 시행을 발표했지만, 2018년 8월 대입 공론화 결과를 발표하는 자리에서 고교학점제 '연기'를 선언했다. 문재인정부 마지막 해인 2022년 고1부터 실행할 예정이었던 것을 다음 대통령 집권 중반기인 2025년 고1부터 실행하는 것으로 연기한 것이다. 이렇게 된 배경에는 고교학점제에 대한 일부 교원단체의 반발도 작용했지만 그보다 '균등 선발효과'가 붕괴되어 특목고·자사고 및 강남으로 쏠리는 현상이 심화될 것을 우려했기 때문이다.

갈라파고스 교육학은 이 지점에서 막다른 골목으로 몰린다. 대입 경쟁은 학벌주의나 학생 서열화 때문에 벌어지는 것이 아니라 대학들 간의 교육 여건에 심각한 격차가 있기 때문에 나타나는 것이다. 이를 근본적으로 개선하지 않은 채 이른바 '공교육 정상화'를 추진하는 것은 비록 가치 있는 일이지만 근본적인 한계가 있다. 이런 환경에서 '학생 서열화'를 완화한다는 취지로 도입한 학종은 교과 경쟁을 비교과 경쟁으로 확장해 학생들의 부담을 가중하고 사교육을 늘린다. 그렇다고 해서 비교과를 축소하거나 삭제하면 학종을 늘려온 대학 측 지지도가 약해진다. 그리고 학종의 긍정적 측면인 '균등 선발효과'는 내신 상대평가에 의해 발생하는 것인데 이것은 고교 교육을 다양화·선진화하려는 고교학점제 정책과 정면으로 상충한다.

나는 갈라파고스 교육학을 믿는 사람들에게 외친다. 여기가 로도스다. 여기서 뛰어라.

한국은 왜 이렇게 교육열이 높고 치열한 교육 경쟁을 겪어왔는가? 이에 대해 두 가지 해석이 제기되어왔다.

가장 널리 퍼진 해석은 교육 경쟁의 원인을 한국의 역사와 문화에서 찾는 것이다. 공부를 통해 성공하고 계층 상승을 이루려는 욕망이 강한 것은 유교와 양반계급, 과거제도 등에서 비롯한 한국인의 문화적 DNA라는 것이다. 하지만 이러한 해석은 조선 후기와 해방 직후 문맹률이 80%에 달했던 데서 알 수 있듯이 사람들이 대부분 교육열과 무관한 삶을 살았고, 20세기 중반 한국만이 아니라 대만과 일본에서도 교육 경쟁이 치열했음을 고려하면 설득력이 떨어진다. 특히 일본은 유교나 과거제도로 설명할 수 없는 사례다.

교육 경쟁이 '문화' 때문이라는 설명은 설득력이 떨어질 뿐만 아니라 해결책을 찾기도 어렵게 만든다. '문화를 바꾸자'는 것이 제1목표가 되면 그 귀결은 '의식개혁 운동'이 되어버리고, 자신이 바라는 대로 의식을 바꾸지 않는 대중의 욕망(또는 '중산층의 욕망')을 탓하는 도덕주의로 기운다. 한편으로는 대중의 행태에 대한 적대감이 커져가고, 다른 한편으로는 해결 불가능한 장벽 앞에서 좌절감이 누적된다.

한편 진보 교육계는 교육 경쟁의 원인으로 신자유주의로 인한 '교육의 시장화'를 지목해왔다. 신자유주의라는 개념은 최근 들어 교육 경쟁의 양상이 바뀐 것을 설명하는 데는 도움이 된다. 그런데 신자유주의가 한국사회에 영향을 준 것은 대략 1990년대 이후인 반면 한국의 치열한 교육 경쟁은 그보다 훨씬 오래전에 시작되었으므로 신자유주의로 한국 교육 경쟁의 전모를 밝히기는 불가능하다.

과도한 교육 경쟁으로 인한 학습노동과 사교육비 문제는 어제오늘 이야기가 아니라 20세기 중반부터 지속되어온 일이다. 그런데 한국의 교육 경쟁이 왜 이렇게 격렬한지에 대해 설득력 있는 설명은 제시되지 않았다. 이제 교육 경쟁에 대한 통념적 해석에서 벗어나 냉정하고 건조한 시각으로 교육 경쟁의 자연사(natural history)를 들여다봐야 한다.

3부
교육 경쟁은
어디서 비롯했나

11장
교육열의 원천은 가난이 아니라 평등이다

한국 교육열의 원천은 결코 가난이 아니다. 체제 대결의 선물인
농지개혁과 그로 인한 소자산가의 평등, 이것이 논을 팔아
자식을 대학에 보낸 교육열의 원천이었다. 그렇다면
경쟁이 나쁘기만 한 것인지 부정적 측면과 긍정적 측면을 살펴본다.

한국은 매우 가난하고 자원도 없기 때문에 교육에 몰입했다는 믿음이
널리 퍼져 있다. 하지만 이것은 일종의 신화일 뿐이다. 무엇보다 한국보
다 가난한 나라가 많았다. 본격적인 경제성장 이전인 1960년의 1인당
GDP를 비교해보면 인도가 84달러, 중국이 92달러, 태국이 101달러인
데 한국은 155달러였다. 아시아의 저개발 국가들 가운데 한국은 적어도
중위권에 속했다. '가난해서 노력한 것'이라면, 이 나라들이 한국보다 더
노력했어야 하지 않을까? 한국 교육열의 원천은 결코 '가난'이 아니다.

체제 대결의 선물, 농지개혁
한국인의 집단적 기억 속에 그토록 강렬한 '가난'이 자리 잡은 이유는
뭘까? 첫째로 한국전쟁 시기에 겪은 집단적 고난의 기억, 둘째로 경제
성장을 '처절한 가난에서 벗어나기 위한 민족적 노력'으로 정당화한 사
회적 서사, 셋째로 워낙 고속으로 압축성장하다 보니 아직도 빈곤을 기

억하는 인구 비율이 높다는 점 등이 이유일 것이다. 한국인의 믿음과 달리 객관적 수치를 보면 1960년 한국의 1인당 소득은 중국, 인도, 태국보다 높은 수준이었다. 이후 한국의 1인당 소득은 1965년에 필리핀을, 1980년대에 말레이시아를, 2000년대에 대만을 추월한다.

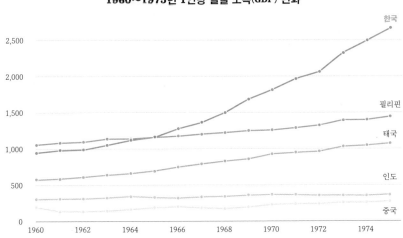

1960~1975년 1인당 실질 소득(GDP) 변화

1960년대에는 환율 변동이 심해서 한국의 1인당 명목소득 통계를 보면 널뛰기가 심하다. 따라서 1인당 실질소득을 비교할 필요가 있다. 2010년 달러화 고정가치 기준. 출처: 세계은행 홈페이지.

치열한 대입 경쟁은 한국에 국한된 현상도 아니다. 대만과 일본에서도 20세기 중반부터 엄청난 대입 경쟁이 벌어졌다. 세 나라에서 유사한 현상이 나타난 이유는 무엇일까? 무엇보다 한국·대만·일본에서 강력한 농지개혁이 이뤄져 자산(땅)이 비교적 고르게 분배되었고 이로써 교육 경쟁에 참여할 수 있는 사람들이 유난히 많았다.

이 모든 것은 마오쩌둥이 이끈 중국 공산주의 혁명에서 시작된다. 마오쩌둥은 도시 노동자층보다 농촌 소작농들의 지지에 힘입어 혁명을 성공시켰다. 소작농이 지주에게 납부하는 소작료는 심지어 소출의 80%에 달하는 경우도 있었다. 공산당은 이들에게 농지개혁, 즉 지주가 소유한 땅을 나눠줄 것을 약속했다.

1945년 제2차 세계대전이 끝난 뒤 중국 내전이 재발하고 1947년이 되면 공산군이 국민당군을 몰아붙여 승기를 잡는다. 미국 정부는 혁명의 여파가 주변 국가들로 퍼지는 것을 막기 위해 중국과 인접한 한국, 대만, 일본에 강력한 농지개혁을 지시했다. 일본은 미국의 군정 치하였으므로 군정사령관 맥아더가 직접 농지개혁을 단행했고 한국은 이승만, 대만은 장제스가 책임을 맡았다.

이승만 대통령이 농지개혁을 위해 기용한 초대 농림부장관은 조봉암이었다. 11년 뒤인 1959년 진보당 당수로서 간첩으로 몰려 사형당한 바로 그 조봉암이다. 그는 1948년 정부수립 당시 공산주의에서 사민주의로 전향한 지 얼마 되지 않은 처지였는데도 이승만은 그를 초대 농림부장관으로 기용해 농지개혁을 이끌도록 했다.

농지개혁이 추진되자 지주들은 황급히 소작농이나 귀환동포에게 농지를 헐값에 팔았다. 농지개혁 대상 중 50% 이상이 농지개혁 시행 이전에 이미 매매되었다. 1949년 농지개혁법이 제정되고 1950년 3월 농지개혁법 시행령이 공표되자 지주는 농지 소유권을 넘기고 그 대신 연간 소출의 150%에 달하는 토지 채권(지가증권)을 받았다. 공교롭게 이 채권은 3개월 후 시작된 한국전쟁 와중에 인플레이션으로 가치가 폭락했다. 한국의 대지주는 이때를 기점으로 위세가 크게 줄어든다.

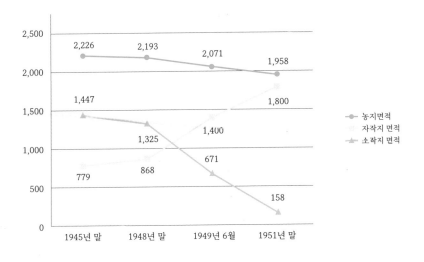

농지개혁 전후 소작지/자작지 변화

- 2,226
- 2,193
- 2,071
- 1,958
- 1,447
- 1,800
- 1,325
- 1,400
- 671
- 779
- 868
- 158

1945년 말   1948년 말   1949년 6월   1951년 말

- 농지면적
- 자작지 면적
- 소작지 면적

농지개혁법 시행 이전부터 적산이 분배되기도 하고 지주들이 소작농에게 농지를 헐값에 매도하기도 하면서 소작지 면적이 감소한다. 1951년이면 소작지가 대부분 자작지로 전환된다. 출처: 『농지 개혁사 연구』, 한국농촌경제연구원, 1989.

연간 소출의 150%는 지금으로 치면 식당을 운영하면서 매출의 30%를 5년간 건물주에게 주면 그 건물을 가지게 되는 셈이다. 어찌 보면 황당한 수준의 사유재산권 침해인데, 공산화를 막기 위해 미국이 일종의 '예방 혁명'을 단행한 것이다. 한국전쟁 와중에 이승만정부가 농지개혁에서 발을 빼려 하자 미국 정부는 이승만정부에 압력을 가해 강행시키기도 했다.

농지개혁이 이뤄지지 않았다면 어떻게 되었을까? 북한이 남침했을 때 소작농들이 봉기를 일으키거나 적극 호응했을 수 있다. 실제로 농지개혁에서 배제된 머슴들이 점령기 인민군에 협력하는 현상이 나타나기

11장 교육열의 원천은 가난이 아니라 평등이다

도 했다. 농지개혁이 없었다면 낙동강 전선에서 버티는 것이 가능했을까? 농지개혁은 한국 현대사의 숨겨진 분수령이라고 할 만한 사건이다.

논 팔아 자식을 대학에 보내다

다음 자료의 가로축은 '토지 균등 분배도'다. 즉, 오른쪽에 점이 찍히는 나라일수록 토지가 골고루 나눠진 것이고 왼쪽에 찍히는 나라일수록 대지주가 토지를 독점한 것이다. 1960년에 토지가 가장 균등하게 분배된 나라는 어디일까? 바로 한국이다. 당시 가장 중요한 산업은 농업이었고 가장 중요한 자산은 농지였다. 따라서 한국은 '자산이 가장 평등하게 분배된 나라'였던 셈이다. 농지개혁이 강력하게 이뤄진 동아시아 국가들이 그래프에서 한국 근처에 몰려 있다.

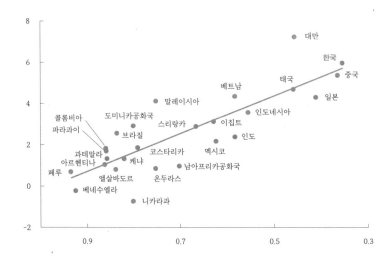

토지 분배도와 평균 경제성장률의 관계

'논을 팔아 자식을 대학에 보냈다'는 말이 있다. 이 말을 뒤집어보면 '팔 논이 있었다'는 얘기다. 한국은 논을 팔아 대학까지 보낼 수 있는 자영농들이 전 세계에서 가장 높은 비율로 존재하는 나라였다. 어린 자녀가 똑똑하고 공부를 잘하면 가지고 있는 자산(농지)을 처분해서 아이를 대학까지 보내는 것이 가능했던 것이다. 이처럼 평등하게 분배된 자산은 교육열의 강력한 원천이 되었다. 20세기 중반 한국·대만·일본에서 대입 경쟁이 치열했던 것은 우연이 아니다. 반면 필리핀이나 베네수엘라처럼 농지개혁이 이뤄지지 않은 나라에서 농민은 자녀가 아무리 똑똑해도 대학에 보낼 수 없었다. 자영농이 아니라 소작농이거나 농업노동자였기 때문이다. 그들에게는 자녀를 대학에 보낼 자산(땅)이 없었다.

토지를 유상으로 분배한 한국·일본·대만과 달리 사회주의권인 중국·북한은 토지를 무상으로 분배했다. 하지만 처분권이 제한되어 분배받은 토지를 팔 수 없었다. 그래서 중국과 북한의 농민들에게 농지는 자유롭게 활용 가능한 자산 역할을 하지 못했다. 그러다가 1950년대 중반 중국과 북한의 농지는 사유재산을 부정하는 농업 집산화 조치에 따라 집단농장으로 수용된다.

평등한 자영농의 사회는 한국인의 사고방식이나 문화에도 깊은 영향을 남겼다. 한국 사람들이 남들과 비교를 잘하고 질투가 강한 편인 것은 비교적 평등했던 과거의 유산일 것이다. '사촌이 땅을 사면 배가 아픈' 심리는 격차가 작은 사회에서 가능한 멘탈리티다. 사촌이 대지주라면 그가 땅을 늘린다고 해서 배가 아플 리 없다. 격차가 크면 부러워할지언정 질투심을 갖지는 않는다. 질투심은 비교적 차이가 적을 때 생기는 감정이다.

'노력하면 성공한다'는 생각도 전형적인 자영농의 사고방식이다. 자영농은 자기 땅을 잘 경영하고 열심히 일하면 소득을 늘릴 수 있다. 소작농이나 농업노동자에게는 불가능한 일이다. 자작농 문화에서 출발한 '노력하면 성공한다'는 믿음은 1960년대 이후 급속한 경제성장의 와중에 도시 지역으로 확산되었다.

교육열의 원천은 가난이 아니라 평등

이미 20세기 중반에 한국의 교육열이 유난히 높고 교육 경쟁이 심했던 이유로 세 가지를 꼽을 수 있다.

첫째, 공부를 중시하는 문화가 있었다. 과거제도는 시험을 치러 고위 관료를 선발하는 제도인데, 한국에서는 고려 광종 때인 958년부터 1894년 갑오개혁까지 900년 넘게 유지되었다. 이로써 공부가 중요하다는 관념이 뿌리 깊게 자리 잡았다.

하지만 문화적 전통이 결정적 요인이었는지는 의문이다. 조선 말기 문맹률은 90% 이상이었을 것으로 추정된다. 한자는 물론이고 한글도 읽지 못하는 사람들이 대다수였다. 해방 직후에도 문맹률은 80%가량이었다. 대다수가 한자, 가나, 한글 모두 읽지 못했다. 즉 예전에는 교육열이 소수 계층의 문화였을 뿐이다. 교육열을 문화로 설명할 때 부딪치는 또 하나의 의문은 일본이다. 일본은 오랫동안 무신계급이 지배했고 과거제도는 불과 몇 년간 시행되었다. 그런데 이런 일본에서도 20세기 중반 한국·대만과 마찬가지로 대입 경쟁이 심하게 나타났다.

나는 문화의 영향을 부정하지 않는다. 하지만 20세기 중반 이전의 높은 문맹률이나 일본의 사례 등을 고려해볼 때, 문화가 교육열의 결정적 요인인지는 의문이다. 공부를 중시하는 문화가 불씨 역할을 하긴 했지만 교육열과 대입 경쟁이 치열해진 것은 그 불씨에 농지개혁이라는 기름이 끼얹어졌기 때문이라는 게 적절한 설명일 것이다.

둘째, 경쟁에 참여할 수 있는 자산 소유자가 많았다. 농지개혁 이후 자영농으로 대표되는 소(小)자산가 비율이 매우 높았고 이들은 자산(땅)을 활용해 교육 경쟁에 참여할 수 있었다. 100m 달리기에 비유하면 다른 나라에서는 출발선에 10명이 서 있는데 한국·대만·일본에서는 20명이나 30명이 서 있는 셈이니 자연히 경쟁이 격렬했다.

교육열의 원천은 가난이 아니라 '평등'이었다. 프롤레타리아의 평등이 아니라 프티부르주아(소자산가)의 평등, 논을 팔아 자식을 대학에 보낼 수 있는 사람들의 평등이다. 어떤 사람들은 '개천에서 나는 용에만 주목해서야 되겠느냐'고 일갈한다. 그런데 한국의 개천은 애초에 썩은 물이 흐르는 시궁창이 아니라 꽤 살 만한 곳이었고, 무엇보다 개천이 다른 나라보다 많았다. 물이 맑고 먹이가 풍부한 개천이 그리 많으니 당연히 용이 많이 나올 것 아닌가?

교육 경쟁에 참여하는 사람들은 1960년대 본격적인 경제성장이 시작되면서 계속 증가했다. 자영농들이 '자산'을 이용해 자녀를 대학에 보내는 것이 가능했다면, 경제성장으로 실질소득이 늘어나면서 노동자들이 '소득'을 이용해 자녀를 대학에 보내는 것도 점차 가능해졌다. 농지개혁으로 불붙은 교육 경쟁이 경제성장으로 가속화된 것이다.

셋째, 대학 서열(대학 간 격차)이 심했다. '출발선'에서 경쟁 참여자가 많아도 '결승선'에서 대학들 간의 격차가 작으면 경쟁이 상대적으로 덜 격렬할 것이다. 그런데 한국과 대만은 처음부터 매우 일극화된 대학 서열을 가지고 있었다. 과거 일본에는 제국대학이 9개 있었는데 그중 두 개가 식민지에 세운 경성제국대(현재 국립 서울대)와 타이페이제국대(현재 국립 대만대)다. 이 두 대학이 독립 이후 한국과 대만의 원톱 대학이 되었다.

과거 제국대학들 가운데 일본에 남아 있는 7개는 현재 거점 국립대로서 상당한 위상을 가지고 있다. 고시 합격자를 가장 많이 배출한 대학은 도쿄대지만 노벨상 수상자를 가장 많이 배출한 대학은 교토대다. 노벨상을 받은 동문·연구원·교수 합산 기준 도쿄대가 16명이고 교토대가 18명이다. 일본인 중에는 7개 거점 국립대의 서열을 도쿄 지역 명문 사립대보다 높게 보는 사람들이 많다. 상위 서열 대학들이 서울에 몰려 있는 한국과 다르다.

서울대는 경성제국대를 중심으로 일본이 만들어놓은 주요 대학들의 시설과 자산을 물려받은데다가 처음부터 절대적인 정부 지원을 받았다. 심지어 미군정기에는 전체 대학 지원금 가운데 80%가 서울대 몫이었다. 그러니 서울대가 1등인 것은 당연했다. 연세대, 고려대, 이화여대는 일제강점기 이전부터 존재했던 사립학교로 서울대 다음 서열이었다. 서성한, 중경외시… 등의 사립대 서열은 1950~1960년대 이들 대학이 설립된 순서와 유사하다. 사립대는 오래될수록 재정과 교육 여건이 좋아지는 경향이 있기 때문이다. 하버드대가 미국에서 가장 오래된 대학인 것은 우연이 아니다.

교육 경쟁이 일자리 경쟁 때문이라고 주장하는 사람들이 있다. 하지만

1980~1990년대 한국에서는 취업이 잘되었음에도 대입 경쟁이 치열했다. 요새 청년들은 "그땐 취업이 잘되었다면서 왜 그렇게 대입 경쟁이 치열했나요?"라고 묻는다. 교육 경쟁에 일자리나 소득보다 '대학 간 격차'가 더 크게 작용하는 것이다. 대학 서열은 미국에도 있지만 일본이 미국보다 심하고, 특히 한국과 대만의 서열은 일본보다 한층 더 일극화되어 있다. 이로써 대입 경쟁의 치열함은 대략 한국≒대만〉일본〉미국 정도로 도식화해볼 수 있다.

경쟁의 두 얼굴, 부정적 측면과 긍정적 측면

한국인의 교육열이 마치 문화나 DNA에 내재된 '종특'인 것처럼 얘기하는 사람이 많다. 그런데 이런 인식은 정확하지 않을뿐더러 해결책도 생각하지 못하도록 가로막는다. 교육 경쟁이 벌어지는 물질적 구조가 아니라 교육 경쟁에 참여하는 사람들의 의식을 자책하게 만들기 때문이다. 교육열을 자화자찬하면서 동시에 저주하는 이 기묘한 모순에서 벗어나려면 교육열을 불타오르게 만든 사회경제적 조건을 분석해야 한다.

경쟁은 무엇인가의 원인이기도 하지만 결과이기도 하다. 교육 경쟁은 학업부담과 사교육의 '원인'이라는 점에서 부정적 측면을 가지고 있지만, 계층 상승 욕구와 사회적 활력의 '결과'라는 점에서 긍정적 측면을 가지고 있다. 오바마 전 미국 대통령이 한국의 교육열을 부러워하고 칭송한 것도 따지고 보면 '경쟁에 참여할 생각조차 하지 않는' 미국의 저소득층·소수인종 밀집 지역에 대한 안타까움을 드러낸 것이다.

한국은 '자산'이 평등하게 분배되어 교육 경쟁에 참여할 수 있는 사람들이 유난히 많았고, 이후 경제개발로 '소득'이 빠르게 늘면서 교육 경쟁에 참여하는 사람들이 더욱 늘어났다. '자산의 평등'은 체제 경쟁이 가져다준 뜻밖의 선물이었고 '소득의 증가'는 예외적으로 매우 빠른 경제성장의 산물이었다. 한국은 '자산의 평등'뿐만 아니라 '소득의 평등' 또한 매우 높은 수준이었는데 1965~1989년 사이 개발도상국들을 비교해보면 연평균 1인당 소득증가율은 30개국 평균 2.8%인데 한국은 7.2%로 최고 수준이고, 소득불평등을 나타내는 하위 20% 대비 상위 20% 소득 비율은 평균 15인 데 비해 한국은 절반인 7.5 수준이다.

주요 개발도상국의 소득분배율과 소득증가율(1965~1989)

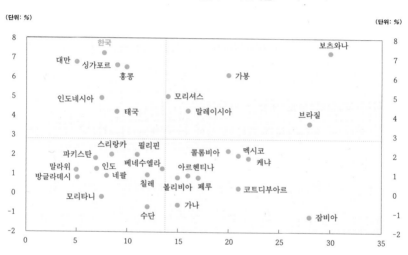

가로축은 '하위 20% 대비 상위 20%의 소득 비율'로 왼쪽에 점이 찍힐수록 소득이 균등하게 분배된 나라다. 세로축은 연평균 1인당 GDP 성장률로 위쪽에 점이 찍힐수록 소득이 빠르게 늘어난 나라다. 한국과 대만이 '고속 성장'과 '균등 분배'를 동시에 달성한 예외적인 나라임을 보여준다.

출처: *The East Asian Miracle: Economic Growth and Public Policy*, World Bank, 1993.

진보 교육 진영은 교육 경쟁을 신자유주의의 산물이라고 단정하는 경우가 많다. 물론 신자유주의가 대입 자율화와 고교평준화 해체에 영향

문재인 이후의 교육

을 준 것은 사실이다. 하지만 신자유주의가 교육정책에 영향력을 미친 것은 미국·영국을 기준으로 봐도 적어도 1970년대 후반 이후다. 이미 20세기 중반에 시작된 한국의 교육 경쟁을 신자유주의로 해석하는 것은 무리다.

한국의 교육 경쟁은 신자유주의 때문이 아니라 경쟁 참여자가 많았다는 '스타트 라인 요인'과 아울러 대학 서열(대학 간 격차)이 심했다는 '피니시 라인 요인'이 함께 작용한 탓이다. 이것은 진보 진영의 전형적인 역사 해석에서 벗어나야 비로소 인지된다. 특히 한국의 농지개혁(유상분배)을 북한의 농지개혁(무상분배)에 비해 부정적으로 평가하는 데에서 벗어나 분배된 농지의 '자산 효과'에 주목해야 한다. 아울러 고도 경제성장기 빈부격차를 강조하는 상투적 해석에서 벗어나 한국의 소득분배가 양호한 편이었음을 인정해야 한다.

최근 우파 중에는 농지개혁을 이승만 대통령의 업적이라고 강조하는 이들이 있다. 그런데 농지개혁의 추진력은 이승만 대통령에서 유래했다기보다 미국의 세계 전략에서 나온 것이고, 북한이 일찌감치 1946년에 농지개혁을 했기 때문에 '농지개혁은 당연히 이뤄져야 할 일'이라는 인식이 한국에 퍼져 있기도 했다. 그리고 이러한 연쇄반응에 방아쇠를 당긴 것은 마오쩌둥이 이끈 중국의 공산주의 혁명이었다. 역사의 간지(奸智)라는 게 있다면 이런 게 아닌가 싶다.

12장
학벌의 가치는 왜 떨어지고 있는가

정부의 학벌은 대학 서열화와 고시제도가 결합된 것이고
민간의 학벌은 정부의 학벌에 정부 주도 경제가 더해진 결과다.
정기채용이 일반화하면서 스펙이 등장했지만 이제 대세는
정기채용에서 수시채용으로 가고 있으며 직무 중심 고용으로 변화할 것이다.

강연을 하다가 청중에게 "요새 명문대 졸업장의 가치가 예전보다 높아
진 것 같아요? 아니면 낮아진 것 같아요?"라고 물으면 '낮아졌다' 쪽에
훨씬 손을 많이 든다. 학벌 가치의 하락은 두 가지 방향에서 나타난다.
첫째, 서울대 출신의 영향력이 전반적으로 감소했다. 이것은 고시 정원
의 증가 및 정부주도 경제의 해체가 원인이다. 둘째, 채용방식에 변화가
나타나고 있다. 학벌·스펙 중심의 '정기채용'이 전문성 중심의 '수시채
용'으로 점차 변화하면서 최고 스펙인 '학벌'의 가치를 낮추고 있다.

정부의 학벌은 대학 서열화＋고시제도

학벌이란 말은 단순히 '출신 대학'을 의미하기도 하지만, 서울대로 대표
되는 명문대 졸업자 집단 혹은 이 집단이 사회적 영향력을 독과점하는
현상을 뜻한다. 그런데 학벌의 형성 과정을 분석해보면 '정부'의 학벌과
'민간'의 학벌은 그 형성 원리가 서로 다름을 알 수 있다.

현대 한국은 국가권력이 강한 편이었다. 일제강점기에는 식민통치를 해야 했으니 국가의 힘이 강할 수밖에 없었고, 해방과 한국전쟁 이후 '반공'을 기조로 한 사회질서와 경제성장을 정부가 주도하면서 이 같은 특성이 유지되었다. 따라서 고위공직자들이 가진 권력이 유난히 강했다. 그렇다면 누가 고위공직자가 되는가? 고시에 합격한 사람들, 특히 서울대 출신이다.

고시라는 허들 앞에 대학입시라는 허들이 있다. 대학입시에서 가장 높은 성적을 받은 사람들이 어디에 모이는가? 한국은 대학 서열화가 심하므로 SKY(서울대+고려대+연세대), 특히 서울대에 모인다. 이들은 이미 '시험의 달인'으로 검증된 만큼 당연히 고시 합격률도 높다.

1975년 사법고시 합격자 명단

60명 가운데 서울대 출신이 38명으로 63%를 차지했다. 고려대 4명, 연세대 1명에 불과하고 유일한 고졸로 '노무현'의 이름이 눈에 띈다.

12장 학벌의 가치는 왜 떨어지고 있는가

예전에는 고시 합격자 중 서울대 비율이 매우 높았다. 노무현 대통령은 1975년 고졸로 사법시험에 합격해 화제가 되었는데, 당시 사법시험 정원 60명 가운데 서울대 출신이 38명이었으니 60%가 넘는 비율이다. 고시 합격자 중 서울대 출신 비율이 낮아진 것은 고시 정원이 늘었기 때문이다. 사법시험은 정원이 1,000명까지 증가했다가 2009년 로스쿨 개교 이후 단계적으로 감축되어 2017년을 마지막으로 폐지되었는데, 정부가 출신 대학별 통계를 공식 발표한 2002~2017년 사이 서울대 출신은 30% 안팎이었다. 참고로 최근 5급공무원 채용(옛 행정고시) 합격자 가운데 서울대 출신도 30% 안팎이다.

한국에는 고시제도가 시대에 뒤떨어진 것이라는 생각이 널리 퍼져 있다. 하지만 이는 지나치게 미국 편향적 생각이다. 미국을 제외한 많은 선진국에서 고급 공무원을 시험으로 선발하는 제도를 두고 있다. 영국에서 매년 엘리트 공무원 300~500명을 시험을 거쳐 선발하는 속진임용제(Fast Stream), 독일에서 연방정부 부처별로 실시하는 고위직 공무원 선발시험, 프랑스에서 매년 엘리트 공무원 80여 명을 배출하는 그랑제콜인 국립행정학교(ENA) 입학시험 등을 예로 들 수 있다. 일본도 '국가공무원 1종 시험'에서 2013년 '종합직 시험'으로 이름이 바뀌었을 뿐 한국의 행정고시·외무고시·기술고시에 해당하는 시험을 유지하고 있다.

능력주의, 특히 시험에 의존해 사람의 능력을 평가하는 방식에는 늘 의문이 따른다. 하지만 고시제도와 같은 강력한 능력주의 선발 시스템이 없었다면 한국의 고위공직은 혈연이나 지연으로 얽힌 부패하고 무능한 사람들이 차지했을 것이다. 고시의 내용과 방식, 즉 구체적인 시험 과목이나 문항 유형에 대한 비판은 필요하지만 고시제도-능력주의 자체를 비판하면 대안을 찾기 어려워진다. 또한 정부의 학벌은 고시제도 자체의 산물이 아니라 고시제도와 대학 서열화가 결합한 산물이다. 따라서 고시제도 때문에 학벌이 형성되었다고 여기는 것은 오류다.

민간의 학벌은 정부의 학벌+정부 주도 경제

정부가 경제를 주도하던 시절에는 정부 고위 관료들의 힘이 컸다. 정부가 '갑'이고 기업이 '을'이던 시절, 을 입장에서 갑에게 접근할 수 있는 유력한 통로가 '학연'이었다. 주로 서울대 출신인 고위 관료들의 영향력은 학연을 통해 민간 기업에 큰 영향을 미쳤다. 자연히 처음 만난 자리에서 '갑'에게 '선배님'이라고 부르며 술을 따를 수 있는 사람들이 유리했다.

학벌에는 SKY만 있는 것이 아니다. 박정희-전두환-노태우 대통령 시절에는 육군사관학교도 학벌이었다. 육사 출신으로 군에서 재직하다 전역하면 여기저기서 모셔갔다. 이 사람의 개인적 가치가 아니라 인맥, 즉 인적 네트워크의 가치를 산 것이다. 이 사람이 '갑'의 동창이라는 것의 가치가 그만큼 컸던 것이다.

지금도 고위 관료들의 영향력이 강하게 나타나는 산업이 있다. 대표적인 예가 금융업이다. 정부 간섭이 가장 일상적으로 나타나는 분야인데, 금융업을 좌우하는 관피아는 아예 '모피아'라고 별도 명칭으로 부르기도 한다. 금융업계에서는 지금도 SKY 출신이 아니면 은행장이 되기가 거의 불가능하다. 학벌과 인맥의 힘이 크게 작용하는 분야이기 때문이다.

그러나 현재 한국에서 세계적 경쟁력을 지닌 업종은 금융업이 아니라 제조업과 IT 관련 산업이고, 대기업 가운데 글로벌화한 수출기업들이 많다. 100대 기업의 최고경영자(CEO) 가운데 이공계 비율은 2014년에

50%를 넘었고(51.1%, 월간 『현대경영』 조사) 1000대 기업 CEO 가운데 이공계 비율은 2019년에 50%를 넘었다.(51.6%, 헤드헌팅업체 유니코써치 조사)

아울러 '정부 주도 경제'가 끝나고 노무현 대통령의 말처럼 "권력은 시장으로 넘어갔다." 자연히 고위 관료는 '갑'의 위치에서 내려오게 되었고, 이에 따라 갑과 학연을 가진 '을'의 유리함도 자연히 감소했다. 민간 학벌이 약화된 것은 정부 주도 경제의 종결로 자연스레 나타나는 현상이라고 볼 수 있다. 아울러 경영진 가운데 이공계 비중이 높아진 것도 학벌 약화에 기여했을 가능성이 있다. 이공계에서는 학벌주의가 상대적으로 덜하기 때문이다.

민간에서 서울대 학벌이 약화된 것은 수치로 확인된다. 100대 기업 CEO 가운데 서울대 출신 비율을 살펴보면, 1990년대에는 절반이 넘었는데 2017년에는 24.6%로 낮아진다. 1000대 기업 CEO 가운데 SKY 출신 비율 또한 2007년 59.7%, 2013년 39.5%, 2019년 29.4%로 계속 내리막길을 걷고 있다.

민간 영역에서 서울대 및 **SKY** 학벌의 약화
(출신 대학은 대학원을 제외한 학부 기준)

100대 기업 CEO 가운데 서울대 출신 비율

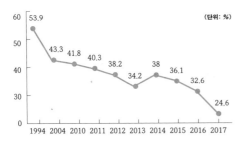

출처: 월간 <현대경영> 2017년 발표 자료.

1000대 기업 CEO 가운데 SKY 출신 비율

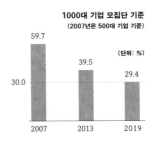

출처: 헤드헌팅업체 유니코써치 조사 자료.

정부의 학벌과 민간의 학벌은 그 메커니즘이 다르고 약화되는 이유도 다르다. '정부의 학벌'은 대학 서열화와 고시제도가 결합한 결과다. 정부의 학벌이 완화된 것은 고시 정원이 증가함에 따라 합격자 중 서울대 비율이 낮아진 데 따른 것이다. '민간의 학벌'은 정부 주도 경제하에서 정부의 학벌이 민간으로 영향력을 확장한 것이다. 민간의 학벌이 점차 완화된 것은 '정부 주도 경제'에서 탈피하면서 고위 관료들의 영향력이 떨어졌고, 그만큼 순수한 능력 위주 승진이 늘었기 때문이다.

정기채용과 '스펙'의 등장

한국 대기업과 중견기업의 정규직 채용은 주로 '정기채용'이다. 흔히 공채, 즉 공개채용이라고 말하지만 공채에도 정기채용과 수시채용이 있으니 엄밀하게 '정기 공채'라고 표현해야 맞다. 큰 그룹이나 기업은 아직도 1년에 한두 번 한꺼번에 수백 명을 선발한 뒤 몇 개월 동안 교육·훈련을 하고 나서 부서에 배치한다. 세계적으로 매우 드문 방식이다. 학교는 비슷한 시기에 태어난 아이들을 모아 한꺼번에 가르친다는 게 나름 합리적이다. 하지만 기업은 특별히 그럴 이유가 없지 않은가?

이 모델은 우리보다 먼저 고도성장을 이룬 일본에서 배운 것이다. 이 모델의 특징은 '뽑을 때 이 사람이 무슨 일을 하게 될지 모른다'는 점이다. 종신 내지 장기 고용을 전제로 채용한 인력을 기업에서 교육·훈련해서 오랫동안 두루두루 활용하는 방식이기 때문이다. 신입사원으로 채용되면 몇 달 동안 교육·훈련 과정을 이수한 다음에야 배치된다. 이런 구조에서 당신이 채용 담당자라면 어떤 사람을 뽑겠는가? 이 사람이 어디에 배치될지 모르는 상태에서 뽑아야 하니 이것도 잘하고 저것도 잘하고 영어도 잘하고… 하는 '올라운드 플레이어'를 뽑게 된다. 이른바 여러 가지 '스펙'을 골고루 잘 갖춘 사람을 선발하게 되는 것이다.

스펙(specificaton)은 원래 물건에 쓰는 말이다. 냉장고의 용량 몇 리터, 전력사용 몇 와트, 높이 몇 센티미터… 이런 게 스펙이다. 그런데 2000년 대 들어 한국에서 스펙이라는 말이 콩글리시로 물건이 아닌 사람에게 쓰이게 되었다. 한국의 취업 준비자에게 스펙이라는 말은 '이것저것 두루두루 갖추는' 것을 뜻한다. 출신 대학, 대학 성적, 토익점수, 자격증, 봉사활동, 입상경력 등은 명백하게 '올라운드 플레이어'임을 보여주는 증거다.

그렇다면 정기채용은 그전부터 있었는데 왜 '스펙'은 2000년대에야 등장했을까? 1980~1990년대 한국 경제는 고속으로 성장했고 대졸자 수요에 비해 대학 정원은 적었으므로 대학을 졸업하면 비교적 쉽게 취업할 수 있었다. 이런 환경에서 기업이 여러 가지 까다로운 스펙을 요구하기는 어렵다.

그런데 1997년 외환위기 이후 구직 경쟁이 심해짐에 따라 기업은 점차 까다로운 선발 요건을 제시하게 되었다. 처음에는 토익 점수를 요구하더니 이후 차츰 요구하는 종목이 늘어났고, 이것들을 누군가가 통칭 '스펙'이라고 부르기 시작했다. 1990년대까지는 보도 듣도 못하던 '스펙'이라는 말이 널리 쓰이기 시작해 2004년 국립국어원의 신어 자료집에 등재되었다. 즉 '스펙'은 '정기채용'과 '취업난'이 결합되어 나타난 결과다.

한국과 일본의 대기업·중견기업은 세계적으로 드문 '정기채용'을 해왔다. 일본은 최근 30년간 비정규직과 프리터족이 상당히 늘어났지만 대기업·중견기업의 정규직 채용방식은 거의 달라지지 않았다. 그런데 최근 한국의 대기업·중견기업 정규직 채용은 상당한 변화를 겪고 있다. 바로 '수시채용'의 비중이 높아지고 있는 것이다.

대세는 정기채용에서 수시채용으로

최근 한국 노동시장의 새로운 트렌드는 서구식 모델, 즉 '수시채용'이다. 미국이나 유럽의 기업에는 정기채용이 거의 없다. 그때그때 사람을 선발하는 수시채용이 지배적이다. 예를 들어 내가 수십 명의 팀원을 기느린 팀장이면 내가 주도해 인사부서와 협의해가며 채용을 추진한다. 채용된 사람은 교육·훈련을 받지 않고 (받는다 해도 최소한으로만 받고) 바로 배치되어 일한다. 그런데 다음 달에는 우리 회사의 다른 팀에서 채용을 추진한다. 그다음 달에는 또 다른 팀에서… 이런 식으로 채용이 불규칙적으로 그때그때 이뤄진다.

수시채용의 특징은 '뽑을 때 이 사람이 무슨 일을 하게 될지 안다'는 것이다. 여기서 영어로 잡(job)이라는 말이 흔히 직업이라고 번역되지만 직무(職務)라고도 번역됨에 유의해야 한다. 서구 기업에서는 채용공고를 할 때 직무 요건(job specification 또는 job description)을 공지한다. 이 직무가 어떤 과업(task)들로 구성되어 있으며 어떤 능력과 소양을 요구하고 어떤 도구를 다룰 줄 알아야 하는지 등을 되도록 구체적으로 제시하는 것이다. 정기채용 시 발표하는 '인재상'이 두루뭉술한 반면 수시채용 시 공지하는 '직무 요건'은 구체적이다.

직무 요건을 공지하고 그에 가장 맞는 사람을 뽑는 경우 채용 기준은 무엇일까? 직무(job)에 대한 전문성 내지 적합성이 기준이 된다. 자연히 정기채용에 비해 출신 대학을 덜 중시하게 된다.

물론 정기채용 시 기준이 되는 '스펙'과 수시채용 시 기준이 되는 '전문성' 사이에는 교집합이 있지만 잘 겹치지 않는 부분도 많다. 예를 들어 '전문성'을 잘 보여주는 지표로 '경력'이 있다. '내가 이런 일을 해봤다'는 것은 그 사람의 전문성을 보여주는 좋은 지표일 수 있다. 2000년대 후반부터 경력직 채용이 늘고 신입사원 채용이 줄어드는 현상이 계속되고 있고, 심지어 신입사원을 채용할 때도 어떤 경력이 있는지가 중요해진다. 교육 이력뿐만 아니라 인턴, 아르바이트, 봉사활동 등 다양한 형태의 경력을 고려하는 것이다.

그렇다면 왜 기업은 점차 수시채용으로 전환하는가? 첫 번째 이유는 교육·훈련이 생략되는 만큼 비용이 절감되기 때문이다. 한국의 대기업에서는 정규직 신입사원 1명의 교육·훈련에 투입하는 비용이 2억 원가량이라고 주장한다. 한국의 대기업 신입사원 연봉은 상당히 높아서 일본의 대기업 신입사원 연봉을 능가한 지 오래되었다. 교육·훈련 기간 급여액만 해도 상당하다. 게다가 교육·훈련에 운용비가 들고, 부서에 배치된 이후에도 일정 기간 교육·훈련이 이어진다. 수시채용으로 전환하면 이 비용이 절감되는 것이다.

수시채용으로 전환하는 두 번째 이유는 일본식 종신고용이 해체되면서 '직무 중심 고용' 구조로 이행하고 있기 때문이다. 변화 속도는 업종에 따라 크게 다른데, 여전히 정기채용 비율이 높은 업종으로 금융업, 특히 은행이 있다. 앞서 설명한 것처럼 정기채용은 그 속성상 학벌·스펙을 고려한다. 따라서 은행에 입사하려면 여전히 명문대 출신이 훨씬 유리하다. 출신 대학을 가리고 선발하는 '블라인드 채용'을 해도 영향이 크지는 않을 것이다. 대학 명칭을 제외한 나머지 스펙이나 시험 성적 등은 계속 활용될 테고, 이런 스펙들은 그 속성상 명문대 출신일수록 좋을 것이기 때문이다.

반면 수시채용이 이미 대세가 된 업종도 있다. 예를 들어 판교의 소프트웨어나 게임 업체들은 정기채용이 드물고 그때그때 채용하는 수시채용이 주류다. 직무를 정해놓고 이에 적합한 사람을 채용하므로 어느 대학 출신인지가 덜 중요해지고 심지어 고졸도 볼 수 있다. '스펙' 중심 정기채용에서 '전문성' 중심 수시채용으로 변경한다고 해서 명문대 출신이 꼭 불리해지는 것은 아니다. 명문대 재학생도 직무 중심 고용 구조에 적응해갈 것이기 때문이다. 하지만 가장 중요한 스펙으로 꼽히던 출신 대학(학벌)의 가치가 하락하는 것은 분명하다.

수시채용이 아직 '대세'는 아니다. 대기업과 중견기업의 채용방식을 보면 아직 정기채용이 우세하다. 2020년은 코로나19 사태로 인한 비상상황이므로 2019년까지 추세를 보면, 2019년 신입사원 채용 계획에서 대기업의 수시채용 비율은 21.6%이고, 중견기업의 수시채용 비율은 33.3%이다.(취업포털 인크루트 조사) 그런데 2019년 1월 현대자동차와 기아자동차가 앞으로 정기채용을 없애고 100% 수시채용으로 전환하겠다고 발표했다. 7월에는 SK그룹에서 향후 2~3년에 걸쳐 정기채용을 수시채용으로 모두 전환하겠다고 발표했다. 은행권에서는 최초로 하나은행이 2020년부터 신입사원 채용을 수시채용으로 전환한다고 발표했다. 2020년 6월에는 LG그룹이 하반기부터 정기채용을 폐지하고 전면 수시채용으로 전환한다고 선언했다. 변화에 가속도가 붙은 것이다.

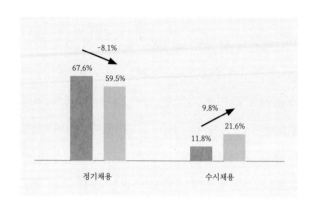

대기업의 정기채용/수시채용 비율 변화

2019년 대기업 채용 계획에서 수시채용 비율은 21.6%이다. 참고로 중견기업의 수시채용 비율은 33.3%다. 취업포털 인크루트가 2018년 하반기 채용계획과 2019년 채용계획을 비교 조사한 것이다.

수시채용으로 변화하면 기업이 감당하던 교육·훈련 비용이 개인에게 전가된다. 하지만 취업준비자로서는 어차피 '스펙'을 준비할 때도 그 비용을 본인이 감당했기 때문에 '전문성'을 준비하는 데 드는 비용을 본인이 감당하는 데 별다른 거부감이 없다. 다만 스펙 전략과 전문성 전략 가운데 어느 쪽을 택할지 고민스러울 수 있다. 과도기이기 때문이다.

수시채용 확산이 교육에 던지는 메시지는?

대기업과 중견기업의 정규직 신입사원 채용 중 정기채용이 차지하는 비율은 조만간 50% 이하로 떨어질 것이다. 이러한 변화가 교육에 던지는 메시지는 매우 의미심장하다. 좋은 일자리를 얻기 위한 길이 과거에는 정기채용 한 가지였는데 이제는 정기채용/수시채용 두 가지가 되었고, 각각의 길에서 요구하는 요소가 서로 다르기 때문이다. 스킬셋(skill set)

이라는 말이 있다. 한 사람이 특정한 영역에서 발휘하는 능력들의 집합을 뜻한다. 예를 들어 '웹 기획자'가 되려면 어떤 스킬셋이 필요할까?

■ 웹 기획자의 스킬셋

- **공학적 능력**: 웹 제작 및 운영과 관련된 일정 수준의 공학적 지식과 경험이 요구된다. 프로그래머 수준까지는 아니더라도 적어도 이들과 소통이 가능해야 하기 때문이다.
- **경영적 능력**: 산업·업종에 따라 서로 다른 지식과 경험이 요구된다. 같은 웹 기획자라 해도 예를 들어 패션업체와 금융업체에서 요구받는 능력은 상당히 다르다.
- **디자인 능력**: 웹은 시각적으로 보여주는 것이므로 디자인에 대한 기본적 감각과 경험이 필요하다. 별도의 디자인 담당이나 외주 여부에 따라 요구되는 능력치가 다르다.
- **여러 가지 기초 역량**: 의사소통 능력, 협업능력, 자기주도 학습능력, 외국어 능력 등

웹 기획이라는 직무의 스킬셋을 분석해보면 이질적 능력들의 '융합'으로 이뤄져 있다는 점을 알 수 있다. 이 스킬셋을 고스란히 가르쳐주는 대학 전공을 찾기는 불가능하고, 앞으로도 만들기 어려울 것이다. 결국 학생들에게 좀더 다양한 배움의 기회를 주고 개개인이 새로운 '융합'을 시도해볼 수 있도록 가이드와 지원을 늘리는 것이 필요하다.

융합(fusion)의 기초는 조합(combination)이다. 즉 다양한 배움의 내용을 '조합'할 수 있어야 한다. 예를 들어 들어 영국에서 규모가 비슷한 사립

학교와 공립학교 중 선택과목이 더 다양한 쪽은 공립학교다. 공립학교 학생들은 대학에 진학하지 않는 비율이 높기 때문에 오히려 더 다양한 선택과 조합의 기회를 주는 것이다. 영국의 경우 고교 졸업 전 마지막 2년간 3~4개 과목을 선택해 깊이 있게 배우는데, 예를 들어 선택과목으로 '스페인어'와 '회계'와 '사진'을 선택한 학생이 있다. 이 학생의 졸업 후 목표는 '여행업계 취업'이다. 스페인어와 회계와 사진은 이질적 조합이지만 여행업계에서는 유리한 조합일 수 있다.

이처럼 배울 기회가 다양하다는 것 자체가 그만큼 다양한 능력을 '조합'해 다양한 직업에 도전할 기회를 제공할 수 있다. 대학에서도 나노디그리(nano degree)로 대표되는 좀더 작고 유연화된 배움 기회를 더욱 확대할 필요가 있다.

다양한 능력들을 조합해내는 데는 상당한 수준의 자기주도학습능력이 필요하다. 한국에서 자기주도학습이라고 불리는 것들은 대부분 진정한 자기주도학습이 아니라 자기관리학습이다. 물론 자기관리(self-managed)는 엄마관리나 학원관리보다는 좋지만 이것을 진정한 자기주도(self-directed)와 혼동해서는 곤란하다.

자기주도학습의 본래 의미는 '목표설정-수단선택-실행-평가'의 네 단계를 모두 자기가 주도하는 것이다. 따라서 목표가 '기말고사나 수능에서 국영수 고득점'이라는 식으로 획일화된 학습은 엄밀한 의미에서 자기주도학습이 아니다. '목표설정'을 자신이 한 것이 아니기 때문이다.

그렇다면 자기주도학습의 관문인 '목표설정'을 안정적인 공교육 환경에서 훈련하는 방법은 무엇인가? 첫째는 본인이 배울 과목을 스스로 선택하는 것이다. 서구 선진국의 고등학교에서 보편화되어 있고, 심지어 부분적으로 중학교에도 도입되어 있는 방법이다. 둘째는 프로젝트다. 똑같은 코딩을 배우더라도 주어진 교과서 순서대로 '진도를 나가는' 전통적인 방법이 있고, 가령 한 학기 동안 어떤 앱을 만들지를 각자 정해서 지속적으로 발표와 피드백을 진행하는 '프로젝트' 방식이 있다. 동네 맛집 앱을 만들지, 부모님이 사용할 가계부 앱을 만들지, 미세먼지 측정 데이터를 기록하고 분석하는 앱을 만들지를 스스로 정하는 것이다. 프로젝트는 최근 '역량 중심 교육'의 물결과 함께 초중고 및 대학에서 확대되고 있는 교육방식이다.

자기주도학습은 본디 성인교육에서 출발한 개념이다. 사춘기 이전 아동은 메타인지능력이 뒤떨어져 '자기가 뭘 알고 뭘 모르는지'를 잘 모른다. 따라서 자기주도학습이 애초에 어렵다. 자기주도학습 개념을 무리하게 아동에게 적용하려는 시도는 친절하고 재미있게 공부로 이끌어야 할 공교육의 책임을 가리고 문제를 '학생 책임'으로 전가하는 효과를 낸다. 더구나 학생들에게 '무엇을 배울지' 선택할 기회를 거의 주지 않는 한국의 교육시스템은 자기주도학습능력을 키우는 데 최악이다. 코딩을 필수과목으로 지정한 명분은 4차 산업혁명이지만, 검정교과서부터 만들어 내려 보내는 이 방식은 1차나 2차 산업혁명에나 걸맞은 것 아닌가? 한국 교육은 '핀란드', '자기주도학습', '4차 산업혁명' 등을 이미지로만 소비해버리는 놀라운 능력을 가지고 있는 것이다.

4차 산업혁명보다 중요한 직무 중심 고용

과거에 비해 학교 진로교육이 많이 발전했고 많은 학생이 다양한 직업을 탐색해본다. 하지만 어린 나이에 직업적 목표를 정하기는 어려운 일이다. 실제로 '꿈을 정하지 못하겠나'고 토로하는 학생들을 수없이 많이 만나게 된다. 꿈을 빨리 정하려고 조바심내기보다 차라리 기초 역량을 꾸준히 키워가면서 다양한 경험을 해보는 것도 좋은 전략이다. 예를 들어 장사를 해보면 알바를 할 때와 상당히 다른 경험을 하게 된다. 비즈니스를 총체적 시야에서 바라보게 되는 것이다. 나는 고3 때 친구들과 돈을 모아 딱 하루 장사를 해봤는데, 그날이 내가 자본주의를 이해한 날이었다. 이날의 경험은 훗날 '메가스터디'를 창업할 때도 영향을 주었다.

또한 여러 가지 직무에 공통적으로 적용되는 능력(skill)이나 역량(competence)을 갖추는 것도 좋은 방법이다. 대표적인 예가 코딩 등 정보통신기술(ICT)과 관련된 능력이다. 1990년대 '중국어가 앞으로 각광받을 것'이라고 대략 예측할 수 있었던 것처럼, 4차 산업혁명 시대가 되면 '코딩 및 ICT 능력의 활용도가 높아질 것'임과 '갈수록 많은 직무(job)들이 코딩 및 ICT 능력을 요구하게 될 것'임을 대략 예측할 수 있다.

여러 직무에 공통적으로 적용되는 또 다른 능력이 영어다. 한국에서는 직무 요건 가운데 '영어 구사 능력'이 중요한 자리를 차지하는 경우가 적지 않다. 경제의 대외의존도가 매우 높아서 OECD에서 인구 2,000만 명 이상 국가들 가운데 독일과 더불어 독보적 수준이기 때문이다. 프랑스·영국이 50~60%이고 미국·일본이 30% 이하인데 한국·독일은 80%대다.(GNI 기준) 그래서 외국과 연관된 산업에 상대적으로 좋은 일자리가 많고, 커리어상 좋은 기회를 잡는데 영어 구사 능력이 큰 도움을 준다. 다만 현재의 수능 영어에 얽매이지 않는 진정한 실용적 영어 구사 능력이 필요하다.

직업이 스킬셋의 융합으로 이뤄진다는 사실의 함의는 이과/문과에 따라 많이 다르다. 이과는 전공 공부를 열심히 하면 특정한 직무에 대한 스킬셋을 대략 갖출 수 있는 경우가 많다. 컴퓨터공학, 건축학, 간호학 등 어떤 분야이든 그 분야 전공 공부를 열심히 하면 그 연장선상에서 직업을 구할 수 있다는 뜻이다. 게다가 이과 계통의 지식과 기능은 보편성이 강하다. 예를 들어 컴퓨터공학을 전공해서 어떤 소프트웨어 툴을 다룰 수 있고 어떤 하드웨어 아키텍처를 구성할 줄 안다고 하면 그 능력을 미국에서도, 중국에서도 활용할 수 있다. 간호학과를 졸업해서 간호사로 몇 년 일했는데 영어를 할 줄 안다면 바로 해외 취업이 가능하고 몇 년간 별 탈 없이 일하면 영주권을 얻을 수도 있다.

반면 문과 계통 전공은 대학에서 열심히 공부했다 해도 스킬셋 중 일부만 갖췄을 뿐 나머지는 본인이 알아서 채워야 하는 경우가 많다. 게다가 문과 계통의 지식과 기능은 보편성이 상대적으로 떨어져서 국가/분야/기업별로 서로 다른 경우가 많다. 예를 들어 한국의 변호사 자격증이 다른 나라에서 통할 리 없고, 회사를 옮기면 이름이 같은 부서인데도 상당히 다른 방식으로 일하는 경우를 종종 볼 수 있다. 그래서 이과생보다 문과생에게 창의력과 다양한 경험이 오히려 더 중요하다.

사방에서 4차 산업혁명을 거론한다. 하지만 한국의 노동시장에 초점을 맞춰보면 '4차 산업혁명'보다 '직무 기반 고용'이 중요한 변화다. 물론 이런 변화가 일어난다고 해서 한국의 학부모들이 경쟁의 고삐를 늦추지는 않을 것이다. 양극화로 인한 불안에 시달리기 때문이다. 그럼에도 앞으로 적성과 자기주도학습능력을 중시하는 양육 태도가 좀더 설득력을 얻게 되리라고 조심스럽게 기대해본다.

13장
헬조선은 어떻게 탄생했나

대기업과 중소기업의 임금 격차가 커지고 비정규직 비율이 높아지면서

양극화가 심해지고 있으며 젊은이들은 헬조선을 외치고 있다.

여기서 핵심은 계층 상승 사다리가 붕괴된 것이다.

외환위기는 의대 쏠림과 아울러 이공계 기피를 불러왔다.

명문대 졸업장의 가치는 낮아졌다. 학벌가치가 떨어지고 있다. 그런데
도 불안감은 전혀 줄지 않는다. 스펙의 가치가 낮아지는 '탈스펙' 현상
이 일어남과 함께 좋은 일자리와 그렇지 않은 일자리 사이의 '양극화'가
심해졌기 때문이다. 1997년의 IMF 외환위기 이후 학생·학부모에게 불
안의 그림자가 짙게 드리워졌다. 이후 태어난 세대는 '대학 가봤자 취업
하기 어렵다'는 말을 들으며 자랐다. 공포와 불안이 내면화된 것이다.

양극화의 지표, 임금 격차와 비정규직 비율

많은 사람이 1997년 외환위기를 계기로 양극화가 나타났다고 여긴다.
하지만 임금 및 고용과 관련된 지표들은 이미 1980년대 후반에 양극화
경향을 보이기 시작했다. '대기업 대비 중소기업 임금'을 보면 1980년대
중반까지는 대기업 임금이 100이라 할 때 중소기업 임금의 비율이 90이
넘었다. 다음 자료에 표시되지는 않았지만 1970년대에도 그러했다. 그

런데 1980년대 후반 이후 대기업 대비 중소기업 임금이 지속적으로 낮아져 2010년 이후 2018년까지 60~65%에서 제자리걸음을 하고 있다. 현재 한국의 기업 규모에 따른 임금 격차는 공식 비교 통계는 없지만 OECD에서 최고 수준으로 추정된다.

대기업 대비 중소기업 임금의 변화

중소기업 임금은 1980년대 후반 이후 2000년대까지 지속적으로 하락했다. 2010년대 이후 2017년까지 대기업 임금의 60% 초반에서 정체되어 있다. 출처: 장하성, 『한국 자본주의』(2014).

양극화를 보여주는 지표로 '임금 격차'와 더불어 '비정규직 비율'이 있다. 한국개발원(KDI)이 2017년에 설문조사한 바에 따르면, 한국 국민은 외환위기가 한국에 미친 경제적 영향 가운데 가장 큰 것이 '비정규직의 증가'라고 인식하고 있다.(88.8%, 복수응답 허용) 그런데 비정규직 비중은 외환위기 때도 늘었지만 1980년대 후반에 더 크게 늘었다. 통계청 경제활동 부가조사에 따르면 정규직 비율은 외환위기 직후인 1998~2003년

5년간 2.6% 감소했는데(53.1%→50.5%) 1980년대 후반인 1985~1990년 5년간 무려 8.6%나 감소했다(62.8%→54.2%). 비정규직이 1980년대 후반에 더 큰 폭으로 증가한 것이다. 참고로 한국에서 비정규직은 정규직 대비 임금을 적게 받는데, 2000년대 후반 이후 2018년까지 한국에서 비정규직이 받는 시간당 임금은 정규직의 60~65% 사이를 유지하고 있다. 대기업/중소기업에 따른 격차뿐만 아니라 정규직/비정규직에 따른 격차도 매우 큰 것이다.

'소득 격차'를 봐도 1990년대부터 지속적으로 심화되는 경향을 볼 수 있다. 소득불평등 지표로 널리 쓰이는 지니(Gini)계수를 보면 한국이 OECD 중위권으로 그리 나빠 보이지 않지만, 한국에서는 지니계수 계산에 실증 자료가 아닌 설문 자료(통계청 가계동향조사 대상 가구에서 작성한 가계부)를 쓰기 때문에 신뢰도에 의문이 제기된다. 역사적·세계적 비교를 위해서는 국세청 실제 과세자료로 계산된 '상위 10% 소득집중도'를 봐야 한다.

한국에서 개인별 소득 상위 10%가 전체 소득에서 차지하는 비중(1985~2015)

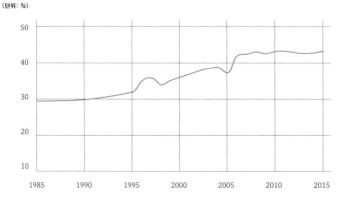

통계는 뉴라이트 이론가이자 엄격한 실증연구로 정평이 있는 김낙년 동국대 경제학과 교수가 계산했다. 출처: World Inequality Database.

문재인 이후의 교육

『21세기 자본』(2013)의 저자 토마 피케티가 주도하는 세계 불평등 데이터베이스(World Inequality Database)에 따르면, 한국에서 20세 이상 인구 중 상위 10% 소득집단이 전체 소득에서 차지하는 비중은 1995년 31.9%에서 2010년 43.0%로 급격히 높아졌고 이후에는 정체상태다. 이는 OECD 국가 중 4위로 선진국 가운데 한국보다 높은 나라는 미국밖에 없다(2016년 기준 칠레 54.9%, 터키 53.9%, 미국 47.0%, 한국 43.3%). 이 10% 안에는 고소득 전문직·자영업자·자산가뿐만 아니라 대기업·공기업 정규직이 다수 포함되어 있다. '귀족노조'라는 힐난 어린 표현이 나오게 된 배경이 여기에 있다. '귀족'이라는 표현은 부적절하지만, 한국사회에서 대기업·공기업 정규직의 지위가 특별하다는 것은 부정할 수 없다.

우리 선입견과 달리 임금이나 소득지표는 외환위기를 계기로 악화된 것이 아니다. 소득 격차가 커지고 대기업/중소기업 임금 격차가 확대되고 비정규직 비율이 높아지기 시작한 것은 1997년 IMF 외환위기보다 훨씬 이전으로 1980년대 후반 내지 1990년대 초반부터다. 이때 시작된 한국사회의 양극화 원인으로 크게 네 가지를 꼽아볼 수 있다.

① 경제의 글로벌화. 특히 중국이 글로벌 경제에 진입하면서 전 세계 평균 인건비가 반토막 난 것은 세계사적 사건이다. 브랑코 밀라노비치가 『왜 우리는 불평등해졌는가』(Global inequality, 2017)에서 이른바 '코끼리 곡선'을 제시하며 지적한 요인이다. 특히 한국은 1980년대 말부터 수도권, 부산, 대구 등지의 수많은 섬유, 신발 등 경공업 업체들이 폐업하거나 중국으로 옮겨갔다. 통계상으로도 1990년대부터 경공업 근로자 비율이 낮아진다. 1980년대 낮아지던 자영업자 비율

이 1990년대 들어 다시 높아진 것도 이에 따른 영향으로 보인다.

② 노조의 분포와 전략. 노조 조직률이 11.8%밖에 안 되는데(2018년 기준) 그나마 그 분포가 매우 불균등하여 임금 지불 여력이 높은 대기업·공기업 위주로 노조가 존재한다. 게다가 독일·스웨덴·일본 등지의 사민주의적 노동운동이 임금 평준화 전략(특히 '동일 노동 동일 임금'으로 대표되는 연대임금 전략)을 구사한 데 반해, 한국에서는 기업별 노조를 중심으로 임금 극대화 전략을 구사했다. 자연히 노조의 임금 인상 요구가 강해질수록 경영진은 외주화와 비정규직 고용을 늘려 결과적으로 임금 격차가 심해졌다. 대기업 대비 중소기업 임금 비율이 급격히 하락하고 비정규직 비율이 높아진 시점이 1987년 노동자 대투쟁 이후라는 점은 의미심장하다.

③ 기업 간 위계와 갑질. 대기업과 중소기업 사이, 원청업체와 하청업체 사이에 나타나는 종속적 관계와 불공정 행위(각종 갑질 등)가 심해질수록 대기업·원청업체가 부당한 이익을 흡수해 임금 격차가 심해진다. 흔히 거론되는 '단가 후려치기'나 '기술 탈취(빼앗기)'뿐만 아니라 하청업체가 다른 원청업체에 납품하면 계약을 끊는 '독점 거래 요구' 등 잘 드러나지 않는 불공정 행위가 적지 않다.

④ 일부 기업의 세계적 수준의 기술과 경쟁력. 삼성전자, 현대·기아자동차, LG화학, SK하이닉스 등 한국의 대표적 대기업들이 글로벌 밸류 체인에서 돈을 빨아들이고 있다. 이런 기업들의 경쟁력과 순익을 하청업체에 대한 불공정 행위(③)만으로 설명하기는 불가능하다. 이런 기업들은 압도적인 연구개발-상품화-생산능력을 가지고 있고, 이 또한 양극화를 심화하는 원인 중 하나로 작용한다.

'헬조선'이란 2014~2015년 청년들의 처지를 자조해서 등장한 표현이다. 헬조선을 가장 잘 보여주는 자료는 비정규직에서 정규직으로 전환되는 비율이다. OECD 국가 가운데 관련 통계가 존재하는 16개국을 비교해보면 한국은 정규직 전환율이 꼴찌다. 비정규직 노동자가 1년 안에 정규직으로 전환되는 비율은 OECD 평균 35.7%로, 1년 안에 3명 중 1명꼴로 정규직으로 전환된다. 하지만 한국은 1년 안에 정규직으로 전환되는 비율이 11.1%로 최하위다. 또한 비정규직 노동자의 3년 안 정규직 전환율은 OECD 평균 53.8%이다. 즉 3년 안에 2명 중 1명꼴로 정규직으로 전환된다. 하지만 한국은 3년 안 전환율이 22.4%로 역시 최하위다. 비정규직으로 사회생활을 시작하면 여기서 벗어나기가 어렵다는 뜻이다.

비정규직에서 정규직으로 전환되는 비율

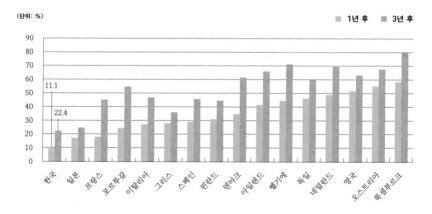

1년 내 전환율이 OECD 평균 35.7%인데 한국은 11.1%, 3년 내 전환율이 OECD 평균 53.8%인데 한국은 22.4%다. 통계가 있는 OECD 16개국 중에서 한국의 정규직 전환율이 가장 낮다.
자료 출처: *Strengthening Social Cohesion in Korea*, OECD, 2013.

13장 헬조선은 어떻게 탄생했나

'헬조선'의 실체를 잘 보여주는 자료가 하나 더 있다. '평균 근속연수'
는 고용 안정성을 보여주는 대표적 지표인데, OECD 평균은 9.5년이고
한국은 OECD 최저치인 6.5년이다(『통계로 보는 우리나라 노동시장의 모습』, 통
계청, 2015). 이직률은 OECD 최고치인 31.8%로 OECD 평균 16.9%보다
훨씬 높았다(2011~2013년 평균치 비교. *Employment Outlook*, OECD, 2018).

그밖에도 저임금 노동자 비율을 보면 한국은 미국, 아일랜드에 이어
OECD에서 세 번째로 높다(임금근로자 중 임금 중간값의 2/3 미만 비율, 2015년
기준). 10분위 소득 분배율, 즉 하위 10% 소득 대비 상위 10% 소득 비율
은 멕시코, 칠레, 미국에 이어 OECD에서 네 번째로 높다(2017년 가계 가
처분소득 기준). 하지만 뭐니 뭐니 해도 헬조선의 핵심을 가장 잘 보여주는
것은 '정규직 전환율'과 '평균 근속연수' 통계다. 이 수치들이 보여주는
것은 '불안정한 노동'과 '미래가 없는 삶'이다.

계층 상승 가능성에 대한 인식 변화

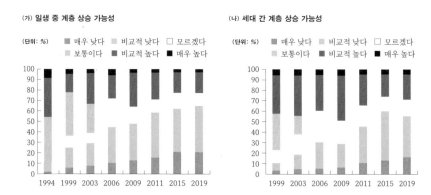

통계청이 매년 가구주를 대상으로 실시하는 설문조사인 '사회조사' 결과다. 2003년까지는 응답 보기
에 '보통이다'가 포함되어 2006년 이후와 달랐음에 유의하자.

(가) "우리 사회에서 일생 동안 노력을 한다면 개인의 사회경제적 지위가 높아질 가능성은 어느 정도라고 생각하십니까?"라는 질문에 계층 상승 가능성이 낮다고 답한 비율이 지난 20년간 엄청나게 높아졌음을 알 수 있다. 일생 중 상승할 가능성이 낮다고 답한 비율은 1999년 20%대에서 2019년 60%대로 늘었다.

(나) "우리 사회에서 현재의 본인 세대에 비해 다음 세대인 자식 세대의 사회경제적 지위가 높아질 가능성은 어느 정도라고 생각하십니까?"라는 질문에 자식 세대에서 계층이 상승할 가능성이 낮다고 답한 비율은 1999년 10%대에서 2019년 50%대로 늘었다. '좁아진 사다리'로 인해 계층 상승에 대한 희망을 잃어버린 것이다.

자료 출처: 통계청 『사회조사』.

종종 헬조선의 실체를 부정하는 사람들이 있다. "옛날에는 더 어렵게 살았다"는 것이다. 이는 헬조선의 실체를 오해한 까닭이다. 헬조선은 생활수준이 과거보다 나빠져서 생긴 말이 아니라 '미래에는 형편이 나아질 것'이라는 희망을 갖기 힘들어졌기 때문에 생긴 말이다. 과거에 비해 위로 올라갈 사다리가 매우 좁아진 것이다. 미래를 그리기 어려운 상황이 되니 소득 상층을 제외하면 결혼율이 뚝 떨어졌고 출산율이 세계 최하위가 되었다.

청년들은 사다리가 좁아졌음을 보여주는 통계를 보고 무엇을 느낄까? 중소기업 비정규직으로 커리어를 시작하면 평생 쳇바퀴 도는 신세가 될 거라는 공포심을 느낄 것이다. 그래서 실낱같은 희망이라도 안고 대기업 정규직 혹은 공무원이 될 때까지 재수, 삼수…를 불사하는 것이다. 즉 현재 청년기 경쟁의 주류는 한 세대 전과 달리 공포에서 벗어나기 위한 경쟁, 미래가 없는 일자리에서 멀어지려는 경쟁이다. 현재 한국에서 교육을 통해 표출되는 욕망은 좋은 자리로 '출세'하려는 욕망 못지 않게 나쁜 자리를 '회피'하려는 욕망이 큰 것이다.

외환위기 이후 대입에서 나타난 가장 뚜렷한 변화는 의대 선호도가 극단적으로 치솟았다는 것이다. 고용불안에서 벗어날 수 있는 전문직, 특히 '의·치·한'(의대·치의대·한의대)이 최고 인기 전공이 되었다. 약대, 교대, 수의대 등이 그 뒤를 따랐다.

물론 의대는 옛날에도 최고 인기 전공이었다. 대학들의 이과계열 학과별 커트라인을 보면 의예과(의대)가 늘 최고였다. 하지만 서울대만은 달랐다. 서울대에서는 물리학과, 전자공학과, 컴퓨터공학과, 미생물학과 등이 의예과와 함께 돌아가며 1등을 차지했다. 하지만 외환위기 이후에는 서울대에서도 의예과가 늘 독보적인 1등이 되었고, 2000년대 초반이 되면 '전국의 의대 정원을 다 채우고 나서 서울대 공대가 차는' 현상이 확립된다.

이 와중에 2000년대 초반을 강타한 '이공계 기피현상'은 웃을 수 없는 해프닝이었다. 당시 성적 상위권 자녀를 둔 학부모들은 '의대 갈 자신 없으면 문과로 가라'고 종용했다. IMF 외환위기 때 이공계 연구 계통에 종사하다가 하루아침에 실직하는 사람들을 보았기 때문이다. 2002학년도 수능에서 고3 중 이과생 비율(과학탐구 선택률)이 26.9%로 역대 최저치를 기록했다. 이과 비율이 1980년대 약 60%, 1990년대 중반 약 45%였음을 고려할 때 엄청나게 떨어진 것이었다.

하지만 한국경제의 구조를 고려해보면 이공계가 더 불안정하다는 인식은 완전한 오해였다. 한국에서 경쟁력이 가장 높은 산업은 제조업과 IT 등 이공계 관련 분야다. IMF 외환위기로 인한 피해가 이공계에 집중되었다는 인식도 부정확한 것이었다. 외환위기 당시 은행원이나 일반화이트칼라도 다수 일자리를 잃었기 때문이다.

이후 2010년대가 되면서 상황이 반전되었다. '이공계가 취업에 유리하다'는 인식이 퍼지면서 2016학년도에는 수능 응시자 중 이과생 비율(과학탐구 선택률)이 40%를 넘어서고 2020학년도에는 45.4%에 이른다. 2000년대의 맹렬한 이공계 기피현상은 학부모의 오도된 불안감이 자녀 진로에 어처구니없는 영향을 미친 해프닝이었다. 학력 수준이 높은 강남의 학부모들도 예외가 아니었다.

2000년대 초반 또 하나의 해프닝은 서울대 공대·자연대 교수들이 신입생들의 수학 실력이 떨어졌다며 '학력 저하'를 주장한 것이다. 학력이 저하된 이유는 이공계 기피와 더불어 의대 쏠림 때문이었다. 그전 같으면 한양대 공대쯤 들어갔을 법한 학생들이 서울대 공대에 들어가니 그렇게 보인 것이다. 그런데 학력 저하가 고교평준화 때문이라느니 수능이 쉬워져 그렇다느니 등등 황당한 억측이 돌고 언론에도 보도되었다.

14장
'공정', 신드롬이 되다

우리의 교육 경쟁이 출세경쟁에서 공포경쟁으로 바뀐 배경은 무엇일까?

미국에서도 양극화가 교육 경쟁을 유발할까?

공정이 청년들의 시대정신이 된 상황에서 사법시험 폐지와 로스쿨 도입은

왜 또 다른 불공정 논란을 일으켰을까?

문재인정부가 추진한 '비정규직의 정규직 전환'에 대한 청년층의 반응은 청와대를 당황시켰다. 문재인 대통령은 취임사에서 '기회는 평등하고, 과정은 공정하고, 결과는 정의로울 것'이라고 말했다. 그런데 정부가 정규직과 비정규직 사이의 격차를 좁히는 게 아니라 '특정한 시기에 비정규직으로 근무했다'는 이유로 비정규직을 정규직으로 전환하니 불공정하다는 반발을 샀다. 헬조선의 양대 요소인 '큰 격차'와 '좁아진 사다리'는 '공정'을 시대정신으로 만들었다. 누구나 납득할 수 있는 객관적 기준에 따라 지위가 배분되어야 한다는 믿음이 비정규직 정규직화뿐만 아니라 사법시험/로스쿨, 수능/학종 논쟁에 그대로 투영되었다.

출세경쟁에서 공포경쟁으로

한국직업능력개발원에서는 대졸자 가운데 '선망 직장'에 취업한 비율을 집계한다. 대기업·공기업·외국계기업·연구기관·공무원 등에 취업한

비율은 2000년대 중반 약 30%에서 2010년대 중반 약 20%로 낮아졌다. 낙관적으로 평균을 잡아 25%라고 해보자. 선망 일자리 25%와 비(非)선 망 일자리 75% 사이의 차이는 매우 크다. 예를 들어 대기업 정규직 임금 을 100이라 하면 대기업 비정규직은 65.0, 중소기업 정규직은 49.7, 중 소기업 비정규직은 35.0밖에 안 된다.(2015년 고용노동부 통계) 원청업체 임 금을 100이라 하면 하청업체 임금은 51.1에 불과하다. 원청업체 노조 가 입률은 39.2%인 반면 하청업체 노조 가입률은 6.8%에 불과하다.(안주엽, '노동시장 원·하청 구조의 실태와 개선방향', 경제사회발전노사정위원회 토론회, 2015)

고용형태에 따른 임금 및 생애소득 격차

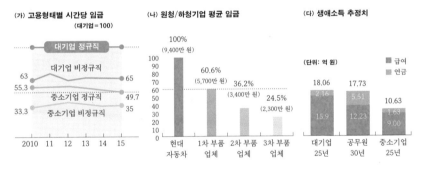

(가) 고용형태별 시간당 임금 (대기업=100) / (나) 원청/하청기업 평균 임금 / (다) 생애소득 추정치

출처: (가) 고용노동부. (나) 조선일보 2015년 3월 21일자 (다) NH투자증권 100세시대연구소.

한국에서 대졸자의 일자리는 좋은 일자리 25%와 그렇지 않은 일자 리 75%로 나뉘어 있는 셈이다. 대학을 졸업하지 않은 사람들까지 포함 하면 좋은 일자리 비율은 25%보다 낮을 것이다. 그래서 흔히 20 대 80 또는 10 대 90이라는 표현이 쓰인다. 노동 전문가들은 양극화라는 표현 대신 종종 '이중화' 또는 '이중 구조'라는 표현을 쓴다. 좋은 일자리와 그렇지 않은 일자리가 '모 아니면 도'식으로 양분되었다는 것이다.

　사람들은 헷갈릴 수밖에 없다. '탈스펙'과 '양극화'라는 얼핏 상반되어 보이는 시그널 두 개가 동시에 나타나기 때문이다. 한편으로는 명문대 졸업장의 가치가 떨어지고 스펙이 덜 중요해졌다는 느낌이 든다. 하지만 다른 한편으로는 청년들은 헬조선이라며 아우성이고 출산율은 세계 꼴찌다.

　'탈스펙'과 '양극화'라는 두 가지 시그널은 그 원인과 차원이 전혀 다르다. 탈스펙, 즉 학벌 가치가 떨어지고 '스펙'에서 '전문성'으로 무게중심이 이동하는 것은 좋은 일자리 25%에서 나타나는 현상이다. 다음 자료의 탈스펙은 2010년대 이후 대기업·중견기업 정규직 채용이 정기채용에서 수시채용으로 전환하면서 본격화되었다. 출신 대학 간판의 가치가 떨어지고 스펙보다는 직무 전문성을 기준으로 채용이 이뤄진다는 뜻이다. 이것은 긍정적인 현상이다. 학벌효과(특히 후광효과)가 완화된다는 뜻이기 때문이다.

동시에 나타나는 탈스펙과 양극화

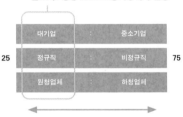

탈스펙: 상층 25% 노동시장에서 발생

대기업	:	중소기업
정규직	:	비정규직
원청업체	:	하청업체

25　　　　　　　　　　　　　75

양극화: 2000년대 이후 좌우 격차 심화

탈스펙은 노동시장의 왼쪽 영역에서 나타난다. 학벌의 가치가 떨어지고 '스펙'에서 '직무 전문성'으로 무게중심이 이동한다. 이와 동시에 양극화, 즉 좌우 격차가 커지는 현상이 나타난다. '탈스펙'과 '양극화'라는 서로 다른 차원의 시그널이 동시에 발생한 것이다.

반면 한국인들 사이에 확산된 불안감은 '탈스펙'과는 다른 차원의 현상, 즉 '양극화'에 그 원인이 있다. 좋은 일자리와 그렇지 않은 일자리 사이의 격차가 심해진 것이다. 이것은 1980년대 후반 시작되었고 1997년 IMF 외환위기 때 대량 실직을 계기로 가시화되었다.

1990년대까지 한국사회의 교육 경쟁은 한마디로 '출세경쟁', 즉 '더 잘되기 위한' 경쟁이었다. 취업이 잘되어도 'SKY'를 향한 경쟁은 치열했다. 그 이유로는 앞에서 설명한 것처럼 농지개혁 및 경제성장을 통해 자산과 소득이 비교적 고르게 분배되어 경쟁 참여자가 많았다는 것, 그리고 정부의 대학 정책이 안이했던 탓에 '대학 서열화가 심했다'는 두 가지를 꼽을 수 있다.

2000년대 이후 교육 경쟁은 양극화로 변화를 겪는다. 한때 세계에서 가장 평등한 나라였던 한국에서 세계에서 가장 빠른 양극화가 일어난다. 이 때문에 공포에서 멀어지기 위한 경쟁, 즉 '공포경쟁'이 시작되었다. 이것은 25%가 좋아서라기보다 75%가 공포스럽기 때문에 나타나는 경쟁이다. 출세를 하면 좋지만 못 해도 어쩔 수 없다 치고, 무엇보다도 공포와 불안에서 벗어나 안정적인 기반에서 생활하기를 바라는 심리가 커진 것이다.

대학을 졸업한 뒤 좋은 일자리 25%로 곧바로 진입하는 방법은 소수의 전문직을 제외하면 대기업·공기업·공무원 정규직, 즉 '선망 직장'에 들어가는 것이다. 그런데 공포경쟁이 시작된 2000년대 대기업·공기업 정규직 신입사원 채용은 대부분 정기채용이었다. 앞에서 설명했듯이 정기채용은 그 속성상 학벌과 스펙을 보게 되는데, 이때 대기업 정기채용의 1단계 서류 심사를 통과할 수 있는 커트라인이 대략 '인(in)서울'과

'지거국'(지방 기점 국립대)이었나. '인서울'이라는 말이 2000년대 갑자기 등장한 데는 이런 배경이 작용한 것이다. 이를 단순화해서 수학 공식처럼 표현해보면 다음과 같다.

- 1990년대 이전: 출세경쟁=경쟁 참여자 많음+심한 대학 서열화. 키워드는 'SKY'
- 2000년대 이후: 공포경쟁=일자리 양극화+계층 상승 사다리 붕괴. 키워드는 '인서울'

그렇다고 출세경쟁이 없어진 것은 아니다. 공포경쟁이 출세경쟁에 중첩된 것이다. 자녀 교육을 위해 대치동으로 이사하는 사람들의 목표는 자녀를 인서울 대학에 진학시키는 게 아니라 SKY 또는 의대에 보내는 것이다. 이들은 출세경쟁을 계속하고 있는 셈이다. 그런데 이와 동시에 훨씬 폭넓은 저변에서 공포경쟁, 즉 '공포로부터 멀어지기 위한 경쟁'이 나타나고 있다. 출세경쟁과 공포경쟁은 개념적으로는 명확히 구분되지만 현실적으로는 무 자르듯 나뉘지 않는다. SKY나 의대를 목표로 삼았다가도 대입을 치르고 나서 인서울에 자족하기도 한다. 또 인서울을 목표로 공부하다가 성적이 오르면 SKY나 의대로 목표를 수정하기도 한다.

미국에서도 양극화가 교육 경쟁을 자극한다

불안은 영혼을 잠식한다. 미국에서도 양극화가 심할수록 부모가 교육비 투자를 늘리는 경향이 나타난다. 2018년에 버클리대 연구진이 소득 격차가 큰 주(州)일수록 자녀 교육비를 많이 지출한다는 논문을 발표해 주목을 받았다. 이들에 따르면 소득 격차(불평등)가 클수록 부모는 자녀의 미래를 더 걱정하며, 이에 대응하여 고소득층뿐만 아니라 중간 소득층도 자녀 교육에 대한 투자를 늘린다는 것이다. 이 논문은 한국 상황에도 시사하는 바가 크다. 양극화와 격차(불평등)로 인한 불안이 교육 경쟁의 주요 원인이 된다는 것이다.

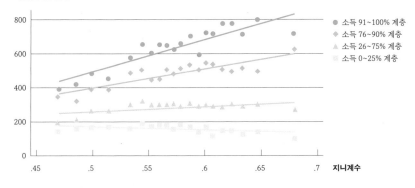

미국 주(州)별 소득 격차와 자녀에 대한 지출액의 관계

소득 격차(지니계수)가 큰 주일수록 자녀에 대한 투자가 커지는 경향이 나타난다. 자녀에 대한 지출 액에는 공교육비와 사교육비가 모두 포함된다. 출처: Daniel Schneider, Orestes P. Hastings, Joe LaBriola, "Income Inequality and Class Divides in Parental Investments", *American Sociological Review*, vol. 83(2018), issue 3.

또 하나 주목할 저작은 2019년 출간된 『기울어진 교육』(*Love, Money, and Parenting*)이다. 이 책의 저자들은 미국에서 양극화가 심해짐에 따라 권위형 부모가 증가하고 집약적 양육(intensive parenting), 즉 자녀의 행동과 성취를 부모가 상세하게 관리하는 비율이 뚜렷하게 증가함을 보여준다. 반면 격차가 거의 커지지 않은 스웨덴에서는 과거의 미국처럼 허

14장 '공정', 신드롬이 되다

용형 양육이 지배적이다. 이처럼 사회적 양극화는 '불안'을 불러일으키고 그를 통해 한국뿐만 아니라 미국에서도 자녀 교육비와 양육 방식에 큰 영향을 주고 있는 것이다.

공정, 청년층의 시대정신이 되다

한국은 예부터 대학 간 격차가 컸는데, 여기에 더해 일자리 양극화도 심해졌다. 사람들은 격차와 불평등을 반기지 않는다. 격차가 클수록 경쟁이 심해지고 그만큼 삶이 각박하고 피곤해지기 때문이다. 하지만 한국인은 지난 20여 년간 어느 정당이 집권해도 격차가 줄어들지 않음을 경험했다. 격차를 좁히는 것이 불가능하다면, 그 지위가 공정하게(비례적으로) 배분되게라도 해달라는 요구는 매우 자연스럽다. 노력 또는 실력에 비례하는 결과가 나오게 해달라는 것이다. 이러한 심리는 좁아진 사다리를 체감하는 청년층에서 가장 강하게 나타났고, 그래서 '공정'이 청년층의 시대정신으로 등극했다. 즉 공정 신드롬은 '큰 격차'와 '좁아진 사다리'의 결합이 만들어낸 산물이다.

진보 교육 진영에서는 예전부터 입시(수능과 같은 외부 시험)를 없애자는 주장이 심심찮게 나왔다. 심지어 대입에 추첨을 도입하자고 주장하는 사람도 있다. 비례성 기준으로 본다면 이것은 매우 불공정한 주장이다. 서울대에 가면 1년에 4,475만 원어치 서비스를 제공받고 중앙대에 가면 1년에 1,584만 원어치 서비스를 제공받는다.(학생 1인당 투입 교육비) 이렇듯 엄청나게 차이 나는 기회를 배분하는데, 가장 비례성과 객관성이 높은 방식(입시)을 폐기하거나 심지어 로또처럼 추첨하자는 얘기가 설득력이 있을까?

한국 대입에서 유난히 '변별력'이 중요한 것도 같은 맥락에서 이해할 수 있다. 어느 대학에 가느냐에 따라 교육의 질 차이가 크다. 의대에 합격하느냐 마느냐에 따라 생애소득과 안정성에 큰 격차가 난다. 따라서 누구나 납득할 수 있는 객관적인 합격/불합격 기준을 원하게 된다. '결과의 격차'가 큰 만큼 객관적인 변별력을 요구하는 것이다. 그런데 실제 대입제도는 반대로 진화했다. 노무현정부의 수능 등급제(2008학년도 대입), 문재인 대통령 대선 공약이던 수능 절대평가(등급제), 이명박정부가 본격 도입한 입학사정관제와 이를 계승한 학종은 모두 변별력을 무디게 만든다는 공통점이 있다. 여기에 더하여 입학사정관제-학종은 비교과의 기회 불평등 문제까지 겹쳐 있으니 대중의 원성이 폭발한 것이다.

비정규직 정규직화도 마찬가지다. 비정규직과 정규직 사이에 급여와 안정성에서 큰 차이가 존재한다. 그러니 그에 상응하는 비례성을 요구하는 것이다. 누군가는 힘겨운 경쟁의 관문을 뚫고 정규직이 되었는데 또 다른 누군가는 특정한 시기에 우연히 비정규직으로 고용되어 있었다는 이유로 그보다 낮은 허들을 넘어 정규직이 된다면, 이것은 불공정한 것이다.

이것은 진보/보수의 문제가 아니라 의식의 가장 밑바닥에 깔려 있는 근본적인 정의 감각(sense of justice)의 문제다. 공정함에 대한 요구를 차별이나 혐오로 간주하는 반박은 정곡을 놓치는 것이다. 물론 공정함에 대한 요구가 차별이나 혐오와 화학결합하는 경우가 많다. 하지만 공정 요구를 차별이나 혐오로 환원하는 태도는 '구조'의 문제를 '도덕'의 문제로 치환한다는 점에서 심각한 오류를 범하는 것이다.

예를 들어 외국인노동자 유입에 반대하는 것을 외국인노동자 '혐오'

로 환원할 수 있을까? 한국에서 최저임금 이하를 받는 노동자는 311만 명으로 전체 노동자의 15%가 넘는다.(2018년 기준) 즉 한국의 하층 노동시장에서 임금은 최저임금제가 아니라 수요-공급원리에 따라 결정되는 것이다. 이런 상황에서 외부에서 노동이 공급되면 임금 상승이 억제되는데, 국내 체류 외국인은 최근 10년간 2배가량 급증했고 취업비자 체류자로 한정해도 10년간 2배 가까이 늘었다.(체류 외국인 2008년 115만8,000명, 2018년 236만7,000명. 취업비자 체류자 2008년 57만3,000명, 2018년 101만8,000명) 이런 사정을 고려하지 않고 외국인노동자에 대한 반대를 혐오나 차별로 단정하는 것은 물질적 갈등을 도덕적 문제로 환원하는 그릇된 태도다.

마찬가지로 정규직과 비정규직의 격차가 엄존하는 가운데 이 격차를 줄이려는 노력은 하지 않고 비정규직을 정규직화하는 방식으로 대응한다면 불공정하다는 비판을 받을 수밖에 없다. 이를 혐오나 차별이라고 비판하는 것 역시 정곡을 비켜난 것일 뿐만 아니라 해결책을 미궁에 빠뜨린다. 관건은 비정규직 대우는 높이면서 정규직 대우는 낮추는 것이다. 정규직 대우를 그대로 유지한 채 비정규직을 정규직화하면 총인건비를 늘리기 어려운 여건에서 신규 채용이 줄어들어 청년들에게 피해가 간다. 정규직 임금을 호봉제에서 직무급제로 전환하고 임금피크제도 시행해야 한다. 노사관계도 기업별 교섭에서 탈피하여 산별교섭을 제도화해야 한다. 물론 이러한 변화에는 엄청난 반발이 따를 것이므로 역대 정부는 처음에는 칼을 휘두를 것처럼 나섰다가도 결국 꼬리를 내리고 '사회 안전망을 강화한다'는 정도로 미봉하곤 했다. 하지만 냉정히 봤을 때 다른 뾰족한 해법이 존재하지 않는다.

교육 문제는 부동산 문제와 유사한 면이 있다. 부동산에 투자하는 사람들의 욕망을 탓한다고 문제가 해결될 리 없지 않은가? 문재인정부에서 2017년 하반기부터 2020년 상반기까지 내놓은 부동산 대책들이 실패한 것은 '수요 감소'라는 시그널을 줄 만큼 철저하지 못했던데다가 동시에 '공급 증가'는커녕 오히려 정반대 시그널을 줬기 때문이다. 분양가상한제나 반값 아파트(보금자리 주택)처럼 직접적인 공급가격 통제도 없었다. 이것은 도덕주의로부터 한 발 떨어져 주택 가격이 수요-공급논리에 따라 결정됨을 냉정하게 인식해야 이해된다.

마찬가지로 자녀를 대입 경쟁으로 내모는 부모를 학벌주의나 계층상승 욕망에 사로잡힌 존재라고 비난한다고 문제가 해결될 리 없지 않은가? 구조의 문제를 도덕의 문제로 치환하면 학부모들의 반성이 필요하다는 무기력한 결론에 이를 뿐이다. 해결의 관건은 구조 개혁을 실시해 경쟁 자체를 줄이는 것이다. 선발제도(난이도와 복잡성)의 개선도 도움이 되지만, 경쟁의 원인이 '결과의 격차'에 있음을 냉정히 인식하고 격차를 줄일 방법을 고안하고 설득해야 한다.

기성세대의 진보 지식인들은 지금의 교육 경쟁을 전통적인 출세경쟁으로 간주하고 비판하는 데 익숙하다. 하지만 최근 청년층과 학부모들의 마음을 헤아리려면 '출세경쟁'만이 아니라 '공포경쟁'을 이해해야 한다. 한때 세계에서 가장 평등했던 한국에서 세계에서 가장 빠른 속도로 양극화가 진행되었고, 중소기업-비정규직에 취업하면 더 나은 미래를 꿈꾸기 어려워졌다. 공정이라는 시대정신의 이면에는 공포로부터 멀어지고픈 욕망이 자리 잡고 있는 것이다.

교육 경쟁이 완화되려면 일자리 격차와 대학 간 격차가 완화되어야 한다. 그런데 앞에서 언급했듯이 일자리 격차는 적어도 네 가지 원인이 복합적으로 작용한 결과여서 해법이 나오기 어렵고 시간이 오래 길린다. 반면에 대학 간 격차는 대규모 재정지원을 매개로 주요 사립대와 사회적 합의를 이뤄냄으로써 비교적 단기간에 해결할 수 있다. 그 구체적인 방법은 4부에서 설명하기로 한다.

불공정 논란을 일으킨 사법시험 대 로스쿨 논쟁

로스쿨과 입학사정관제-학종은 둘 다 노무현정부 시절 제기되어 이명박정부 시절 본격적으로 시작되었다. 그리고 둘 다 '불공정' 논란을 일으켰다. 사법시험-사법연수원을 폐지하고 로스쿨-변호사시험으로 대체하는 방안에 여론은 부정적이었다. 2015년 9월 리얼미터 여론조사에서 사법시험을 2017년에 예정대로 '폐지하자'는 20.2%에 불과하고 '유지하자'는 61.3%였다. 2016년 10월 한국갤럽 여론조사에서 사법시험 폐지가 '잘된 일'은 18%, '잘못된 일'은 47%였다. 잘못된 일로 보는 이유는 기회 박탈·불균등 및 공정하지 못함(29%), 가난한 사람에게 불리하고 기득권·금수저에게 유리함(25%), 시험제도 없이 제대로 평가하기 어려움(12%) 등이었다.

사법시험/로스쿨 논쟁은 수능/학종 논쟁과 닮은 점이 또 하나 있다. 정치적 진보/보수와 들어맞지 않는다는 것이다. 사법시험 폐지와 로스쿨 설립은 2000년대 노무현 대통령과 민주당(당시 열린우리당)이 추진한 정책이었고 당시 한나라당은 반대하다가 2007년 사립학교법 개정과 빅딜이 성사되어 비로소 법안 통과에 동의했다. 따라서 진보=로스쿨, 보수=사법시험 구도로 해석하는 경향이 있다. 하지만 사법시험 지지율은 보수층보다 진보층에서 높다. 2015년 9월 리얼미터 조사에서 '사법시험 유지'는 진보층 68.9%, 보수층 56.9%였고 '사법시험 폐지'는 진보층 17.3%, 보수층 20.9%였다. 2016년 10월 한국갤럽 조사에서도 사법시험 폐지가 잘못된 일이라는 응답이 민주당 지지층에서 55%, 새누리당 지지층에서 46%였다.

로스쿨은 개교할 때 표방했던 '다양성을 높인다'는 이상을 실현하지 못하고 있다. 무엇보다 SKY(학부) 출신 편중이 심하다. 2019학년도 입학자 중 SKY 출신이 서울대 로스쿨 93.4%, 연세대 로스쿨 86.3%, 고려대 로스쿨 79.0%, 서울 지역 로스쿨 전체 71.1%다. 또한 2020학년도 입학자 중 사회계열이 25.5%, 상경계열이 23.5%여서 합치면 절반에 가깝고 이과 계통 전공자가 9.7%밖에 안 되는 등 전공 다양성에도 개선할 여지가 있다.

아울러 변호사시험 성적이 공개되지 않는 것도 문제다. 과거에는 사법연수원 졸업성적이 공개되었으므로 법률회사에서 이를 참조하여 채용했다. 이때도 고위층 자녀를 선호하는 경향이 있었지만 연수원 성적이라는 객관적 지표가 공개되었기 때문에 제어가 되었다. 그런데 변호사시험 성적은 공개되지 않으므로 '성적'이라는 참조수단이 없어졌다. 따라서 채용 시 '부모가 누구냐'와 '출신학교가 어디냐'가 이전보다 중요한 구실을 하게 된 것이다.

이렇듯 여러 문제가 남아 있지만, 핵심 문제로 지적되었던 등록금과 선발제도는 2016년부터 개선되었다. 2020년 현재 기초생활수급자와 소득 1~3구간은 등록금 전액 면제, 소득 4구간은 등록금 90% 감면, 5구간은 80% 감면, 6구간은 70% 감면된다.(6구간 경계는 중위소득의 130%) 입학전형에서 정량평가 비중이 60% 이상이고, 블라인드 면접이 의무화되어 있으며, 자기소개서에 본인·가족·친척의 신상정보를 기재할 수 없다.

　사법시험/로스쿨은 본격적인 정치 쟁점으로 비화되지 않았다. 정치 쟁점이 되지 못한 이유는 첫째로 관심이 있는 사람이 비교적 소수라는 점, 보수정당도 2007년 사법시험 폐지에 동의했으므로 입장을 변경하기 어렵다는 점, 셋째로 등록금과 선발제도에서 실질적 개선이 이뤄진 점을 들 수 있다. 반면 대입은 워낙 많은 사람의 관심사였고, 대중의 심리와 반대 방향으로 진화해온 대입제도에 대한 피로감과 반발심이 장기간 누적된 상황이었다. 이를 투박한 도덕주의나 밋밋한 미봉책으로 대응하기는 어려웠고 문재인정부는 이와 씨름하다가 집권 기간 절반을 보낸 것이다.

15장
강남 스타일 교육

테남(대치동) 교육과 테북(압구정동) 교육은 무엇이 다를까?

싸이는 왜 대치동 문화에서는 나올 수 없을까?

대전족 현상은 무엇이며 대치동 교육은 어떤 과정을 서서 전국화되는가?

학종은 어떻게 코디와 컨설턴트를 낳았는가?

2019년 초 선풍적 화제를 모은 드라마 〈SKY 캐슬〉은 극단으로 치닫는 강남 지역의 교육열과 사교육을 여실히 보여줬다. 하지만 정작 대치동 학부모들 중에는 나에게 "저 드라마에 나오는 코디가 진짜로 있어요?"라고 묻는 이들도 있었다. 〈SKY 캐슬〉은 대치동 문화와 재벌 문화를 짜깁기해 보여줬기 때문에 평균적인 대치동 학부모들에게는 오히려 낯설게 느껴지는 요소도 적지 않았다. 무엇보다 대치동이 사교육 1번지가 된 것은 부유해서가 아니다.

대치동 vs. 압구정동 혹은 테남 vs. 테북

강남에서 가장 부유한 곳은 대치동이 아니라 압구정동·청담동 지역이다. 대치동이 테헤란로 남쪽에 있어 '테남'으로 불리는 반면, 압구정동·청담동은 테헤란로 북쪽에 위치해 '테북'이라고 불린다. 테북과 테남, 압구정동과 대치동은 애초 원주민 구성부터 차이가 있다.

압구정동 현대아파트는 1976년 첫 입주 때부터 고급 아파트였다. 당시 현대그룹에서 정치인, 기업인, 언론인 등에게 특혜 분양을 했다가 적발되어 큰 파장이 일기도 했다. 그만큼 부유층과 권력자들의 소유욕을 자극할 만한 가치를 인정받은 것이다. 반면 1979년 입주를 시작한 대치동 은마아파트는 교통도 불편했고 주변에 비포장도로도 있을 정도로 환경이 열악했다. 영화 〈말죽거리 잔혹사〉에 묘사된 시절이 바로 이때다.

대치동 초기 입주민들은 부자라고 말하기는 어려웠다. 다만 한국경제의 성장과 더불어 부와 사회적 지위를 높여가던 사람들이 많았다. 특히 1980년대 서초동에 법원과 검찰청이 들어서고 주요 대학들과 대치동을 잇는 지하철 2·3호선이 개통됨에 따라 법조인과 대학교수 등 전문직들이 많이 살게 되었다. 압구정동은 윗세대부터 부자인 집안과 사업가 비율이 높은 많은 반면, 대치동 일대는 당대에 성공한 자수성가형 전문직 비율이 높다.

이러한 사회경제적 배경의 차이로 압구정동 부모와 대치동 부모의 교육관은 처음부터 상당히 달랐다. 압구정동 학부모들도 자녀가 공부를 잘하기를 바라지만 대치동만큼 경쟁의식이 높지는 않다. 부의 규모가 크면 공부를 잘해야 한다는 압력으로부터 다소 자유로워진다. 상속을 통해 부모의 사회경제적 지위를 자녀에게 물려줄 수 있기 때문이다. 대치동에서 흔히 볼 수 있는 '학원 쇼핑'은 압구정동에서는 드문 일로, 학원들의 평판을 확인하고 한두 번 상담하고 나서 바로 등록하는 경우가 많다. 압구정동·청담동은 해외유학 비율이 높은데, 이것은 풍족한 자산과 상대적으로 자유주의적인(liberal) 양육관의 산물이다.

가수 싸이를 낳은 강남 스타일 교육은 강남 중에서도 대치동이 아니라 압구정동의 문화였다. 싸이 집은 반포에 있었지만 문화적으로는 압구정동 하위문화를 공유하며 고등학생 시절부터 나이트클럽에서 놀았다. 아버지는 상당한 자산을 가진 사업가였다. 고등학교를 졸업한 후에는 유학해서 경영학을 전공하다가 중퇴하고 버클리 음대를 다녔는데 결국 졸업하지 못하고 귀국해서 가수로 데뷔한다. 부모의 자산과 리버럴한 양육관의 결합. 이러한 압구정동 문화를 이해할 때 비로소 싸이의 성장 과정이 이해된다.

싸이가 대치동 문화에서 탄생할 수 있었을까? 불가능했을 것이다. 대치동에 사는 학부모들의 자산과 소득은 대한민국 평균보다는 훨씬 높지만, 상속을 통해 사회경제적 지위를 물려주기는 어려운 규모다. 이런 대치동 학부모들은 본인의 성공 도식, 즉 '공부를 통한 성공'을 자녀가 밟아가도록 한다.

서구 역사를 살펴보면 교육에 가장 힘쓴 계층은 귀족이 아니라 중간계급이었다. 중간계급(middle class)이라는 말은 지금은 소득 중간층(중산층)이라는 뜻으로 쓰인다. 하지만 원래는 귀족과 하층민의 중간에 (middle) 있는 계층으로서 의사, 변호사, 회계사, 튜터 등 주로 전문적인 지적 노동을 해준 대가(fee)를 수입원으로 삼는 사람들을 의미했다. 근대 초까지 농민·노동자 등 하층민은 교육을 아예 받을 수 없었고, 귀족은 교육을 받긴 했지만 탁월할 필요는 없었고 '아마추어'로 족했다. 귀족과 평민 사이에서 전문적인 지식과 지적 능력으로 일하는 사람들, 이런 근대 유럽적 의미의 '중간계급'이 현대 한국에 유난히 많이 모인 곳이 대치동이다.

〈SKY 캐슬〉에 대한 대치동 학부모들의 반응은 엇갈렸다. 자녀의 학업적 성공을 위해 전력을 다하는 극중 인물의 태도에는 공감하면서도, 그 부모가 재벌을 연상시킬 정도로 부유하다는 점에서는 괴리감을 느꼈다. 자산이 엄청난 수준인데도 불구하고 자녀 교육에 그토록 물불 가리지 않는 데에는 공감하기 어려웠던 것이다. 〈SKY 캐슬〉의 성공 비결은 '재벌적 배경'과 '전문직 문화'를 짜깁기한 데 있었는데, 이것은 드라마 리얼리티에는 약점이었다.

8학군과 대치동

강남 교육의 기반을 닦은 것은 사교육이 아니라 공교육이다. 박정희정부는 1970년대 강남 개발을 성공시키기 위해 당시 서울 중심지에 있던 명문 고등학교들을 강남 지역으로 옮기기로 한다. 1970년대 후반부터 1980년대 후반까지 경기고, 휘문고, 숙명여고, 서울고, 동덕여고, 경기여고 등 명문 고등학교들이 차례로 강남구와 서초구로 이전했고 아울러 개발이 진행되던 송파구, 강동구, 양천구(목동) 일대로도 여러 고등학교가 이전했다.

1980년대에는 강남에 사교육이 발붙일 여지가 없었다. 1979년 12·12와 1980년 5·18을 통해 권력을 확립한 전두환 정권이 1980년 7월 30일 사교육을 전격 금지했기 때문이다. 모든 학원 수강과 개인 과외가 금지되었고 예체능 및 재수생 사교육만 허용되었다. 서슬 퍼런 독재정권 시절이어서 처음에는 다들 끽소리 못하고 사교육을 포기했지만 차츰 명문대 대학생에게 비밀리에 개인과외를 받는 이른바 '몰래바이트'가 확산되었는데, 이 몰래바이트의 중심이 바로 강남 지역이었다.

1990년 전후 단계적으로 사교육이 허용되자 강남 지역에 빠른 속도로 학원이 발전하기 시작했다. 중심지는 대치동 일대였다. 대치동은 자녀 교육에 열성적일 만한 사회경제적 배경과 문화를 가진 사람들이 밀집된 지역이었기 때문이다. 대입제도가 바뀐 것도 대치동 사교육계에 호재였다. 1994학년도부터 대입학력고사가 대입수학능력평가(수능)로 바뀜과 동시에 1994~1996학년도 3년간 '수능+내신+본고사'라는 복잡한 대입제도가 시행되면서 사교육이 부쩍 성장했다. 2000년경부터 언론에서는 대치동이 교육 1번지라는 기획 기사를 앞다퉈 보도했다.

대치동의 전국화

2000년 메가스터디가 설립된 이후 대입 사교육 시장의 무게중심은 오프라인에서 온라인으로 옮겨갔다. 이러한 변화는 사교육업계 전체의 구조에 큰 영향을 미쳤다. 인터넷 강의에 대응하기 위해 대치동 오프라인 학원들은 다음의 두 가지 전략을 구사했고, 이것이 전국에 확산되었다.

인터넷 강의에 대한 오프라인 학원의 첫 번째 대응은 관리에 초점을 맞추는 것이었다. '강의의 질'을 기준으로 보면 오프라인 학원이 온라인 스타강사의 강의 능력을 당해내기 어렵다. 하지만 오프라인 학원은 숙제를 내주고 세심하게 관리하는 등의 방식으로 약점을 상쇄할 수 있었다. 특히 내신성적이 중시되면 오프라인 학원이 상대적으로 유리해진다. 인터넷 강의로는 내신을 대비하는 사교육 상품을 최적화하기 어렵기 때문이다. 학교별로 서로 다른 교과서, 시험 범위, 출제경향 등에 최적화한 프로그램을 제공하고 관리하는 데는 아무래도 온라인보다 오프라인 학원이 유리하다.

인터넷 강의에 대한 오프라인 학원의 두 번째 대응은 저학년으로 영역을 확장하는 것이었다. 인터넷 강의는 아무래도 고3 수험생 위주였다. 수험생 시장이 인터넷 강의에 잠식되자 오프라인 학원들은 그 영역을 중학생·초등학생으로 적극 확장했다. 이를 통해 '어릴 적부터 철저하게 부모와 사교육에 의해 관리되어 자란 학생이 명문대에 진학하는' 경향이 심해졌다.

대치동의 전국화는 두 방향에서 이뤄진다. 하나는 하향식이다. 대치동에서 검증된 사교육이 인터넷 강의와 오프라인 학원을 통해 전국적으로 확산되는 것이다. 대치동 스타강사의 강의는 실시간 전국으로 전달되고, 대치동에서 검증된 오프라인 상품은 전국 곳곳의 '작은 대치동'으로 퍼져나간다. 최근 가장 빠른 속도로 퍼진 오프라인 상품은 학종 컨설팅이다.

강남 지역 학생들은 내신성적이 불리하기 때문에 전통적으로 학종보다 수능이나 논술로 진학하는 비율이 높다. 그런데 2016 겨울 대치동에 학종 바람이 불었다. 정시(수능 전형) 정원이 줄고 학종 정원이 늘어나는 추세가 계속되다 보니, 내신으로 인한 불리함에도 불구하고 학종에 뛰어들어야겠다는 인식이 강남 지역에 급속히 확산된 것이다. 이때를 기점으로 소논문과 수상 경력을 중심으로 한 사교육 상품이 급증했고 컨설팅 서비스에 대한 수요도 늘었다. 그리고 대치동의 컨설팅 상품이 급속히 전국화되기 시작했다.

대치동의 전국화는 상향식으로도 이뤄지는데 이것이 곧 '대전족', 즉 '대치동 전세족' 현상이다. 첫째 아이가 초등학교에 다니는 도중에 대치동에 전세로 진입해서 막내 아이가 대학에 진학하면 빠져나가는 것이다. 대략 2000년 전후부터 시작된 대전족 현상의 결과 대치동 지역의 초등학교들은 1학년 학생 수보다 6학년 학생 수가 훨씬 많고 심한 경우 2배 이상이 되기도 한다. 은마아파트의 전세 비율은 70%가 넘는다고 알려져 있고 대치동에 인접한 도곡동 타워팰리스도 전세 비율이 절반 정도에 달한다.

강남-대치동 교육의 또 다른 특징은 재수 비율이 매우 높다는 점이다. 2014학년도 수능 응시자 기준 재학생 대비 재수생(이른바 '반수' 포함) 비율 전국 1위는 서울 강남구 74.3%, 2위는 서울 서초구 68.1%였다.(2014년 8월 교육부의 국회 박홍근 의원실 제출 자료) 물론 이들 중에 원하는 결과를 얻지 못하는 경우도 많다. 다들 눈높이가 워낙 높기 때문이다. 그럼에도 불구하고 워낙 많은 시간과 돈을 집중 투자하기 때문에 대치동 일대 학생들이 집단적으로 대입 경쟁에서 거두는 성취는 타 지역과 비교하기 어려운 수준이다.

어떤 사람들은 대치동은 너무 특수하고 극단적인 지역이며 따라서 한국의 교육을 바라볼 때 대치동에 눈높이를 맞추면 안 된다고 지적한다. 타당한 이야기다. 하지만 대치동을 단순히 '예외적 지역'으로 치부해서는 안 된다. 전국에서 가장 강한 교육열과 경제력을 겸비한 가족들이 대치동으로 모여들고, 대치동에서 시작된 트렌드는 온라인·오프라인을 통해 전국으로 확산된다. 또한 이런 과정을 거쳐 장차 한국 사회에서 상당한 영향력을 행사할 미래 세대가 자라난다. 따라서 좋든 싫든 대치동의 상황과 트렌드를 이해할 필요가 있다.

〈SKY 캐슬〉과 코디, 학종 컨설팅

대입 전형이 복잡해지면 부담과 사교육이 커질 뿐만 아니라 컨설팅 수요도 증가한다. 전형요소가 늘어날수록 '내가 챙겨야 할 게 이렇게 여럿 있는데 도대체 다음 학기에 어디에 중점을 둬서 어떤 식으로 준비해야 할까?'라는 의문이 생기고, 자연히 '전략'에 대한 수요가 늘어난다. 전략을 전문가에게 맡겨 외주화한 것이 컨설팅이다.

2008학년도 대입의 이른바 '죽음의 트라이앵글'도 전형요소가 복합적이었지만, 컨설팅이 특별히 성장할 정도는 아니었다. 구성 요소가 나름 정형화된 것들(수능, 내신, 논술)이었고 제도의 지속 기간도 짧았기 때문이다. 반면 학종에 포함된 비교과는 상대적으로 비정형화된 요소여서 개인별 맞춤형 컨설팅의 효용이 훨씬 크다. 입학사정관제의 원조인 미국에서도 일찌감치 프린스턴 리뷰(Princeton Review)나 카플란(Kaplan) 등의 교육업체에서 컨설팅 서비스를 제공해왔다. 최근 한국 학종 컨설팅에서 가장 고급 상품은 '시기별로 교과와 비교과를 엮어 어떤 스토리를 만들어낼 것인가'이다. 전략적이고 장기적인 컨설팅인 것이다.

2018~2019년 사이 겨울에 방영된 인기 드라마 〈SKY 캐슬〉을 통해 '코디'라는 직업이 널리 알려졌다. 코디란 코디네이터(coordinator)에서 유래한 이름인데, 컨설턴트가 많은 고객을 상대하는 반면 코디는 컨설턴트의 역할인 '전략'과 매니저의 역할인 '관리'를 겸하기 때문에 주로 학생 한 명만 전담한다. 나는 1년에 1억 원을 받는 코디까지는 직접 확인했고 훨씬 많이 받는 코디도 있다고 들었다. 과거에도 고액 자산가 자녀들의 학업을 관리하는 매니저 역할을 하는 사람들이 있었다. 이들이 학종 시대에 발맞춰 컨설팅을 겸하는 코디로 변모한 것이다. 대입 코디만 존재하는 게 아니라 영재학교 준비 코디도 있다.

그렇다면 컨설턴트나 코디는 어떤 학종 전략을 제시하는가? 일단 선행학습을 더 많이 하라고 요구한다. 최근에 '초등학교 때 영어를 끝내고 중학교 때 수학을 끝내야 고등학교 때 비교과를 챙길 시간이 확보된다' 는 말까지 생겼다. 챙길 게 많아졌으니 선행학습에 박차를 가해야 한다 는 것이다. 물론 이런 정도 선행학습이 가능한 학생은 극히 드물지만 이 말은 묘한 설득력을 가진다.

컨설턴트나 코디의 업무 중 백미는 교과와 비교과를 엮어 학생 개개 인의 특성에 맞는 스토리를 만들어내도록 하는 것이다. 예를 들어 환경 문제에 관심이 많은 학생에게는 화학 성적을 높이도록 하고 교내 발행 물에 환경문제에 관한 글을 기고하거나 환경문제에 대한 소논문을 작 성하도록 한다. 한류에 관심이 많은 학생에게는 해외 한류 팬들과 교류 하도록 하고 학교에 '한류 문화 연구회'라는 자율 동아리를 만들어 교류 활동을 학생부에 기재할 수 있도록 한다. 영어나 제2외국어를 열심히 익혀 외국 팬클럽과 소통할 수 있으면 금상첨화다.

이렇게 만들어진 스토리가 외부 조력에 따랐는지를 입학사정관이 구 별할 수 있을까? 불가능하다. 왜냐하면 애초에 학생 개인의 관심과 능 력에 바탕을 두고 장기간에 걸쳐 만들어낸 스토리이기 때문이다. 학생 이 '스스로 설계'한 것은 아닐지라도 '직접 만들어낸' 것이다. 따라서 입 학사정관이 검증 과정을 통해 걸러낼 수 없다. 컨설턴트의 역할이 허위 와 과장을 섞어 자기소개서를 대필해주는 정도라고 생각하는 사람들은 최근 확산되고 있는 전략 컨설팅의 진가를 모르는 것이다.

일각에서는 한국에서 비교과로 인한 부담은 입학사정관제의 원조인 미국보다는 덜하다고 여긴다. 미국은 학교 밖 활동까지 무제한인 반면 한국은 2015학년도 대입부터 학교 내 활동으로 한정했기 때문이다. 하지만 이것은 하나만 알고 둘은 모르는 얘기다. 미국에서는 예를 들어 '내가 역사에 관심이 많다'는 걸 입증하기 위해 제일 먼저 하는 것은 역사 관련 과목들을 되도록 많이 선택하여 이수하는 것이다. 또한 역사 과목에 심화반(honor class)이 개설되면 가급적 심화반을 이수한다. 이렇게 되면 이수 이력만 봐도 이 학생이 역사에 관심이 많음을 바로 확인할 수 있다.

이렇듯 미국에서는 자신이 이수할 과목을 직접 고르는 제도(한국식 명칭은 고교학점제)가 보편화되어 있어서 교과 이수 기록만으로도 자기 지향이나 관심을 상당 부분 보여줄 수 있다. 하지만 한국에서는 학생 개인에게 과목 선택권이 없어 교과 이력이 획일적이므로, 자기 지향이나 관심을 주로 비교과로 입증해야 한다.

〈SKY 캐슬〉의 드라마 작가는 부모와 컨설팅에 의존하는 대입의 불공정함을 풍자하고 비판하려 했던 것으로 보인다. 그런데 그 결과는 온 국민이 코디를 알게 되고 컨설팅에 대한 관심을 증폭시킨 것이었다. 실제로 2020년에 발표된 2019년도 사교육비 조사에서 '진로·진학 상담' 총 사교육비가 전년 대비 19% 증가했다.(전체 사교육비는 7.8% 증가) 아마도 작가는 자신이 의도하지 않은 결과가 초래된 것을 보고 개탄했을 것이다.

문재인정부는 이른바 '조국 사태'를 겪고 나서 비교과를 학종에서 전면 배제하겠다고 발표했다. 이로써 2021년 고1(2024학년도 대입)부터 코디와 컨설턴트 수요가 감소할 것이다. 하지만 여전히 살아남는 코디와 컨설턴트들이 있을 테고, 이들의 진화 방향이 향후 강남 스타일 교육의 풍향계일 것이다. 우선 정시(수능 전형) 정원이 늘어나는 만큼 정시 준비와 수시 준비에 시간을 적절히 안배하도록 하면서 중간/기말고사와 수행평가를 좀더 철저히 관리할 것이다. 여기에 더하여 교사가 학생부 세특(세부능력 및 특기사항)에 써줄 내용을 선제적으로 유도할지도 모른다. 그리고 혹시 아는가? 인공지능을 활용한 컨설팅과 매니저 서비스라도 나올지.

2019년 하반기 한국사회는 이른바 '조국 사태'로 들끓었다. 조국 서울대 로스쿨 교수가 청와대 민정수석으로 재임하다가 2019년 7월 말 법무부장관 후보자로 내정된 이후 여러 의혹이 제기되며 사회적 논란이 가열된 것이다. 특히 그의 딸이 고려대 환경생태공학부 및 부산대 의학전문대학원에 합격하는 과정에 활용된 논문, 표창장, 인턴 경력 등의 허위·과장 여부가 문제되면서 대입제도 논란이 다시 불붙었다. 결국 그는 법무부장관으로 임명된 지 35일 만인 10월 14일 사퇴했고, 10월 22일 문재인 대통령은 국회 시정연설에서 '정시 비중 상향'을 포함한 대입 개편 방침을 발표했다. 대통령이 발언한 그날 야당인 자유한국당은 의원총회에서 '정시 비중 50% 이상'을 당론으로 확정할 예정이었다. 발표 직전에 대통령이 이슈를 선점한 것이다.

대통령의 발언 이후 교육부는 2020년 고1(2023학년도 대입)부터 서울 지역 주요 16개 대학의 정시 정원 비율을 40% 이상으로 높이고 2021년 고1(2024학년도 대입)부터 학종에서 비교과를 전면 배제하겠다고 발표했다. 학종에서 비교과가 빠지면서 내신 성적과 세특(교사가 교과 수업·평가와 관련하여 드러난 학생의 특성을 적어주는 서술)만 남게 된다. 이제 학종은 더 이상 '교과+비교과 종합'이 아니라 '교과 종합'일 뿐이다.

'조국 사태'는 한국 교육정책의 역사에서 돌아올 수 없는 터닝 포인트가 되었다. 무엇보다 '자율주의'와 '전문가주의'가 종언을 고했다. 최근 20여 년 동안 대입제도는 대학 자율이라는 원리에 근거하여 전문가 중심으로 결정되었다. 그런데 여기에 정치권이 노골적으로 개입하기 시작한 것이다. 이러한 개입의 원동력은 바로 대중의 지지에 있었다. 3부에서 살펴봤듯이 20년간 정시모집 감소와 수시모집 증가, 그리고 최근 10년간 수능 축소와 학종 확대 과정에서 대중의 부정적 경험이 누적되고 있었다. 그뿐만 아니라 공정함(비례성)에 대한 대중의 요구와 감수성은 계속 높아진 반면 '자율'에 근거하여 '전문가'들이 만든 대입제도는 반대 방향으로 진화해왔다. 이로 인한 반감이 결국 시민참여적 에듀폴리틱스로 폭발한 것이다.

에듀폴리틱스에 대하여 교육계는 개탄한다. 교육적 가치기준이 정치적 이해관계에 따라 재단되었다는 이유다. 하지만 이른바 '교육적' 가치를 여타 사회적 가치와 권력의 자기장에서 분리하여 사고하는 방식은 이제 지속불가능하다. 모든 견고한 것이 허공 속으로 사라졌다. 변화의 비가역성을 인정하고 대안을 모색해야 한다. 이 과정에서 공교육의 민낯을 철저하게 비판적으로 바라보고, 어떻게 더 많은 사람을 설득하고 사회적 합의를 구성해나갈지 살펴봐야 한다. 어떻게 공교육의 책무성과 효율을 높일지, 어떻게 대입 경쟁을 완화할지, 어떤 대안을 내놓고 어떤 설득 전략을 구사할지를 탐색해야 한다.

문재인 이후 에듀폴리틱스의 새로운 장이 열릴 수 있을까?

4부
문재인 이후
교육의 향방

16장
공교육 걱정 없는 세상

공교육이 모국어 문자 읽기도 책임지지 않는 한국에서 아이들은

한글을 어디서 배울까? 스토리텔링 수학에 숨겨진 '웃픈' 사연은 무엇이고

영어가 필요 없는 세상을 만든다는 것은 또 무슨 말일까? 아이들의

기초학력이 떨어지는 원인과 그 대책은 무엇인가?

진보와 보수는 사교육을 보는 시각이 다르다. 진보는 사교육의 원인이 '경쟁'이라고 보고, 경쟁을 유발하는 서열화와 학벌을 타파해야 한다고 주장한다. 보수는 사교육의 원인이 '공교육 부실'이라고 보고, 대안으로 공교육 강화 또는 내실화를 제시한다. 내가 보기엔 둘 다 맞는 얘기다. 경쟁에서 이기기 위한 '경쟁적 사교육'과 공교육 부실로 인한 '보완적 사교육'이 모두 심각한 수준이다. 한국에서 자녀 교육은 엄마 책임으로 간주되기 때문에 30~40대 여성들은 공교육 부실을 잘 알고 있다. 문제는 이를 잘 모르는 50~60대 남성들이 교육부와 교육청을 지배하고 있다는 것이다.

한국 아이들은 한글을 어디서 배울까

통계청에서는 2008년부터 교육부와 협력하여 매년 초중고 학생의 사교육비를 조사한다. 다음 자료는 학부모들에게 사교육에 참여하는 '목적'

을 물은 설문에 답변한 것이다. 편의상 답변 보기들을 '경쟁적 사교육'
과 '보완적 사교육'으로 나눠볼 수 있다.

- 경쟁적 사교육: 진학준비, 선행학습, 불안심리
- 보완적 사교육: 학교수업 보충

　2014년 조사에서는 경쟁적 사교육이 50.4%이고 보완적 사교육이
44.3%다. 복수 응답을 허용한 2016년 조사에서는 경쟁적 사교육이
84.8%이고 보완적 사교육이 76.8%다. 두 조사 모두 '보완적 사교육'에
해당하는 '학교수업 보충'을 고른 응답률이 '경쟁적 사교육'에 해당하는
'진학준비', '선행학습', '불안심리'를 합친 것과 거의 맞먹었다. '남들보
다 앞서가기 위한' 사교육 못지않게 '수업을 제대로 따라가기 위한' 사
교육의 비율이 높게 나타난 것이다.

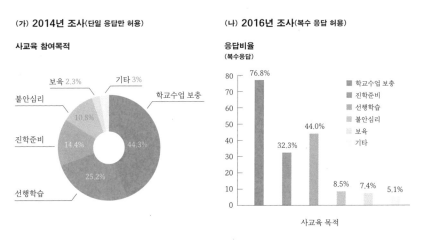

사교육 수강 목적에 대한 학부모 답변

통계청 사교육비 조사 중 초중고 자녀를 둔 학부모에게 사교육 수강 목적을 물은 설문 결과로 교과 사교육으로 한정했으며 예체능 사교육은 별도 문항으로 조사했다. 참고로 2017~2018년에도 같은 조사가 이뤄졌으나 응답 보기가 '학교수업 보충'에서 '학교수업 보충·심화'로 변경되는 바람에 보완적 사교육만이 아니라 경쟁적 사교육의 의미도 갖게 되었다. 이 보기를 고른 비율은 2017년 86.7%, 2018년 86.1%다. 자료: 교육부, 통계청.

이것은 이상한 결과가 아니다. 한국의 학부모(주로 엄마)들이 아이가 어릴 적부터 그토록 사교육을 많이 시키는 것은 욕망이나 불안감 탓이기도 하지만 공교육이 놀라울 정도로 불합리하고 무책임하기 때문이기도 하다. 즉 학교에서 수업을 받고 숙제를 해가는 것만으로는 학교 교육을 제대로 따라가기 어렵다는 얘기다. 이를 뒷받침하는 또 다른 조사 결과가 있다. 2016년 서울·경기 지역 초등학생 부모 1,020명 대상 조사에서 '요즘은 사교육을 하지 않으면 공교육을 따라가기가 어렵다'는 문항에 65.9%가 '그렇다'고 답했다.(출처: 조사전문기업 마크로밀 트렌드리포트)

한국은 모국어 문자 읽기를 공교육에서 책임지지 않는, 아마도 전 세계에서 유일한 나라다. 공식 교육과정에는 초등학교 1학년 때 한글 읽기를 익히도록 되어 있는데, 2017년 이전까지는 여기에 할애된 시간이 겨우 4주였다. 한글을 읽지 못하던 아이가 4주간 배우면 한글을 읽게 될까? 상당히 어려울 것이다. 여기에 대한 흔한 변명은 이런 것이었다. "요새는 초등학교 전에 으레 한글을 배우고 오지 않나요?"

그런데 초등학교 입학 전에 한글을 떼고 오는 학생들이 많다면, 이에 대한 교육당국의 합리적 태도는 둘 중 하나일 것이다. 첫 번째 대안은 한글 읽기 교육과정을 누리과정(어린이집-유치원)에 배치하는 것이다. 유치원은 의무교육이 아니므로 유치원에 다니지 않는 아이들을 위한 보완책이 필요하겠지만, 나름 합리적인 대안이다. 두 번째 대안은 '한글 읽기를 1학년 때 충실히 가르칠 테니 선행학습할 필요가 없다'고 널리 공지하고, 초등학교 1학년에서 한글 읽기를 4주가 아니라 이를테면 4개월쯤 하는 것이다.

그런데 한국의 공교육은 이런 합리적 대안은 외면하고 한글 읽기에 4주만 할애하며 겉핥기로 넘어가는 '이중 플레이'를 해왔다. 교사도, 학생도, 학부모도 수십 년간 이러한 이중 플레이에 적응했고 '신기한 한글 나라'와 같은 사교육이 돈을 벌어왔다. 한글을 떼지 않은 아이를 초등학교에 입학시켰다가는 교사에게 구박당한다는 게 상식으로 자리 잡았다. 모국어 문자 해독능력을 부모 책임으로 넘기는 나라. 이것이 한국 공교육의 현주소다.

나는 2010년 무렵부터 "한국은 전 세계에서 유일하게 모국어 문자 읽기 교육을 공교육이 책임지지 않는 나라일 것이다"라고 지속적으로 비판했다. 결국 교육부는 2017년 초등학교 1학년 학생부터 한글 수업 시간을 대폭 늘리도록 했다. 그리고 초등학교 입학생이 '한글을 모른다'는 것을 전제로 지도하게 하고 있다. 그 이전에 비해 상황이 많이 호전되었다. 그런데 단순히 국어 교육과정과 교과서를 개정한다고 해서 문제가 해결되지는 않는다. 국어와 수학이 따로 노는 기이한 교육과정이 지속되고 있기 때문이다.

스토리텔링 수학의 '웃픈' 사연

'스토리텔링 수학'이라는 말을 들으면 적지 않은 초등 학부모들이 가슴을 쥐어뜯는다. 이명박정부 시절 도입된 스토리텔링 수학의 목표는 나쁘지 않았다. 수학을 추상적인 개념으로가 아니라 구체적 경험을 통해 익히게 하자는 취지다. 예를 들어 숫자를 적어놓은 카드를 이용해서 재미있는 게임을 한다고 해보자. 서구 선진국에서는 초등 저학년의 경우 아이가 제대로 하는지 교사가 직접 관찰함으로써 평가한다. 지필 평가를 병행하기도 하지만 초등 저학년은 이런 활동 중심 수업과 평가가 주축이다.

그런데 서구 선진국에서 '활동'으로 익히는 것을 한국에서는 모두 '문자언어'로 된 문항으로 바꿔놓았다. 심지어 초등학교 1학년 교과서에 문항당 3~5줄짜리 긴 문항이 나오기도 했다. 문자언어로 길게 서술된 내용을 읽고 나서 이를 머릿속에서 구체적인 상황으로 그려본 뒤, 이를 다시 추상적인 수식으로 표현하여 해결해야 하는 것이다. 대부분 어린 학생들에게는 너무 어려운 과정이다. 2017년 초등 1학년부터 교육과정 및 교과서가 개정되면서 어느 정도 개선되었지만 아직 불충분하다.

초등학교 수학이 왜 이렇게 황당하게 변했을까? 한국에서 원래 초중고 교육과정을 만드는 곳은 국책연구기관인 한국교육과정평가원이다. 수능을 출제하는 곳으로도 유명하지만 또 하나 중요한 역할이 초중고 교육과정을 만드는 것이다. 즉 몇 학년 때 무슨 내용을 배울지를 결정하는 것이다.

그런데 이명박정부 시절 수학과 과학 두 과목의 교육과정만 뚝 떼어다가 '한국과학창의재단'(옛 명칭은 과학문화재단)으로 넘겼다. 문제는 과학창의재단의 주축은 교육과정을 만들어본 적이 없는 사람들이라는 점이다. 재단에서는 부랴부랴 전문가들을 불러모아 수학·과학 교육과정을 준비했는데, 그것도 '스토리텔링 수학'이라는 새로운 개념을 도입하면서 만들었다. 낯선 과업, 짧은 일정, 새로운 개념은 사고 나기 딱 좋은 삼박자였다.

초등학교 저학년 수학은 고학년 수학과의 연관만 중요한 것이 아니라 저학년 국어와의 연관이 더욱 중요하다. 그런데 수학은 과학창의재단이, 국어는 교육과정평가원이 맡게 되면서 구조적으로 수학과 국어의 연계성이 약화되었다. 더욱이 앞에서 지적한 것처럼 '활동'이 아니라 긴 문자언어를 읽어야 하는 '문제풀이' 중심으로 교과서를 만들어냈다.

그 결과 최악의 상황이 초래되었다. 아이들이 문제를 읽고 이해하지 못했으니 명백히 교육과정과 교과서가 잘못된 것이다. 수학 교육과정이 아동 발달단계에 맞지 않고, 수학과 국어 사이에 일관성이 확보되지 못했기 때문이다. 하지만 한국의 학부모들은 대부분 감히 교과서가 잘못되었다고는 생각하지 못하고 그 대신 '내 아이가 잘못되었다'고 판단했다. 근심과 불안과 사교육이 자동으로 따라붙었다. 수포자가 늘어나는 건 덤이었다.

기가 막힌 일은 교사와 학부모와 학생들은 속이 터지는데, 교육부와 과학창의재단은 '수학을 더 재미있게 만들었다'면서 공개적으로 자화자찬을 늘어놓았다는 점이다. 또 하나 아이러니한 점은 고등학교 수학 교육과정의 내용과 수준은 거의 달라지지 않았고, 심지어 수능 수학 문항은 평균적으로 쉬워졌다는 것이다. 시험을 쉽게 출제하면 만점자의 표준점수가 하락하는데, 수학 만점자 표준점수가 그전엔 거의 140~150점대이다가 120~130점대로 낮아졌다. 이과 수학(가형·B형)은 2011학년도부터, 문과 수학(나형·A형)은 2015학년도부터 이러한 추세가 나타났다. 이렇듯 수능 수학은 쉬워졌는데 유독 초등학교 수학에서 '개고생'을 하게 만들어놓았으니, 이런 아이러니가 따로 없다.

대안은 두 가지다. 첫 번째 방법은 '상명하달'이다. 초등 수학은 국정교과서를 사용하므로 새로운 국정교과서를 만들어 내려 보내는 것이다.

두 번째 방법은 '현장일임'이다. 교과서 발행방식을 자유발행제로 바꿔서 현장 교사들이 학생들 눈높이에 맞는 학습자료를 자율적으로 활용하여 수업을 하게 하는 것이다.

한국 교육부가 2017년 밝힌 바에 따르면 교과서 자유발행제는 OECD 36개국 중 17개국에서 시행하고 있다. 여기에는 핀란드, 스웨덴, 영국, 프랑스 등 주요 선진국이 망라되어 있다. 1부에서 설명했듯이 자유발행제의 핵심은 정부가 교육과정의 개요만 제시하고 교과서를 완전히 현장 자율에 맡기는 것이다. 교사가 민간에서 출판된 교재를 사용하거나 별도 교과서 없이 프린트물 등을 직접 만들어 사용할 수 있고, 심지어 교과서를 스스로 집필할 수도 있다. 교과서 자유발행제의 장점은 교사의 자율성과 창의성을 극대화할 수 있다는 것이다. 아울러 학생과 눈높이를 맞추는 데 유리하다. 현장에서 일하는 교사들이 '높으신 분들'보다 학생의 눈높이를 훨씬 정확히 알기 때문이다.

영어가 필요 없는 세상을 만든다?

공교육이 모국어 문자 읽기도 책임지지 않는데, 외국어 교육을 책임질 리 없지 않은가? 한국의 초등학생들은 3학년 때 영어를 배우기 시작한다. 처음엔 주당 2시간, 나중엔 주당 3시간 수업을 받는다. 그런데 주당 2~3시간 수업을 받으면 외국어가 배워질까? 우리나라 공교육이 암암리에 전제하는 '주당 2~3시간의 영어 수업만으로 영어를 배울 수 있다'는 가정은 근본적으로 잘못된 것이다. 외국어 교육 전문가들은 외국어 습득을 위해서는 상당한 '노출시간'이 필요하다고 지적한다.

핀란드 사람들은 영어를 아주 잘한다. 핀란드어가 유럽 계통(인도유럽

어족)이 아니라 아시아 계통(우랄어족)인데도 그렇다. 스웨덴의 글로벌 교육업체인 '에듀케이션 퍼스트(Education First)'가 매년 발표하는 영어능력지수(English Proficiency Index)에 따르면, 핀란드인의 영어 능력은 100개 주요 국가들 중 7위다. 핀란드보다 앞에 있는 나라들은 네덜란드, 스웨덴, 노르웨이, 덴마크, 싱가포르, 남아프리카공화국 등 영어가 공용어이거나 적어도 인도유럽어족 언어를 쓰는 나라들이다. 참고로 한국은 37위다.(2019년 기준)

핀란드 사람들이 옛날부터 영어를 잘했던 것은 아니다. 이들이 영어를 잘하게 된 것은 교육의 결과다. 학교 영어 교육이 '말하기' 중심의 수업과 '쓰기' 중심의 숙제로 이뤄진다. 평가도 말하기·쓰기 중심으로 한다. 문법에 크게 구애받지 않고 영어를 직접 사용하고 영어에 친숙해지도록 하는 데 중점을 둔다. 텔레비전 애니메이션을 더빙 없이 방송하기 때문에 어려서부터 영어 노출시간이 많다. 아울러 교사의 전문성과 자율성이 높은 수준이라는 점 또한 핀란드 영어 교육의 성공에 기여한 요인으로 꼽힌다.

한국의 교육환경에서 영어 노출시간을 어떻게 확보할 것인가? 요새는 인터넷이 발달하여 영어 노출시간 확보를 공교육이 주도하기가 용이해졌다. 1부에서 언급한 '꿀맛영어' 같은 프로그램 콘텐츠를 활용하면 효과가 높아질 것이다. 그런데 한국의 공교육은 그냥 '수업만' 제공한다. 심지어 숙제도 별로 없다. 학습 부담을 줄여준다는 이유로 숙제를 최소화하는 것이 최근 초등학교의 전체적 분위기다. 자연히 수업으로 학(學)은 되더라도 습(習)이 되지 않는 구조가 이어진다. 영어 사교육을 안 받거나 못 받는 학생들은 출발선부터 '영포자'가 되기 쉬운 상황에

놓인다.

2017년 대선 전, 진보 교육 진영의 주요 인사들이 모인 비공개 간담회가 있었다. 나는 발언할 차례가 되었을 때 두 가지를 역설했다. 첫째는 고교 체계 개혁이 꼭 이뤄져야 한다는 것이었다. 둘째는 영어 교육이 중요하다는 것이었다. 내 발언이 끝나자 한 진보적 교육단체의 대표가 내 주장에 반박하면서 말했다. 그의 말은 이랬다. "영어가 필요 없는 세상을 만들어야죠."

나는 큰 충격을 받았다. 영어가 필요 없는 세상을 만들면 좋을 것이다. 일본처럼 인구가 1억 2,000만 명이 넘고 경제의 대외의존도가 30%도 안 되는 나라에서는 가능할지도 모른다. 하지만 한국은 인구가 5,000만 명이고 경제의 대외의존도가 2018년 국민총소득(GNI) 기준 86%에 달하여 OECD에서 인구 2,000만 명을 넘는 나라들 중에는 독일과 아울러 독보적인 최상위권이다. 제조업과 IT 분야의 경쟁력과 생산성이 높기 때문에 이 구조가 단기간에 바뀌기 어렵다. 특히 연봉과 안정성이 높은 일자리를 제공하는 대기업들 중 다수가 글로벌 밸류체인의 핵심에 자리 잡고 있다.

영어 교육의 필요성은 앞으로 더욱 높아질 것이다. 한국의 서비스업 생산성은 제조업 대비 40%에 불과하여 OECD 조사 대상 26개국 가운데 최하위를 기록하고 있다.(2016년 OECD 통계) 장기적으로 서비스업 경쟁력을 높이는 것이 중요하다. 그런데 서비스업 경쟁력에서 매우 중요한 부분이 언어다. 최근 한류니 신남방정책이니 하는 것들도 모두 서비스업 생산성을 높이는 계기가 될 수 있는데, 현지 각국의 언어도 중요하지만 먼저 영어 구사 능력이 필요하다. 아이돌 그룹 방탄소년단(BTS)에서 영어에 가장 유창한 멤버 RM의 영어 구사 능력은 애석하게도 학교교육이 아니라 고양시의 영어학원과 미드(미국 드라마) 덕이다. 언제까지 이러한 상황을 반복할 것인가?

어찌 보면 이러한 시각은 꼭 진보 교육계에 국한된 문제가 아니다. 초중고 교육계에는 교육을 '도구'로 간주하는 것을 경계하는 전통이 있다. 교육을 취업이나 생계수단을 얻는 방편으로 환원하지 말라는 것이다. 이는 그 자체로 존중할 만한 전통이다. 하지만 이러한 전통은 영어의 중요성을 절감하는 많은 학부모의 현실감각과 상충한다. 교집합을 모색하고 절충점을 찾을 필요가 있다. 가장 중요한 교집합은 '민주시민교육'일 것이다. 민주시민교육을 글로벌 시민교육 및 국제교류로 확대하면, 사실상 글로벌 공용어의 지위를 가지고 있는 영어 및 기타 외국어(흔히 '제2외국어'라고 불리는)의 중요성이 자연스럽게 부각된다.

사실 진보 교육 진영이라고 해서 모두 영어 교육에 적대적인 것은 아니다. 영어 교사 출신인 이석문 제주교육감(재임 2014~)은 전교조 제주지부장 시절부터 '들엄시민'이라는 듣기 중심의 영어 교육 프로그램을 조직해왔다. '들엄시민'은 제주말로 '듣고 있으면'이라는 뜻이다. 다양한 미디어 콘텐츠를 이용해 영어가 '들리도록' 하는 것을 핵심으로 삼는다. 또한 『솔빛이네 엄마표 영어연수』의 저자인 이남수 씨는 참교육학부모회 울산 지부장을 지내기도 했다. 그는 딸의 영어 교육에 직접 뛰어들면서 영어 교육 방법론을 만들어낸 이른바 '엄마표 영어'의 시조 중 한 명으로 꼽힌다.

하지만 이들은 진보 교육계에서 예외적 사례다. 한국의 진보적 사회운동은 대체로 수출보다는 내수를, 대기업보다는 중소기업을, 개방보다는 자주를, 세계화보다는 민족을 중시하는 사상적 전통을 가지고 있기 때문이다. 이들에게 영어는 내수가 아니라 수출, 자주가 아니라 개방, 민족이 아니라 세계화, 중소기업이 아니라 대기업을 대표하는 아이콘이다. 영어 교육에 대한 외면은 이처럼 사상적 근원을 가지고 있어 바꾸기 어렵다. 아마도 교육정책의 중심 인력을 50~60대 남성에서 30~40대 여성으로 바꿔야 패러다임 전환이 가능할 것이다.

기초학력이 떨어지는 원인은?

'기초학력'은 아이들의 장래를 위해 매우 중요하다. 예를 들어 초등학교를 졸업할 때 분수, 사칙연산을 제대로 하지 못하면, 미래에 가질 수 있는 직업과 경력의 폭이 제한될 수밖에 없다. 그런데 실제 한국의 학교에서 예컨대 분수, 사칙연산을 제대로 못하는 학생이 발견될 때 어떤 조치가 취해질까? 적지 않은 경우 그냥 지나친다. 그 학생은 낙오자 그룹에서 빠져나올 길이 없다.

최근 '학력 저하' 현상에 대한 우려가 나오고 있다. 2~3년간 국가수준 학업성취도 평가에서 '기초학력 미달'로 판정된 학생 비율이 높아진 것이다. 그런데 국가수준 학업성취도 평가는 신뢰하기 어렵다. 자료의 그래프를 보면 바로 '왜 이렇게 널뛰기가 심하지?'라는 의문이 생긴다. 중간에 표집평가에서 전수평가(일제고사)로, 다시 표집평가로 전환된 것을 고려한다 해도 납득하기 어려울 정도로 급격히 변화한다. 나는 중3과 고2의 수학 기초학력 미달자가 2009년부터 동시에 급락하고 2017년부터 동시에 급증하는 걸 보고는 더 이상 이 통계를 믿지 않는다. 중3과 고2 사이에 2개 학년 차이가 있는데 어떻게 등락 패턴이 똑같단 말인가?

기초학력 미달 학생 비율

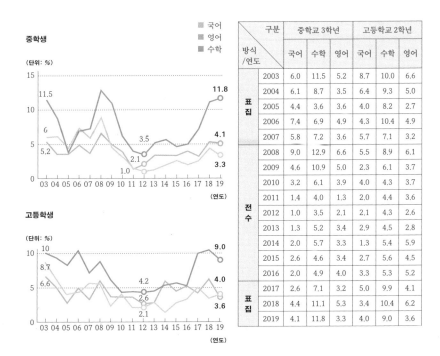

구분 방식/연도		중학교 3학년			고등학교 2학년		
		국어	수학	영어	국어	수학	영어
표집	2003	6.0	11.5	5.2	8.7	10.0	6.6
	2004	6.1	8.7	3.5	6.4	9.3	5.0
	2005	4.4	3.6	3.6	4.0	8.2	2.7
	2006	7.4	6.9	4.9	4.3	10.4	4.9
	2007	5.8	7.2	3.6	5.7	7.1	3.2
전수	2008	9.0	12.9	6.6	5.5	8.9	6.1
	2009	4.6	10.9	5.0	2.3	6.1	3.7
	2010	3.2	6.1	3.9	4.0	4.3	3.7
	2011	1.4	4.0	1.3	2.0	4.4	3.6
	2012	1.0	3.5	2.1	2.1	4.3	2.6
	2013	1.3	5.2	3.4	2.9	4.5	2.8
	2014	2.0	5.7	3.3	1.3	5.4	5.9
	2015	2.6	4.6	3.4	2.7	5.6	4.5
	2016	2.0	4.9	4.0	3.3	5.3	5.2
표집	2017	2.6	7.1	3.2	5.0	9.9	4.1
	2018	4.4	11.1	5.3	3.4	10.4	6.2
	2019	4.1	11.8	3.3	4.0	9.0	3.6

중3 및 고2 대상 국가수준 학업성취도 평가 결과로 2003~2007년은 표집평가, 2008~2016년은 전수평가(이른바 '일제고사'), 2017년 이후는 다시 표집평가로 시행했다. 참고로 초등학교 6학년 대상 평가는 박근혜 대통령의 대선 공약에 따라 2013년에 폐지되었고, 중3·고2 대상 평가는 유지되었으나 문재인 정부에 의해 2017년 전수평가에서 표집평가로 전환되었다. 자료: 교육부.

다행히 국가수준 학업성취도 평가보다 신뢰도가 높아 보이는 자료가 있다. OECD에서 시행하는 국제학업성취도평가(PISA)는 의무교육이 끝날 무렵인 만 15세를 대상으로 3년마다 시행하는 평가다. 2018년의 경우 한국에서 만 15세(대부분 고1) 학생 6,876명이 참여했다. PISA 평가에서 한국은 핀란드, 일본 등과 함께 지속적으로 매우 높은 순위를 유지하고 있다.

한국 학생들의 PISA 평가 결과

(가) 평균성적 및 순위

	OECD 중 참여국 수	PISA 2000 (28개국)	PISA 2003 (30개국)	PISA 2006 (30개국)	PISA 2009 (34개국)	PISA 2012 (34개국)	PISA 2015 (35개국)	PISA 2018 (37개국)
읽기	평균 점수	525	534	556	539	536	517	514
	순위	6	2	1	1~2	1~2	3~8	2~7
수학	평균 점수	547	542	547	546	554	524	526
	순위	2	2	1~2	1~2	1	1~4	1~4
과학	평균 점수	552	538	522	538	538	516	519
	순위	1	3	5~9	2~4	2~4	5~8	3~5

여기에는 OECD 국가 내 순위만 표기했다. OECD 이외의 국가나 도시도 평가에 참여하므로 통계 해석 시 유의해야 한다. 2006년부터는 영역별 순위를 확실한 등수 대신 신뢰도 95%의 '범위'로(예를 들어 2~4위라고) 발표하고 있다. 출처: 2019년 12월 교육부 발표 PISA 2018 평가 자료.

(나) 성취수준별 비율

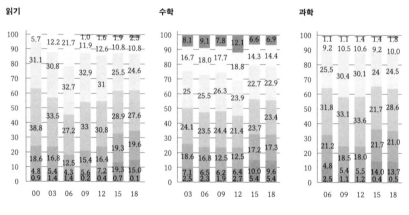

2015년 및 2018년 평가에서 이전에 비해 하위 성취수준(1수준 이하) 비율이 증가한 것이 눈에 띈다. 2수준 이하 비율도 유사한 패턴으로 증가했다. 출처: 2019년 12월 교육부 발표 PISA 2018 평가 자료.

즉 한국 학생들의 평균 학력(학업성취도)은 세계적으로 매우 높은 편이다.

그런데 한국 통계를 보면 순위는 높지만 최근 하위층이 뚜렷하게 늘었다. 읽기(reading), 수학, 과학 세 분야에서 모두 2012년 대비 2015년에 하위층이 뚜렷하게 늘고 그 수치가 2018년에 거의 그대로 유지되는 일관된 패턴이 나타난다. 고1 기준 2012~2015년 사이에 학력 저하가 나타난 것이다. 여기서 하위층이란 PISA에서 설정한 7개 수준 가운데 2수준 이하를 뜻하는데, 이 집단은 일반고(인문계고)의 수업을 따라갈 최소한의 능력이 의심스러운 수준이다. 또 하나 주목할 점은 학교 내 편차 및 학교 간 편차(분산)가 모두 OECD 평균보다 높다는 것이다. 즉 학력에서 '양극화' 현상이 나타나는 것이다.

평균 학력이 낮아지고 학력 양극화가 진행되는 이유는 무엇일까? 일각에서는 혁신학교 탓으로 돌린다. 그런데 혁신학교가 처음 지정된 것이 2009년이고 처음에는 그 수가 적었으며 주로 초등학교 중심이었다. 따라서 2012~2015년 사이 고1 하위층이 늘어난 것을 혁신학교로 설명하기는 어렵다. 그리고 뒤에서 거론하겠지만 실증 연구들을 보면 혁신학교로 지정된다고 해서 학력이 낮아지지 않는다. 또 일각에서는 자유학년제(초기 명칭은 자유학기제)를 원인으로 지목하는데, 박근혜 대통령 공약이던 자유학기제가 첫 시범 도입된 것이 2013년 중1(2학기)이므로 역시 2012~2015년 사이 고1 하위층이 늘어난 것을 설명할 수 없다.

즉 최근의 학력 저하를 혁신학교나 자유학년제와 연결하는 것은 무리한 해석이다. 그 원인은 아마도 전체적인 사회 양극화가 학력 격차를 심화하고 그 와중에 하위 성취수준 학생에 대한 공교육의 대응이 미흡하기 때문일 것이다.

기초학력 미달 또는 학습 부진 문제에 대한 조치에는 여러 가지가 있다. 일단 한 학급에 소속된 학생들이라 할지라도 배우는 수준을 개인별·그룹별로 차등화하는 이른바 '개별화 교육'이 있다. 획일적인 주입식 수업 방식에 익숙한 한국인에게는 상당히 낯설지만 많은 선진국에서 볼 수 있는 방식이다. 영국처럼 수학 등의 과목에서 수준별 분반 수업을 진행하는 나라도 있고 핀란드처럼 한 학급 안에서 그룹별로 다양한 학습수준을 관리하는 나라도 있다. 참고로 핀란드의 경우 특별반을 편성해 학습부진 위험도가 높은 학생을 관리하는 방식을 병행한다. 즉 핀란드도 수준별 분반 수업이 없다고 볼 수 없다.

기초학력을 위한 또 다른 보장 장치로 귀가 후 이뤄지는 '숙제', 그리고 주로 방과 후에 실시하는 '보완교육'이 있다. 방과 후 보완교육은 많은 선진국에서 일상적으로 이뤄지는 일이다. 담임교사로부터 통보받은 학생들은 방과 후 귀가하지 않고 담임 또는 전문교사의 지도에 따라 보완이 필요한 부분에 대한 보충교육을 받는 것이다.

한국에도 초등학교에 '나머지 공부'라고 불린 보완교육의 전통이 있었다. 담임교사가 일부 학생을 집에 보내지 않고 남겨서 개별 지도를 하는 것이다. '나머지'라고 부르니 어감이 썩 좋지 않고 낙인효과 문제도 있긴 했지만, '일상적 보완교육'을 통해 학생들의 기초학력을 담보하는 중요한 전통이었다. 그런데 나머지 공부는 점차 감소하여 2010년대에는 거의 '멸종 위기'에 이르렀다. 특히 2000년대 후반 '방과후학교'가 시작된 것이 치명타였다. 예전에는 정규수업이 끝난 다음 빈 교실을 나머지 공부를 위해 활용할 수 있었는데, 방과후학교를 위해 교실을 비워줘야 하니 나머지 공부를 진행할 공간이 마땅치 않게 되어버린 것이다.

아직도 나머지 공부를 포기하지 않은 천연기념물급 교사들이 있는데 이들이 겪는 어려움은 공간 문제만이 아니다. 상당수 학부모는 나머지 공부를 거부하고 아이를 집으로(또는 학원으로) 보내달라고 요구하고, 특히 민원에 민감한 교장·교감 등이 나머지 공부를 포기하도록 종용한다. 교사가 정당한 교육권을 행사하는 데도 엄청난 어려움이 따르는 것이다. 많은 노력과 수고가 필요한 반면 인센티브는 전혀 없고 오히려 학부모나 관리자의 압력을 견뎌가며 해야 한다.

내 아이 중 한 명이 초등학교에서 지속적으로 아주 낮은 수학 점수를 받아온 적이 있다. 기초학력 미달일 수도 있고, 설령 미달은 아니라 할지라도 상당한 위험 시그널이 켜진 것이다. 그렇다면 담임교사가 나름의 대응을 해야 정상이다. 나머지 공부를 시킬 수도 있고, 맞춤형 학습지를 숙제로 부과할 수도 있고, 이 과정에서 부모의 협력을 요청할 수도 있다. 그런데 그 교사의 반응은 '학원에 보내라'는 명시적인 표현만 없었다 뿐이지 완전한 방임과 다름없는 것이었다. 내가 당시 학교 운영위원이고 서울시교육청 정책보좌관으로 근무하는 것을 알고 있는데도 이런 일이 벌어졌다. 그렇다면 보통의 학부모들은 이런 일을 얼마나 많이 경험하겠는가? 실제로 학부모들과 상담해보면 '교사에게 학업 문제를 상의하니 학원에 보내라고 한다'는 경험을 토로하는 이들이 숱하게 많다.

그나마 중산층 이상의 경제수준에 외벌이 가정 아이들은 학교에서 보완교육을 제공하지 않아도 피해를 덜 본다. 사교육을 이용하거나 부모가 직접 돌봐줄 수 있기 때문이다. 일상적 보완교육이 없음으로써 가장 큰 불이익을 보는 아이들은 저소득층 맞벌이·한부모 가정의 아이들이다.

16장 공교육 걱정 없는 세상

신자유주의자들은 책무성(accountability)을 강조하며 일제고사를 도입했다. 미국에서 부시 대통령이 주도한 낙오방지법(NCLB, No Child Left Behind Act)에 당시 미국의 진보적 인사들도 상당수 동조했던 데는 그럴 만한 이유가 있었다. 물론 일제고사는 미국, 영국 등 여러 나라에서 '교육 획일화'의 원인으로 지목되었다. 영국에서는 단계적으로 폐지되었고 미국에서는 일부 주에서 시행되지만 학부모에게 불참 선택권을 준다. 객관식 평가가 주류인 한국에서는 일제고사로 인한 획일화 문제가 한층 더 심각하다. 하지만 기초학력 문제는 진보 교육계에서도 심각하게 고민해야 하고, 이를 해결할 목적으로 제한적으로(예를 들면 기초학력 도달 여부만 판정하는) 일제고사 활용도 고려해야 한다.

모든 아이가 높은 학력을 기록할 수는 없겠지만 적어도 의무교육 기간에 '기초학력'은 공교육으로 보장받을 수 있어야 한다. 그렇지 않으면 이후 진로선택의 폭이 너무 제한되어버린다. 이것은 복지국가의 완성도와 밀접히 연관된다. 핀란드, 독일 등지에서 일상적인 보완교육을 통해 최저학력을 보장하는 이유가 무엇이겠는가? 핀란드 학생들 가운데 의무교육 기간(9학년까지) 특별반에 편성되어 보충교육을 경험하는 학생들이 30%에 달한다. 심지어 도저히 기초학력을 확보하기 어렵다고 판단되면 그 아이를 유급시켜 해당 학년을 다시 다니도록 한다. 기초학력 도달을 그 정도로 중요한 국가 책무로 보는 것이다.

최근 '기초학력보장법'이 추진되고 1교실 2교사제, 보조교사 배치 등의 대안이 제기되고 있다. 환영할 만한 일이고 이 법이 시행되면 사정이 나아질 것이다. 특히 부진이 오래 누적된 학생이나 주의력결핍 과잉행동장애(ADHD), 경계선 지능, 난독증 등에 대응하려면 현재 인력과 시스템만으로는 역부족이다. 예를 들어 지적 장애 바로 위에 해당하는 경계선 지능(IQ 70~85) 수준의 학생이 여럿 있으면 교사는 큰 어려움에 직면한다. 따라서 이처럼 지원을 늘리는 것은 긍정적 변화다.

하지만 그럼에도 뭔가 주객이 전도되었다는 느낌은 떨쳐지지 않는다. 학부모들이 원하는 것은 이를테면 개별화 교육과 맞춤형 숙제와 나머지 공부가 교사들의 일상적인 주요 업무가 되는 것, 즉 '정성'이 일상적으로 체감되는 상태일 것이다. 이런 면에서 공교육 개혁의 목표지점은 '정성의 일상화'가 되어야 한다. 교육은 서비스업(공공서비스)이고 서비스업은 '정성'이 전제되어야 한다.

이를 위해 타파해야 할 것들이 많다. 앞에서 언급한 불합리한 교육과정·교과서, 민간 기준으로는 말도 안 되는 인사·승진 제도, 학교당 1년에 1만 건 이상 공문이 쏟아지는 관료적 통제…. 아울러 교사들의 자발적 움직임이 필요하다. 전교조가 30년 전 대중의 지지와 호응을 받은 것은 '촌지 안 받기' 운동 때문이었다. 당시 촌지와 체벌이 난무하던 학교에서 전교조 교사들이 벌인 실천은 감동과 지지를 불러일으키기에 충분했다. 일상 공간에서 이뤄지는 직업윤리적 실천이 학생과 학부모를 감동시킨 것이다. 지금 그와 유사한 직업윤리적 실천이 있다면 무엇이 있을까? "나머지 공부를 시행하겠다"는 선언, "학원에 보내라는 말을 하지 않겠다"는 선언이 아닐까? 보편복지와 교육운동은 바로 '기초학력'에서 만나야 한다.

17장
혁신학교의 불안한 미래

혁신학교로 지정되면 학력이 저하된다는 말은 사실일까?

혁신 고등학교의 학력이 낮은 이유는 무엇이고

혁신학교가 혐오의 대상이 된 까닭은 무엇일까?

서울시교육청은 왜 혁신학교 반대세력을 설득하는 데 실패했나?

2018년 겨울부터 2019년 봄 사이 서울 송파구, 강남구, 광진구에서 혁신학교 지정에 반대하는 학부모들의 시위가 잇따랐다. 이들은 혁신학교로 지정되면 학력이 저하되며 대입에 불리해진다고 주장했다. 2019년 5월 나는 한 보수적 TV방송과 인터뷰를 하며 말했다. "혁신학교가 되어도 학력이 저하되지 않습니다." 기자도 고개를 끄덕였다. 본인이 많은 자료를 뒤져보고 취재해보니 '혁신학교로 지정되면 학력이 저하된다'는 주장에 근거가 없더라는 것이다. 그런데 기자가 취재한 혁신학교 취재 아이템은 통째로 방송되지 않았다. 이처럼 보수 언론사에서는 혁신학교에 긍정적인 내용을 보도하지 않는다. 진보 교육감의 대표적 히트작품인 혁신학교가 진보/보수 프레임에 갇혀버렸다.

혁신학교는 어디서 유래했나

혁신학교와 전교조의 관계는 민감하면서도 흥미로운 주제다. 이 주제를 통해 일반인에게 알려져 있지 않은 전교조의 내밀한 모습이 드러날 뿐만 아니라, 혁신학교의 사회적 의미와 역동성을 엿볼 수 있기 때문이다.

일반인들은 대개 전교조가 정치적 투쟁에 열중한다는 선입견을 가지고 있다. 그러나 전교조에는 다양한 경향과 세력이 섞여 있다. 특히 전교조 내부에 '참교육'으로 대표되는 현장실천의 전통을 이어온 흐름이 일종의 비주류로 이어져왔다. 이들은 일상적 활동공간인 학교에서의 제도 및 문화 개선, 수업과 평가방식의 개혁에 일차적인 관심을 가져왔다.

이러한 경향은 '교과별 교사모임'과 '작은/새로운 학교 만들기 운동'이라는 두 줄기를 형성했다. '전국 국어교사모임', '전국 영어교사모임', '전국 역사교사모임' 등의 교과별 교사모임은 1980년대 전교조 설립 당시 전교조 산하 조직으로 출범했다가 사단법인 형태로 독립해 한국의 대표적 교사연구단체들로 자리 잡았다. 이들은 전통적인 주입식 수업에서 벗어난 다양하고 창의적인 수업·평가 모델과 노하우를 축적해왔다. 또 경기도 남한산초등학교, 충남 홍동중학교 등의 학교개혁 실험을 계기로 시작된 '작은 학교 운동'과 '새로운 학교 만들기 운동'은 한국 공교육 토양에서도 새로운 학교 운영이 가능함을 보여주었다.

혁신학교의 태동은 이처럼 전교조와 밀접한 연관이 있지만 출발하자마자 '전교조'라는 꼬리표로 설명할 수 없는 역동성과 사회적 의미를 가지게 되었다. 혁신학교가 시작되면서 다양한 유형의 교사들이 혁신학교를 지지하고 이에 적극적으로 동참한 것이다. 기독교계 교사 단체인 '좋은교사운동'처럼 나름의 교육철학을 정립한 세력도 있고, 그밖에 현장의 교육개혁을 염원해온 다양한 자생적 흐름이 혁신학교로 결집되었다. 혁신학교 초기인 2012년 기준 경기도 혁신학교 교사들 중 교총 회원은

31%인 데 비해 전교조 조합원은 14%에 불과했다. 심지어 전교조 조합원이 전혀 없는 혁신학교도 당시 경기도에 20개, 서울에 5개나 되었다.

보수 언론도 혁신학교를 호평하는 내용을 여러 차례 다뤘다. 의미심장한 점은 '혁신학교 주변 아파트 가격이 오른다'는 부동산 기사가 많았다는 점이다. 혁신학교가 이처럼 호응을 얻은 이유는 무엇일까? 체험·탐구·의사소통 중심의 참여형 교육은 주입식 교육과 비교했을 때 학생들의 학업흥미도를 높이는 데 효과적이고, 이러한 사실은 해외 체류를 경험한 학생·학부모들을 통해 알음알음 알려져 있었다. 그런데 서구 선진국에서 볼 수 있는 개방적 학교 운영과 참여형 수업이 안정적인 제도권 교육의 틀 안에서 가능함을 보여주자 관료적 학교 운영과 주입식 교육에 신물이 난 학부모들이 호의적으로 반응한 것이다.

혁신학교 주변의 전세가 추이

(가) 판교 보평초, 고양 서정초, 광명 구름산초

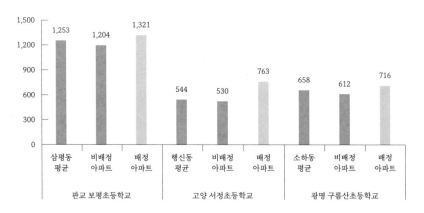

전세가격 기준(만 원/3.3m²)

(나) 판교 보평초 배정/비배정 아파트 전세 변화

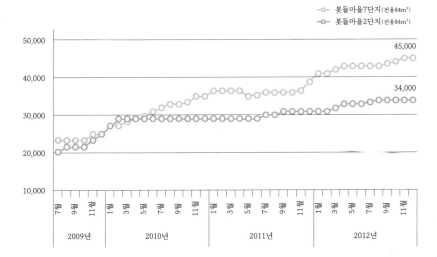

혁신학교가 들어서자 주변 아파트 전세가가 인근 동일 평형 아파트 대비 높아졌다. 전세는 실수요를 반영하는 지표로 널리 활용된다. 참고로 이 같은 경향은 지금도 여전해서 2020년 현재 판교 봇들마을 2단지 대비 봇들마을 7단지의 동일 면적 아파트 가격은 전세가 기준 10%, 매매가 기준 30%가량 높다. 출처: '부동산114' 2012년 12월 21일자 리포트.

실제로 대표적 혁신학교로 아이를 전학시킨 학부모들은 '아이가 예전과 달리 학교 가는 걸 좋아하게 되었다'는 반응을 보이는 경우가 많다. 학업흥미도가 세계 최하위권인 한국 교육에 이것은 매우 중요한 청신호다. 참고로 49개국이 참여한 2015년 TIMSS(수학·과학 국제비교평가)에서 한국 중2 학생의 수학 성취도는 앞에서 2등이었지만 흥미도는 뒤에서 2등이었고, 과학 성취도는 4등이었지만 흥미도는 꼴찌였다. 초4 학생도 유사해서 수학·과학 성취도는 각각 3등·2등이었지만 흥미도는 뒤에서 2등·4등으로 최하위권이었다. 이러한 현상은 TIMSS가 처음 시행된 1995년 이래 일관되게 나타나고 있다.

어쩌면 전교조 교육운동 최고의 역사적 의미는 서구 선진국에서 꽤 보편적으로 볼 수 있는 교육방식을 한국의 척박한 토양에서 꾸준히 연구·발전시켜왔다는 데 있는지도 모른다. 한국 초중고 교육을 일본적 방향이 아니라 서구적 방향으로 전환할 수 있는 길을 제시한 셈이다. 비록 이것이 전교조의 의도는 아니었다 할지라도 말이다.

혁신학교에 다니면 학력이 낮아질까?

혁신학교는 평균 학력이 낮다. 2016년 국가수준 학업성취도 평가 결과를 보면 중학생의 '기초미달' 비율은 3.6%인데 혁신학교는 5.0%였다. 고등학교의 경우 '기초미달' 비율이 4.5%인데 혁신학교는 11.9%였다. 경상남도처럼 혁신학교의 학업성취도가 일반학교보다 높은 지역도 있기 때문에 전국적으로 일반화하기는 곤란하지만, 어쨌든 평균적으로 혁신학교의 학력이 낮은 것은 맞다. 초등학교의 경우 박근혜정부가 2013년에 국가수준 학업성취도 평가를 폐지했기 때문에 마땅한 비교 자료가 없는데, 역시 중학교·고등학교와 같은 경향일 것으로 보인다.

하지만 이 데이터를 혁신학교로 지정되었기 때문에 학력이 '낮아진' 것으로 이해해서는 곤란하다. 혁신학교는 상대적으로 평균소득이 낮은 지역 학생들에게 혜택을 주기 위해 지정한 경우가 많았다. 즉 지역 특성상 처음부터 평균 학력이 낮았던 것이지, 혁신학교로 지정되었기 때문에 학력이 낮아진 것은 아니다. 혁신학교가 학력을 저하시킨다고 주장하려면 혁신학교 지정 '이전'에 비해 지정 '이후'의 학력 수준이 낮아지거나, 지역 특성이 비슷한 혁신학교와 일반학교를 비교했을 때 혁신학교의 학력 수준이 낮다는 결과가 나와야 한다. 그런데 여러 연구를 보면 이러한 결론은 전혀 나오지 않는다. '학력 저하'를 주장하려면 통시적 비교가 필수적인데 공시적 비교만 하고서 '학력 저하'를 주장하는 것은 명백한 오류다.

혁신학교와 일반학교를 체계적으로 비교한 연구로 2018년 한국교육과정평가원이 내놓은 연구보고서 「혁신학교 성과 분석: 국가수준 학업성취도 평가 자료 기반」을 꼽을 수 있다. 이 보고서에는 지역 특성 등이 유사한 혁신학교와 매칭비교학교(비혁신학교)를 비교한 결과를 담고 있다. 2009년 혁신학교로 지정된 학교들의 경우, 2009년에는 혁신학교가 매칭비교학교 대비 학력이 낮지만 2016년에는 혁신학교가 더 높게 나타난다. 2013년 혁신학교로 지정된 학교들에서도 학력 향상이 관찰된다.

혁신학교와 일반학교의 학업성취도 변화 비교(중학교)

(지역 특성, 학교 규모, 교사/학생 비율 등이 유사한 혁신학교와 매칭비교학교(비혁신학교)의 국가수준 학업성취도평가 평균성적 비교(원점수를 T점수로 환산))

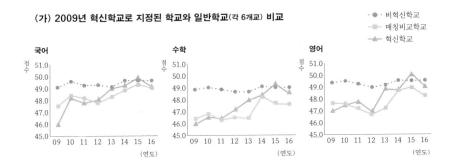

(가) 2009년 혁신학교로 지정된 학교와 일반학교(각 6개교) 비교

혁신학교의 학업성취도가 2009년에는 매칭비교학교 대비 낮았는데 2016년에는 높아졌음을 알 수 있다. 혁신학교가 학력 향상에 도움이 됨을 시사하는 결과다.

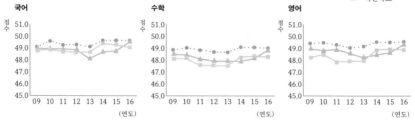

(나) 2013년부터 혁신학교로 운영된 학교와 일반학교(각 29개교) 비교

‥●‥ 비혁신학교
━■━ 매칭비교학교
━▲━ 혁신학교

2009년 시작한 혁신학교만큼은 아니지만 혁신학교로 지정된 이후 학력 향상 경향이 나타난다. 2012년 이전 데이터는 참고치에 불과함에 유의. 출처: 『혁신학교 성과 분석』, 76쪽, 한국교육과정평가원, 2018.

초등학교의 경우 국가수준 학업성취도 평가가 2013년 폐지되어 비교할 데이터가 마땅치 않다. 그런데 여러 시도에서 이른바 '종단 연구'를 진행하고 있다. 동일 학생이 학년이 올라감에 따라 어떠한 변화를 나타내는지를 추적하는 연구다.

경기도교육연구원에서는 2012년부터 계속해온 종단연구 데이터 가운데 혁신학교 재학생과 일반학교 재학생을 추려 학업성취도를 비교한 바 있다. 이를 보면 초등학교의 경우 혁신학교를 다닌다고 학력이 저하되지 않는다. 즉 일반학교와 학력 격차가 벌어지지 않는 것이다. 중학교의 경우 혁신학교를 다니면 일반학교 대비 학력이 오히려 더 많이 상승한다.

혁신학교 학생과 일반학교 학생의 학력 변화 비교

(가) 초등학생 학업성취도 변화

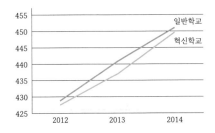

(나) 중학생 학업성취도 변화

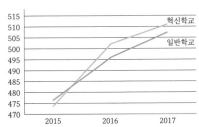

학업성취도 평가 과목 평균점수의 변화로 경기도 지역 초등학교 혁신학교 749명, 일반학교 2,792명 조사, 중학교 혁신학교 1,145명, 일반학교 4,410명 조사. 출처: 김민규·박세진, "혁신학교가 학업성취도에 미치는 영향", 『교육행정학 연구』 2019년 제2호.

앞에서 언급한 『혁신학교 성과 분석』 보고서에는 또 하나 인상적인 내용이 담겨 있다. 2011년 초등 6학년이었던 학생의 학업성취도가 중3, 고2를 거치면서 어떻게 변화했는지를 추적한 것이다. 중학교 시절 1년 이상 혁신학교를 경험한 학생은 혁신학교를 경험하지 않은 학생에 비해 국영수 학업성취도가 모두 높아졌으며, 수업참여도 또한 높아졌다. 즉 혁신학교에서 공부한 경험이 학력 향상에 도움이 된다는 것이다.

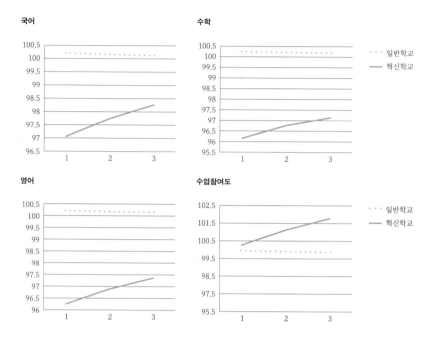

혁신학교 경험 학생과 일반 학생의 학업성취도 비교

국어

수학

영어

수업참여도

····· 일반학교
── 혁신학교

중학교 시절 1년 이상 혁신학교를 경험한 학생과 혁신학교를 경험하지 않은 학생의 비교. 혁신학교 경험 그룹이 초기 학력은 낮지만 점차 학력과 수업참여도가 향상된다. 세로축은 국가수준 학업성취도 평가 결과를 표준점수(평균점수 100, 표준편차 20)로 환산한 것이고, 가로축의 1, 2, 3은 각각 초6, 중3, 고2를 의미한다. 출처: "국가 수준 학업성취도 평가 자료 기반", 『혁신학교 성과 분석』, 37쪽, 한국교육과정평가원, 2018.

혁신 고등학교의 학력이 낮은 이유?

그렇다면 고등학교는 어떨까? 고등학교의 결과를 분석할 때 유의할 점이 있다. 초등학교·중학교의 경우 거주하는 집에서 가까운 학교를 배정하는 '근거리 배정'이 원칙이다. 따라서 학교의 평균 학력은 그 지역 거주민의 특성을 반영하게 된다. 대체로 평균소득이 높은 지역의 학교는 학력이 높고 평균소득이 낮은 지역의 학교는 학력이 낮다.

그런데 고등학교의 경우 혁신학교의 학업성취도가 낮은 데는 또 다른 이유가 추가된다. 고등학교 혁신학교는 공립 일반고 중에서 지정되는데, 성적이 높은 학생은 대체로 공립 일반고를 선호하지 않는다. 이들은 특목고·자사고로 진학하거나 일반고 중에서도 대입 실적을 중시하는 사립고를 선호한다. 고교평준화 지역 대부분에서 일반고 배정은 이른바 '고교 선택제'에 따라 '1지망 A고등학교, 2지망 B고등학교, 3지망 C고등학교…' 하는 식으로 선지원 추첨으로 이뤄지는데, 이때 성적 상위권 학생은 공립고가 아닌 사립고를 상위 순번으로 지망하는 경향이 강한 것이다. 이처럼 혁신 고등학교의 학력이 낮은 것은 지역·거주민 특성과 사립고 선호현상이 겹쳐 작용하기 때문인데, 이러한 변인을 모두 통제하여 연구하기가 어렵다.

그럼에도 고등학교의 혁신학교/일반학교 학력 수준을 단순히 비교해보면 어떨까? 수능 성적은 학교별 데이터가 공개되지 않으므로 고2 대상 국가수준 학업성취도 평가를 활용해서 경기도의 혁신학교와 비혁신학교를 비교한 자료가 있다. 일단 혁신학교가 '기초미달' 비율이 더 높다. 즉 학력이 낮다. 그런데 2013~2016년 사이의 변화를 비교해보면 혁신학교가 일반학교 대비 수학·영어의 향상도는 좋고 국어의 향상도는 나쁘다. 하지만 차이가 미미해서 어느 쪽이 더 낫다고 말하기 어려운 수준이다.

고등학교 혁신/일반학교 학력 비교(경기도)

	인원(명)	국어		수학		영어	
		2013년 기초미달	3년 후 변화	2013년 기초미달	3년 후 변화	2013년 기초미달	3년 후 변화
혁신고	8,098	4.26%	- 0.03%	8.36%	- 0.42%	9.11%	- 0.53%
일반고	103,986	3.57%	+ 0.55%	7.11%	- 0.57%	6.94%	- 0.93%

국가수준 학업성취도평가 2013년 기초미달자 비율 대비 2016년 향상도를 비교했다. 학교마다 학생 수가 다른 것을 보정하기 위해 기초미달 비율 및 향상도를 산술평균 대신 가중치평균으로 계산했다. 출처: 이정민, "혁신고등학교는 정말로 공부를 못하는가?", brunch.co.kr/@onlys/46

  서울의 경우는 종단연구 데이터를 이용하여 중3 학생이 혁신고/자율고에 진학해서 고2가 되었을 때 학업성취도의 변화를 비교한 연구가 있다. 위의 자료가 동일한 학교에 재학하는 2013년 고2 집단과 2016년 고2 집단을 비교한 것인 반면 다음 자료는 중3 학생이 혁신학교에 진학한 경우와 자율고(자사고 및 자공고)에 진학한 경우 각각 고2가 되었을 때를 비교한 자료다. 이에 따르면 혁신고 진학생이 자율고 진학생에 비해 중3 때 학업성취도는 낮지만 고2가 되었을 때는 자율고 진학생에 비해 학력이 더 많이 상승했음을 알 수 있다.

혁신고/자율고 진학 시 학력 변화 비교(서울)

	인원(명)	국어		수학		영어	
		2012년 중3 학력	2년 후 (고2) 변화	2012년 중3 학력	2년 후 (고2) 변화	2012년 중3 학력	2년 후 (고2) 변화
혁신고	80	546.35	+ 14.47	531.96	+ 17.15	555.23	+ 10.18
자율고	483	558.90	+ 7.85	555.26	+ 5.92	576.31	+ 7.21

2012년 중3 학생 가운데 혁신고 진학자와 자율고(자사고·자공고) 진학자의 고2 때 학력(학업성취도)을 비교했다. 출처: 박상현, "서울형 혁신학교의 종단적 효과 분석", 서울특별시교육연구정보원, 2016, 99쪽 표를 재구성.

문재인 이후의 교육

혁신학교가 학력에 신경을 덜 쓴다는 '인상'을 주는 것은 사실이다. 혁신학교는 주입식 수업에서 벗어난 참여형 수업을 지향하는데, 얼핏 보면 아이들이 학교에서 '제대로 공부하지 않는다'는 느낌을 받을 수도 있다. 그리고 교과서 순서대로 진도를 나가면서 가르치면 교사도 편할 텐데 굳이 애써서 교육과정과 교과서를 '재구성'해서 주제별로 참여형 수업을 설계한다. 이렇게 재구성을 하다보면 중요도가 떨어지는 부분이 생략되는 경우도 생기고, 이로써 '진도를 다 안 나간다'는 인상을 주기도 한다. 하지만 지금까지 본 것처럼 혁신학교로 지정됨으로써 학력이 낮아지는 것도 아니고, 오히려 혁신학교가 학력 향상도는 더 높다는 연구 결과도 있다. 참여형 수업이 주입식 수업에 비해 학습 효과가 높다는 뇌과학 연구들을 고려해보면 이런 결과는 놀랄 일이 아니다.

나도 큰아이가 어릴 때 혁신학교 옆으로 이사 가볼까 하고 몇 군데 학교도 방문해보고 부동산도 들러봤지만 '처갓집 근처를 떠날 수 없다'는 엄중한 현실 앞에서 마음을 접었다. 큰아이가 6학년일 때 아내가 아이를 혁신학교(중학교)의 학교 설명회에 데려가기도 했는데, 아이가 다녀오더니 '왜 먼 데로 가야 하느냐?'면서 단호하게 거부했다. 그래서 학부모로서 혁신학교를 경험해보지는 못했다. 하지만 혁신학교가 수업과 학교생활이 재미있고 열성적인 교사들이 많은 학교라는 점은 틀림없는 사실이다. 이런 학교가 나쁜 학교이기는 어렵다. 심지어 '학력'과 관련해서도 그렇다.

혁신학교는 왜 혐오 대상이 되었나?

혁신학교가 혐오 대상이 된 이유가 오로지 '학력 저하론' 때문이라면 실증 데이터를 들어 반박하거나 설득할 수 있다. 하지만 강남 지역에서 혁신학교를 반대하는 학부모들의 이야기를 들어보면, 반대하는 이유는 단순히 학력 저하 때문이 아니다. 수능을 통해 대학에 많이 진학하게 되는 강남 지역의 특성, 그리고 진보 교육감·정치인들의 이중성에 대한 반감이 결합되어 있다.

혁신학교에서 다양한 역량을 키운 학생들은 대입에서 상대적으로 학종에 유리하다고 볼 수 있다. 적극적 참여와 활동으로 다양한 결과물을 만들어본 경험이 학종의 세특 및 비교과에 유리하게 작용할 것이기 때문이다. 그런데 한국사회 전반에 학종에 대한 반감이 폭넓게 퍼져 있을 뿐만 아니라, 강남 지역의 경우 학종보다 수능을 선호하는 경향이 강하다. 한국의 고등학교 내신 성적은 상대평가인데, 이로써 평균 학력이 높은 강남 지역 학생들은 내신이 불리하기 때문이다.

강남 학부모들의 수능에 대한 선호와 내신-학종에 대한 피해의식은 뿌리가 깊다. 학종 정원비율이 높아지는 것에 대한 불만은 학종을 지지하는 진보 교육감이나 진보 교육 진영 전체에 대한 불만으로 이어졌고, 이들의 대표 작품인 혁신학교에 대한 반감으로 옮겨 붙었다. 이것이 진보 교육감·정치인들의 '내로남불', 즉 자기 아이는 특목고·자사고에 진학시키면서 특목고·자사고 폐지를 주장하는 행태에 대한 반감과 화학반응을 일으켰다. 조희연, 곽노현, 이재정, 유시민, 조국 등 적지 않은 진보 교육감·정치인들이 자녀를 특목고에 진학시킨 이력이 있다. 이들이 특목고·자사고 폐지를 주장하자 '자기 자녀는 보내면서 남의 자녀는 못 가게 하는 못된 심보'라는 비난을 산 것이다.

이런 비난은 근본적으로 '교육수요자'와 '정책결정자'를 혼동한 것이다. 구조 안에서 최선을 다하는 것과 구조를 바꾸려고 노력하는 것은 다른 차원의 문제다. 예를 들어 어떤 학생은 교육수요자로서는 서울대에 진학하려고 최선을 다하면서도, 나중에 정책결정자 지위에 오르면 서울대를 정점으로 하는 학벌 구조를 타파하겠다고 다짐할 수도 있다. 어떤 사람은 암에 걸렸다가 치료하는 과정에서 국민건강보험의 혜택을 받아 치료비를 대폭 감면받았지만, 국민건강보험을 축소해야 한다는 정치적 신념을 실현하기 위해 노력할 수도 있다. 이렇듯 '제도의 수혜를 입었으니 제도를 바꾸려 시도하지 말라'고 요구하는 것은 일종의 범주의 오류이며 심지어 기본권 침해라고 볼 수 있다.

자사고·특목고 논란, 혁신학교로 번지다

문제는 특목고·자사고에 대한 비판이 '기능적' 차원을 넘어 '도덕적' 수준으로 번지곤 했다는 점이다. 예를 들어 특목고·자사고가 경쟁과 사교육을 가중하므로 일반고로 전환하여 사회적 비용과 스트레스를 낮추자는 주장은 도덕적 시비와 상관없는 '기능적' 비판이다. 특목고·자사고가 학생 수준에 맞는 효율적인 교육을 하기 때문에 사교육비를 절감해준다는 사람들이 많은데, 실증 데이터를 보면 그렇게 보기 어렵다. 특목고·자사고에 진학하고자 하는 중학생이 상대적으로 사교육비를 더 많이 들이고, 특목고·자사고 재학생이 일반고 재학생보다 사교육비를 더 많이 쓰는 것이다.

만일 진보 교육 진영의 자사고·특목고 비판이 이 같은 기능적 비판에 그쳤다면 '내로남불' 문제는 제기되기 어려웠을 것이다. 하지만 특목고·자사고가 '귀족학교'라거나 '입시학원'이라는 식의 비난은 기능적 비판을

전국 중3 학생의 희망 고교 유형별 사교육비 및 고1 학생의 재학 고교 유형별 사교육비

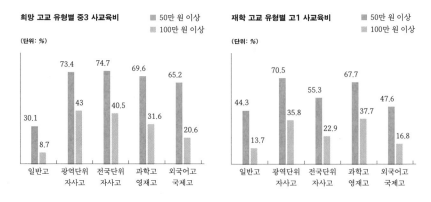

희망 고교 유형별 중3 사교육비 ■ 50만 원 이상 ▨ 100만 원 이상

(단위: %)

	일반고	광역단위 자사고	전국단위 자사고	과학고 영재고	외국어고 국제고
50만 원 이상	30.1	73.4	74.7	69.6	65.2
100만 원 이상	8.7	43	40.5	31.6	20.6

재학 고교 유형별 고1 사교육비 ■ 50만 원 이상 ▨ 100만 원 이상

(단위: %)

	일반고	광역단위 자사고	전국단위 자사고	과학고 영재고	외국어고 국제고
50만 원 이상	44.3	70.5	55.3	67.7	47.6
100만 원 이상	13.7	35.8	22.9	37.7	16.8

(월평균 기준, 일반고는 자율형 공립고 포함)

2017년 9월 국회 오영훈 의원실과 사교육걱정없는세상의 '고교 유형별 중·고교 사교육 실태' 조사. 전국자사고 학생의 사교육비가 적은 것은 기숙사에서 생활하여 사교육을 이용하기 어렵기 때문으로 보인다. 출처: 사교육걱정없는세상.

넘어서는, 특목고·자사고 구성원에게 도덕적 모멸감을 안겨주는 표현이었다. 심지어 특목고·자사고를 '적폐'라고 부르는 경우도 눈에 띄었는데, 적법하게 운영되며 구성원들의 지지를 받고 있는 학교를 적폐라고 낙인찍는 행태는 도가 지나친 것이었다.

'귀족학교'라는 표현은 타당한가? 물론 자사고·특목고 학부모는 일반고·특성화고 학부모 대비 고소득층 비율이 높다. 서울 지역 조사를 보면 가구별 소득이 월 500만 원을 초과하는 비율이 고1 기준 특성화고는 4.8%, 일반고는 19.2%, 자율고(자사고+자공고)는 41.9%, 특목고는 50.4%에 달한다.(김희삼,『사회 이동성 복원을 위한 교육정책의 방향』, KDI, 2015)

그렇다면 '귀족학교'라는 표현이 암시하듯 소득 최상층만이 자사고·

특목고를 다닐 수 있는가? 그렇지는 않다. 가장 비싼 민족사관고는 연간 학비가 2,671만 원이나 되고 나머지 전국자사고와 사립 외고는 1,000만 원이 넘는 경우가 많다. 하지만 광역자사고와 국제고는 대부분 1,000만 원미만이고, 특목고 중에서 공립으로 한정하면(일부 외고·국제고 및 모든 과학고·영재학교) 더 낮아서 공립 외고 14개교 평균 489만 원, 공립 국제고 6개교 평균 700만 원, 전부 공립인 과학고 20개 및 영재학교 8개는 각각 631만 원과 668만 원이다.(2018년 기준) 특히 이 학비에는 등록금뿐만 아니라 기숙사비, 급식비, 방과후학교비, 체험활동비 등이 모두 포함되어 있다.

고교 유형별 연간 학비(학부모 부담금) 비교

(단위: 원)

유형별	입학금	수업료	학교운영지원비	수익자부담수업	(계) 학부모부담금/학비 (학생 1인당 평균)
일반고 (서울소재)	0	1,256,068	308,900	1,234,958	2,799,925
전국단위자사고 (전국 10개교)	28,838	3,183,139	2,632,189	5,486,610	11,330,775
광역단위자사고 (전국 36개교)	23,612	3,777,735	875,804	2,524,570	7,201,722
외국어고 (전국 31개교)	83,690	3,320,506	404,063	3,833,517	7,641,777
국제고 (전국 7개교)	33,569	1,687,552	416,811	6,460,686	8,598,618

외국어고와 국제고에는 공립과 사립이 섞여 있는데, 공립으로 한정하면 연간 학비는 평균 500만 원 이하다. 2017년 기준 통계로 국회 김해영 의원실과 사교육걱정없는세상이 2019년 2월 26일 발표한 '전국단위 자사고 2018학년도 신입생의 중학교 내신 성적 및 학생 1인당 학부모부담금 실태'에서 인용.

2019년 기준 전국 4인 가구의 중위소득은 연 5,536만 원이므로, 이 정도 학비는 소득 중간 정도 가구에서 감당 불가능한 수준은 아니다. 따라서 특목고·자사고를 '귀족학교'라고 부르는 것은 마치 민주노총을

'귀족노조'라고 부르는 것처럼 부적절한 표현이다.

그렇다면 '입시학원'이라는 표현은 타당한가? 일반고에서도 고3이 되면 수능 준비 위주로 수업을 진행하는 경우가 많고, 심지어 고2나 고1 때부터 수능 유형에 익숙하도록 수업과 평가를 구성하는 경우도 있다. 그렇다면 일반고도 입시학원적 속성을 어느 정도 가진 셈이다. 게다가 같은 전국자사고라 할지라도 상산고처럼 수능 대비를 철저히 시켜서 주로 수능으로 명문대·의대 진학 실적을 내는 학교도 있지만, 하나고처럼 수능 문제풀이 수업을 거의 하지 않고 다양한 학교 내 활동을 지원하여 학종 위주로 명문대 진학 실적을 내는 학교도 있다. 적어도 후자의 경우 '입시학원'이라는 표현은 어울리지 않는다.

그래서 나는 예전부터 '귀족학교'나 '입시학원'이라는 표현은 기피했다. 그럼에도 텔레비전 인터뷰에서 학비가 많이 드는 전국자사고는 '귀족학교'라고 불린다고 언급한 적이 있고, 라디오 인터뷰에서 상산고처럼 수능 준비 위주로 운영되는 학교를 '입시학원'을 방불케 한다고 말한 적이 있다. 나 스스로 조심해야겠다는 경계심이 있었는데도 실수한 것이다. 나는 2019년 7월 자사고 재지정 논쟁에 참여하여 자사고 옹호론자들과 맞붙었지만, 그 와중에 '귀족학교'와 '입시학원'이라는 표현을 사용한 전력에 대하여 내 페이스북에 사과문을 올리기도 했다.

'특권학교'라는 표현은 다른 일반고가 가지지 못한 학생선발권을 행사한다는 점에서 타당한 표현이다. 고교평준화 이전 모든 고등학교가 선발권을 가지고 있던 시절에 최고 명문고가 대부분 공립이었음을 고려하면, 현재 일부 사립학교 위주로 학생선발권을 부여한 것은 분명히 특권이다. 하지만 '귀족학교'나 '입시학원'이라는 표현은 자사고·특목고의 존재양식과 이들 학교 구성원들이 부도덕하다는 인상을 주는 낙인찍기식 표현이었다. 이로써 '기능'의 문제로 국한되어야 할 논쟁이 '도덕'의 문제로 확장되고 말았다.

평균적인 한국인은 부동산 투기는 부도덕으로 보지만 교육 경쟁은 부도덕으로 보지 않는다. 따라서 교육 문제는 도덕을 배제하고 순수하게 기능적 차원에서 다뤄질 수 있었다. 그런데 진보 교육계와 정치인들은 '귀족학교'나 '입시학원'과 같은 표현으로 교육 문제를 도덕적 투쟁의 장으로 끌어들였다. 그러니 자기 자녀를 특목고·자사고에 보내면서 특목고·자사고를 폐지하자고 주장하는 것이 마치 자신은 부동산 투기를 하면서 부동산 투기를 억제하는 정책을 주장하는 것처럼 보이게 되었다. 그리고 혁신학교가 그 부메랑을 맞은 것이다.

서울시교육청은 왜 대응에 실패했나?

2018~2019년 혁신학교 반대 시위 현장에서 플래카드나 피켓을 보면 "기초학력 미달되는 혁신학교 반대한다"처럼 학력 저하를 우려한 구호도 있지만 "대학입시 개선 없는 혁신학교 결사반대"처럼 대입에 대한 우려를 표명한 구호도 있고 "남의 자식 혁신학교 자기 자식 귀족학교"라든가 "두 아들 다 외고 졸업 조희연은 각성하라"처럼 '내로남불'을 비난한 구호도 적지 않았다. 즉 혁신학교에 대한 혐오는 진보 정치인이나 진보 교육계 전체에 대한 반감을 수반하고 있다.

혁신학교 반대론에 대응하기 어려운 이유는 이뿐만이 아니다. 다음과 같은 두 가지 사정이 추가로 숨겨져 있다.

서울시교육청이 혁신학교 반대세력에 대응하지 못한 첫 번째 사정은 기존 혁신학교에 대한 낙인효과를 우려했기 때문이다. 예를 들어 학력 저하론에 대해 이렇게 해명한다고 가정해보자. "혁신학교들의 평균 학력이 낮은 것은 혁신학교를 주로 저소득층 비율이 높은 지역에 지정했기 때문입니다." 자칫 낙인효과를 낼 수 있는 해명이다. 따라서 교육청이나 혁신학교 주도 세력에서 적극적으로 이런 해명을 하기는 곤란했다.

서울시교육청이 혁신학교 반대세력에 대응하지 못한 두 번째 사정은 혁신학교를 대입과 연관짓는 것을 금기시해온 전통 때문이다. 초중고 교육이 대입에서 자유로워야 한다거나, 이른바 '입시 위주 교육'에서 벗어나야 한다는 믿음은 한국 교육계에 널리 퍼져 있다. 특히 진보 교육계는 이러한 믿음이 더욱 강하다. 그래서 혁신학교의 교육을 '대입'과 관련해 정당화하는 것을 기피해왔다. 그러니 대입과 관련한 학부모들의 우려에 적절히 대응할 수 없었던 것이다.

그렇다면 혁신학교를 다니면 진짜로 대입에 불리할까? 고등학교의 경우 혁신학교의 교육은 대체로 학종에는 유리하되 수능에는 불리할 것이다. 하지만 고등학교를 제외하고 초등학교와 중학교로 한정한다면 혁신학교의 교육은 학종은 물론이요 장차 수능을 준비하는 데에도 결코 불리하지 않다. 대입학력고사(1982~1993학년도 대입)는 암기 비중이 매우 높았던 반면 수능(1994학년도~)은 낯선 자료를 제시하면서 독해력이나 추론능력을 발휘하도록 요구하는 문항이 많다. 즉 수능은 객관식이라는 한계가 있긴 하지만 나름대로 '역량'을 요구하는 시험이다. 따라서 초등학교와 중학교에서 다양한 탐구활동과 독서 등을 통해 기른 역량이 훗날 수능시험을 대비하는 데 상당히 요긴한 기반이 될 수 있다.

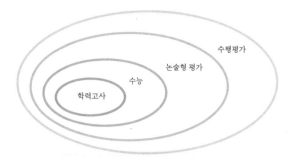

단순 암기 비중이 높았던 대입학력고사에 비해 수능은 상대적으로 독해력이나 추론능력과 같은 '역량'을 요구하는 비중이 높아진 시험이다. 물론 '정답이 하나로 정해진' 질문만 할 수 있는 객관식 시험이기 때문에 좀더 폭넓은 역량을 평가하기에는 한계가 있다.

문제는 진보 교육계에서 수능을 '암기 위주 시험'이라고 낙인찍는 일이 적지 않았다는 점이다. 문재인정부 들어 고위층에서도 이런 발언이 여러 차례 나온 바 있다. 이런 사람들이 초등학교·중학교 시절에 혁신학교를 다니는 것이 장차 수능을 준비하는 데에도 유리할 수 있음을 인식하거나 인정하기는 어려운 일이다.

이런 두 가지 사정으로 서울시교육청은 혁신학교와 학력의 관계, 혁신학교와 대입의 관계를 적극적으로 설명하고 설득하기 어려웠다. 문제는 이 같은 두 가지 사정이 앞으로 혁신학교 논란이 벌어지는 모든 지역에서 똑같이 작용할 것이라는 점이다. 전국 어디에서든 혁신학교로 지정하려면 혁신학교 반대론이 고개를 들 테고, 이들은 동일한 논리와 근거를 동원할 것이며, 이에 대하여 교육청과 진보 교육계는 동일한 이유로 효과적 대응에 실패할 것이다.

게다가 앞으로는 학력 저하론에 대응하기 점차 어려워질 것이다. 국가

수준 학업성취도 평가는 초등 6학년용이 2013년 박근혜정부에 의해 폐지되었고, 중3·고2용은 폐지되지는 않았지만 2017년 문재인정부에 의해 전수평가(이른바 일제고사)에서 표집평가로 전환되었다. 따라서 현재 혁신학교와 비혁신학교의 학력을 비교할 수 없고, 앞으로 학력 변화 추이도 알 수 없다. 지금은 그나마 2016년 마지막으로 시행된 중고교 전집평가 결과를 토대로 학력 저하론을 반박할 수 있지만, 시간이 지날수록 최근 데이터를 구할 수 없는 상황에서 흑색선전은 더욱 기승을 부릴 것이다.

혁신학교는 기로에 서 있다. '내로남불' 논란은 진보 교육계에 부정적 이미지를 남겼고 그 여파를 단기간에 회복하기는 어렵다. 다만 혁신학교에 다니면 학력이 낮아지거나 대입에서 불리할 거라는 우려에 대해서는 적극적으로 대응할 수 있고, 또 그렇게 해야만 한다. 첫째로 학력 저하론을 실증 자료를 들어 반박함과 아울러 혁신학교/비혁신학교를 비교할 수 있는 학력 데이터를 안정적으로 축적해야 한다. 둘째로 혁신학교에서 기초학력 보장을 위한 적극적 대응에 나서 '공교육 걱정 없는 세상'을 실현해야 한다. 셋째로 적어도 초등학교와 중학교로 한정한다면 혁신학교 교육이 향후 학종은 물론이고 수능을 준비하는 데도 불리하지 않음을 알려야 한다.

아울러 '혁신학교가 한국 교육의 미래'라는 말의 뜻을 비판적으로 들여다봐야 한다. 혁신학교가 이룩한 여러 가지 성과는 한국 교육시스템 자체가 혁신을 방해하는 강력한 역풍(逆風)으로 작용하는 와중에 어렵게 이뤄낸 것이다. 1부에서 '교권 선진화'를 다루며 역풍의 구조를 설명한 바 있다. 따라서 계속 이 역풍을 뚫고 가자고 주장하기만 할 것이 아니라, 이 역풍을 체계적으로 줄여나갈 방법을 고민해야 한다.

어차피 혁신학교를 보편화하기는 불가능하다. 혁신학교는 일종의 공모제 사업인데, 모든 학교가 특정한 공모에 지원하여 선정될 수는 없는 일 아닌가? 혁신학교는 '제도혁신'이 어려운 여건에서 '문화혁신'을 통해 이뤄낸 성과였다. 앞으로는 제도혁신에 역점을 둘 필요가 있다. 특히 혁신학교를 늘리는 것 못지않게 일반학교에서 혁신적인 교사가 살아남는 것이 중요하다. 그러려면 1부에서 언급한 '교권 선진화'가 꼭 필요하다.

18장
평준화라는 뜨거운 감자

고교평준화는 어쩌다 뜨거운 감자가 되었을까?

평준화의 양면성과 이중적 의미는 무엇일까?

고교평준화를 붕괴시킨 사상적 근거는 무엇일까? 특목고의

일반고 일괄 전환이 이뤄지지 못한 이유와 그 사상적 배경은 무엇일까?

국민건강보험, 그린벨트, 고교평준화는 박정희정부의 대표적인 진보적 사회정책이다. 국민건강보험은 박정희정부의 로드맵에 따라 1977년 '직장의료보험'으로 처음 시작되어 노태우정부 시절인 1989년에 완성되었다. 그린벨트는 1971~1977년에 걸쳐 전 국토의 5%가 넘는 면적에 설정되었다. 고교평준화는 1974년 서울 등에서 시작하여 1980년까지 주요 도시에 단계적으로 확대되었다. 이 세 가지 정책은 공익을 위해 사유재산권을 강하게 제약한다는 공통점이 있다. 박정희가 남긴 이 세 가지 유산을 '공공성'을 이유로 옹호하는 쪽은 진보층이고 '사유재산권 침해'를 이유로 허물려고 하는 쪽은 보수층이다. 한국 현대사의 아이러니가 아닐 수 없다.

박정희정부의 고교평준화의 양면성

고교평준화는 무시험 배정, 즉 고교에서 학생을 선발하지 않고 중학교

졸업생을 성적과 상관없이 고등학교에 배정하는 것이다. 초기에는 속칭 '뺑뺑이'라고 불리는 무작위 추첨이었지만 1995년 5·31교육개혁을 계기로 대부분 선(先)지원 추첨으로 전환되었다. 즉 지원자가 1지망 A고등학교, 2지망 B고등학교, 3지망 C고등학교… 이런 식으로 원하는 고등학교의 우선순위를 적어 제출하면 단계별로 일정 비율씩 추첨 배정하는 것이다. 마지막까지 추첨되지 않은 일부 학생(서울의 경우 20%)은 원하지 않더라도 근거리 학교에 혹은 무작위 추첨으로 배정된다. 이 같은 '선지원 추첨' 방식을 '고교 선택제'라고 부르기도 한다.

1960년대까지는 중학교도 시험으로 선발했고 초등학생들이 명문 중학교 입시경쟁에 매달렸다. 이런 상황은 1969~1971년에 시행된 중학교 평준화로 타파되었다. 뒤이어 이와 같은 방식을 고등학교에도 도입하자는 아이디어가 나왔고, 고등학교 평준화가 1974년 서울·부산을 시작으로 단계적으로 도입되어 1980년 대도시와 도청소재지 등에 도입 완료되었다. 당시 중학생들의 경쟁과 사교육이 심각한 수준이었기 때문에 고교평준화는 국민들의 지지를 받았다.

단기간에 완성된 중학교 평준화와 달리 고교평준화는 점진적으로 추진되었다. 중소도시나 군 단위 지역은 고교평준화 지역에서 제외되었고 일부 도시는 1990년대 다시 비평준화로 돌아갔기 때문에 1995년 고교평준화 비율은 학생 수 기준 60%에 불과했다. 이후 고교평준화를 채택하는 지역이 늘어 이 비율은 2010년 74%로 높아졌고 2020년 현재 80%가 넘을 것으로 추정된다.

그런데 고교평준화는 단순히 고교배정 방식만의 변화가 아니었다. 박정희정부는 사립학교와 공립학교의 교육 여건을 유사하게 맞추기 위해 공립/사립에 교육 재정을 거의 균등하게 배분하기 시작했고, 사립학교 교사들도 공립학교 교사와 동등한 수준의 급여와 연금을 받을 수 있도록 했다. 고교평준화 이전에는 사립 고등학교가 공립 고등학교보다 뒤떨어진다는 의식이 많았고 실제로 비평준화 시절 지역별 최고 대입 명문고는 서울의 3대 명문인 경기고·서울고·경복고를 비롯해 거의 다 공립이었다. 그런데 고교평준화를 거치면서 사립학교의 교육 여건이 공립학교와 큰 차이가 없게 되었다. 이처럼 정부가 재정과 운영에 깊이 관여하는 형태의 사립학교를 '정부의존형' 사립학교라고 부른다. 즉 박정희정부의 고교평준화는 사립 고등학교를 모두 정부의존형 사립학교로 만든 과정이기도 했다.

이것이 박정희정부 시절 시작된 고교평준화의 양면성이다. 고교평준화를 찬성하는 사람들은 국가의 적극적인 개입으로 사립을 반(半)공립화하고 학교의 학생 선발을 금지한 것을 칭송한다. 이로써 고교 서열화를 최소화하고 고입 경쟁 및 고입 사교육을 일소했기 때문이다. 하지만 고교평준화를 반대하는 사람들은 국가의 과도한 개입으로 사유재산권을 침해하고 사립학교의 '자율'이라는 가치를 훼손한 것을 비판한다. 이들에게 고교평준화는 개발독재와 국가주의와 관치(官治)의 상징이다. 얼핏 어느 쪽이 진보적인지 분간하기 어렵다. 진보 교육계는 전자가 주류지만 적지 않은 진보 지식인·정치인들이 후자 입장을 취했고, 문재인정부 청와대 핵심 정책 스태프들도 후자에 가까웠다. 대표적인 인물이 장하성 정책실장이었다. 주주자본주의에 기반한 '시장적 재벌개혁'의 리더인 그로서는 국가주의적 고교평준화에 도저히 찬성할 수 없었을 것이다.

여론은 늘 고교평준화를 지지해왔다. 국책연구기관인 한국교육개발원 (KEDI)에서는 2000년대부터 매년 '교육 여론조사'를 실시해왔다. 하루 이틀 동안 전화로 실시하는 일반 여론조사와 달리 성별/지역별/연령별 인구 구성을 고려하여 정밀하게 조사 대상을 정한 뒤 한 달에 걸쳐 조사하므로 신뢰도가 높다. 여기에 2016년까지 '고교평준화 정책'에 대한 찬반을 묻는 질문이 포함되어 있었는데, 매년 응답자의 2/3가량이 고교평준화를 지지했다.

그런데 이 여론조사에는 '고교다양화 정책'에 대한 찬반을 묻는 질문도 포함되어 있다. 역시 2/3가량은 고교다양화를 지지한다. 그렇다면 한국 사람들은 평준화도 찬성하고 다양화도 찬성하는 정신분열적인 존재란 말인가?

고교평준화 및 고교다양화에 대한 찬반 여론

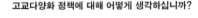

고교평준화 정책에 대해 어떻게 생각하십니까?   **고교다양화 정책에 대해 어떻게 생각하십니까?**

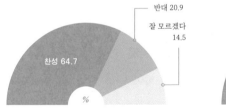 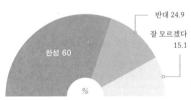

한국인은 평준화도 찬성하고 다양화도 찬성함을 알 수 있다. 고교다양화는 고등학교 유형을 일반고, 외고, 국제고, 과학고 등으로 다양하게 운영하는 정책이다. 자료: 2016년 한국교육개발원 교육 여론조사.

이를 제대로 해석하려면 평준화가 두 가지 의미로 혼용되고 있음을 이해해야 한다. 고교평준화의 첫 번째 의미는 '비선발적 배정 방식'이다. 고교가 학생을 선발하지 않는다는 뜻이다. 선발하지 않는(non-selective) 배정 방식으로는 근거리 배정(현행 초등·중학교 배정 방식), 무작위 추첨(이른바 '뺑뺑이'), 선지원 추첨(고교선택제) 등이 있다. 고교평준화의 두 번째 의미는 '획일적 교육과정'이다. 학생들이 이수하는 교과목이나 교육과정이 획일적·일률적이라는 뜻이다. 이 두 가지는 전혀 다른 의미다. 학생을 선발하지만 교과목·교육과정은 획일적일 수도 있고, 학생을 선발하지 않는데 학생들이 이수하는 교과목·교육과정은 다양할 수도 있기 때문이다.

고교평준화는 이렇듯 크게 다른 두 가지 의미를 함께 가지고 있으므로 혼란에 빠지기 쉽다. 그래서인지 한국의 공식적인 법률과 시행령에는 '고교평준화'라는 용어가 쓰이지 않는다. 1970년대 중학교와 고등학교가 평준화될 때도 이 정책들의 공식 명칭은 '무시험 중학교/고등학교 배정'이었다.

고교평준화가 두 가지 의미로 쓰임을 이해한다면 한국인이 고교평준화를 지지하면서도 고교다양화를 지지하는 이유를 짐작할 수 있다. 첫 번째 의미의 고교평준화(비선발 고교배정)는 지지하지만, 두 번째 의미의 고교평준화(획일적 교육)는 반대하는 것이다. 학생을 선발함으로써 경쟁과 사교육을 자극하는 것은 원하지 않지만 획일적 교육으로 '붕어빵을 찍는' 행태 또한 싫다는 뜻이다. 이러한 여론을 존중한다면 앞으로 과제는 비선발 배정 방식을 유지하면서 동시에 학생들에게 다양한 선택지를 제공하여 교육의 다양성을 불어넣는 것이다. 다르게 표현하면 '비경쟁적 다양화'일 것이다.

이에 대한 답이 바로 고교학점제다. 고교학점제는 한국과 일본을 제
외한 주요 선진국에서 보편화된 제도로 자신이 배울 과목을 스스로 선
택하는 '수강신청'이 핵심이다. 서구 선진국들은 예외 없이 고등학생 개
개인에게 이수과목 선택권을 부여한다. '학교별 다양화'가 아니라 '학생
별 다양화'를 유도하는 것이다. 심지어 중학교 때부터 일부 선택권을 부
여한다. 핀란드의 경우 중학교 이수단위의 15%를 학생들이 신택한다.
주로 외국어와 예체능 과목이다.

고교학점제는 유럽형과 영미형으로 구분할 수 있다. 유럽 대륙 국가
들의 고등학생들은 문과/이과보다 자세하게 나뉜 4~6개 계열(독일은 문
과/이과 2개 계열)을 선택한 뒤 수강할 과목을 선택한다. 한국에서는 자사
고인 충남삼성고가 유럽형 고교학점제를 운영 중이다. 영미권 국가들
의 고등학생들은 전혀 계열을 나누지 않고 수강할 과목을 선택한다. 한
국에서는 자사고인 하나고가 영미형 고교학점제를 운영 중이다. 한국의
교육부에서 도입하려는 고교학점제는 영미형 모델로, 이렇게 되면 문
과/이과 구분은 완전히 없어진다.

사실 서구 선진국에서 자사고는 드물고 특목고는 거의 없다. 서구 선
진국 가운데 사립학교가 많다고 알려진 미국과 영국의 경우를 봐도 재
정을 정부에 의존하지 않는 독립형 사립학교의 비율은 미국의 경우
9.0%, 영국의 경우 5.2%에 불과하다.(2017년 기준 고등학교 재학자수 비율.
OECD 통계 'Share of enrolment by type of institution: Upper Secondary Education')

고교학점제의 두 가지 유형

유형	국가	방식	한국 내 사례
유럽형	스웨덴, 핀란드, 프랑스, 네덜란드, 독일 등	계열(4~6가지, 독일은 2가지) 선택 후 이수할 과목 선택	충남삼성고
영미형	영국, 미국, 캐나다, 호주, 뉴질랜드 등	계열 없이 이수할 과목 선택	하나고

유럽형은 문과/이과보다 좀더 자세하게 나뉜 계열을 선택한 후 과목을 선택한다. 한국의 고교학점제는 영미형으로 계열 구분 없이 과목을 선택한다. 편의상 직업계 교육과정은 제외.

특히 외고·과학고 등 '특목고'는 거의 없다시피 하다. 나는 경기과학고를 다니면서 이런 유형의 학교가 선진국에 많다고 들었다. 하지만 나중에 알고 보니 과학고의 경우 미국에 몇 개 있는 정도일 뿐이고 외고는 더더욱 찾아볼 수 없었다. 독일의 경우 분야별로 특성화된 김나지움(인문계 고등학교)이 있지만 예를 들어 수학 수업 시간이 일주일당 1시간 더 많다든지 하는 수준이다. 서구 선진국에 특목고가 거의 없는 것은 수학·과학 과목을 많이 선택하면 과학고 구실을 하고 외국어 과목을 많이 선택하면 외고 구실을 하도록 되어 있기 때문이다. 즉 이들에게 다양성의 단위는 집단(학교)이 아니라 개인(학생)이다.

서구 선진국의 고등학교가 학생 개개인에게 폭넓은 선택권을 부여함으로써 평등과 다양성을 조화시킨 반면, 한국에는 '개인'에게 선택권을 준다는 발상이 없었다. 1995년의 5·31교육개혁안에 '선택과목 확대'라는 원칙이 포함되긴 했지만 선택의 주체가 학생 개인이라는 내용이 명기되지 않았고, 이후 정부는 20년 넘도록 학생 개인에게 과목 선택권을 부여하는 정책을 외면했다.

김영삼-김대중정부에서 7차교육과정을 준비·도입하면서 선택과목을 대폭 늘렸으나 실제 교육현장에서는 아무런 변화도 없었다. 학생에게 과목 선택권을 부여하려면 인사·재정·공간 등 여러 준비가 필요함에도 불구하고 교육과정만 바꾸고서 손을 놓은 것이다. 선택과목이 늘었지만 선택 단위가 '학교'였으므로 학생들 입장에서는 '무늬만 선택과목'이었다. 이명박-박근혜정부에서 준비·도입한 2015 교육과정도 문·이과 폐지와 과목선택권 확대를 표방했으나 실제 학교에서는 거의 실현되지 않았다. 문재인정부는 2017년 12월에는 고교학점제를 임기 마지막 해인 2022년 고1부터 시행한다고 발표했다가 2018년 8월에는 2025년 고1로 연기해 버렸다. 이렇듯 역대 한국 정부가 표방한 '학생의 과목 선택권 확대'는 항상 공수표에 그쳤다.

물론 '획일화'가 고교평준화 때문에 나타난 것은 아니다. 과거 고교비평준화 시대에도 고등학교에서 학생 개인에게 과목 선택권을 부여하지 않았다. 하지만 고교평준화 이전에는 과목 선택에 의한 '수평적 다양화'는 없었을지라도 고교 서열에 의한 '수직적 다양화'(수준별 교육)는 있었으므로, 고교평준화가 교육의 다양성을 축소한 것으로 보이게 되어버렸다. 하지만 엄밀하게 봤을 때 비경쟁적 다양화, 즉 평준화(비선발 배정 방식)와 다양화(개인별 과목 선택)를 양립하는 것은 얼마든지 가능하다.

고교평준화는 어떻게 붕괴했나?

평준화를 '획일화'로 이해하는 것은 일반인만의 편견이 아니다. 정치인이나 관료들도 종종 평준화를 획일화와 등치시킨다. 한국 리더들의 머릿속에 개인(학생)은 늘 뒷전이었고 기관(학교)만이 존재했으므로, 획일적 교육을 보완하려면 자연히 새로운 유형의 '학교'를 만들어야 했다.

노무현정부 시절에 특목고가 급증하는 것에 대한 비판 여론이 고조되자 당시 김진표 교육부총리가 "평준화를 보완하기 위해 특목고가 필요하다"는 한마디로 일축해버린 것은 의미심장한 사건이었다. 즉 당시 교육부 수장조차 일반고에서는 붕어빵 찍듯이 '획일적' 교육을 하는 것이 당연하고 '다양한' 교육은 특목고에서 해야 한다는 통념을 가지고 있던 것이다.

박정희정부 시절 수립된 고교평준화 체제에 균열을 낸 것은 특목고였다. 최초의 과학고인 경기과학고가 1983년에 개교했고, 최초의 외국어고인 대원외고와 대일외고가 1984년에 개교했다. 외고는 처음에는 특목고가 아닌 '각종학교'로 분류되어 있다가 1991년 법적으로 특목고에 합류했다. 이후 부산국제고와 청심국제고가 1998년 최초의 국제고로 인가받았다.

고교평준화에 대한 또 다른 위협 요인은 자사고였다. 1995년 5·31교육개혁안에 이미 재정(등록금 징수)과 학생선발에 자율권을 가진 '자립형 사립고'를 설치한다는 내용이 들어 있었다. 이에 근거하여 김대중정부 말기인 2001~2002년에 최초의 자사고(자립형 사립고)인 민족사관고, 상산고, 현대청운고, 포항제철고, 광양제철고, 해운대고 등 6곳이 인가되었다.

노무현정부 시절에는 특목고가 늘었다. 외고가 무려 11개, 과학고가 3개 신규 인가되었다. 그리고 이명박정부 시절에는 자사고가 대폭 늘었다. 이명박 대통령은 자사고를 100개로 늘리겠다는 대선 공약을 내걸고 당선되었다. '다양한 교육을 통해 학교 만족도를 높이겠다'는 취지였다. 이 정책으로 자사고는 6개에서 54개로 급증했고, 공식 명칭이 '자립형 사립고'에서 '자율형 사립고'로 전환되었다. 김대중정부 시절 6개가 지정되었던 '자립형 사립고' 유형의 자사고는 이명박정부 시절 10개로 늘어났는데 이를 '전국자사고'라고 부른다. 아울러 이명박정부는 광역시도 단위로 학생을 모집하는 자사고를 44개까지 지정했는데 이를 '광역자사고'라고 부른다. 광역자사고 중 16개는 학생모집 실패 등으로 일반고로 전환되어 2020년 초 현재 전국자사고 10개, 광역자사고 28개가 운영되고 있다.

이른바 '공부 잘하는' 고등학교

학교 유형	자사고		특목고			영재학교	합계
	전국자사고	광역자사고	외국어고	국제고	과학고		
학교 수	10	32	30	7	10	8	97
입학정원	2,720	9,602	6,117	1,048	1,638	789	21,914

2019학년도 정원 내 전형 기준. 어두운 부분은 2017년 문재인 대선 공약에서 '일반고로 전환'하겠다고 지목한 대상. 참고로 영재학교는 서울과학고나 경기과학고처럼 '과학고'라는 명칭을 가지고 있더라도 법적 지위는 과학고(특목고)가 아닌 별개 유형의 학교다. 즉 명칭이 과학고인 학교 중 여러 개가 실제 법적 지위는 과학고가 아닌 영재학교다.

위 자료에서 보듯이 2019학년도 고1 신입생 기준으로 전국의 이른바 '공부 잘하는' 고등학교 정원은 약 2만 2,000명이다. 2019년 초 중학교 졸업자가 약 46만 7,000명이므로 전체 중졸자의 4.7%가 이 학교들에 진학하는 셈이다. 그밖에 비평준화 지역 일반고로 대입 명문고 구실을 하는 학교들이 있다. 특히 공주한일고, 공주사대부고, 거창고, 남해해성고 등은 전국에서 지원이 가능하다. 따라서 '공부 잘하는 고등학교'에 진학하는 학생은 전체의 5%가 넘는다고 봐야 한다. 참고로 총정원이 6,370명인 마이스터고는 법적으로 특목고인데, 마이스터고 또한 중학 성적이

상위권이 아니면 합격하기 어렵다.

학생을 선발하는 '공부 잘하는' 고등학교 학생이 전체의 5% 이상을 차지한다면 한국 현실에서 이 학교들에 입학하기 위해 준비해본 경험이 있는 학생들은 적어도 그 3~4배는 될 것이다. 즉 상위 15~20% 이상의 학생들이 고입 경쟁에 참여하는 것이다. 이 정도면 '비선발 고교배정'이라는 의미의 고교평준화의 효과는 거의 붕괴된 것이나 다름없다고 봐야 한다.

'일반고 일괄 전환' 공약에 혼선이 생기다

문재인 대통령은 2017년 대선에 외고·국제고·자사고를 일반고로 전환하겠다는 공약을 내놓았다. 과학고·영재학교 및 비평준화 지역 명문 일반고가 빠져 있기는 했지만 사실상 붕괴되어버린 고교평준화가 되살아날 기회였다. 유승민 바른정당 후보와 심상정 정의당 후보도 똑같은 공약을 내걸었다. 안철수 국민의당 후보는 외고·국제고·자사고를 일반고로 전환하지는 않지만 선발권을 박탈하여 '선지원 추첨'만 허용하겠다고 공약했다. 고교평준화의 첫 번째 의미인 '비선발 배정'의 범위에 속한다고 볼 수 있는 공약이었다.

이렇듯 2017년 주요 대선 후보 다섯 명 가운데 홍준표 자유한국당 후보를 제외한 4명이 유사한 공약을 내놓았으므로 외고·국제고·자사고를 일반고로 전환하는 것은 충분히 가능할 것으로 보였다. 전환 절차도 간단했다. 자사고 및 특목고 관련 규정들이 법률에 나와 있다면 국회를 통과하는 과정에서 진통이 있을 수 있지만 시행령(대통령령)에만 나와 있으므로 간단히 외고·국제고·자사고를 일반고로 일괄 전환할 수 있었다.

나는 대선 당시 문재인 캠프의 교육정책팀에서 '일괄 전환'을 전제로 공약을 만드는 데 참여했다. 모든 특목고·자사고는 5년에 한 번씩 '재지정 심사'를 받게 되어 있는데, 이 심사주기에 맞춰 일반고로 전환해야 소송 등의 분란을 최소화할 수 있었다. 대부분 특목고·자사고 재지정 심사가 2019년과 2020년에 몰려 있으므로 2018년까지 시행령을 개정해 심사주기가 도래한 학교들을 차례로 지정 해제하고 2022학년도 고1부터 고교학점제 도입과 동시에 일반고로 전환하자는 구상이었다.

그러나 문재인 대통령 취임 이후 인수위원회 기능을 담당한 국정기획자문위원회는 2017년 7월에 '100대 국정과제'를 발표하며 '일괄 전환'이 아니라 '단계적 전환'을 천명했다. 2017년 11월 교육부가 발표한 '고교 체제 개편 로드맵'에서도 시행령을 개정해 일괄 전환하는 것이 아니라 재지정 심사를 거쳐 '단계적 전환'을 할 방침임을 명시했다.

재지정 심사를 통한 '단계적 전환'은 이후 문재인정부에 딜레마를 안겨준 부메랑이 되었다. 일단 재지정 심사를 거치면 특목고·자사고 중 옥석이 가려지게 된다. 그렇다면 재지정 심사를 통과한 옥(玉), 즉 상대적으로 운영이 잘되어온 학교들은 나중에 어떤 명분과 과정으로 일반고로 전환할 수 있겠는가? 아마도 거의 불가능할 것이다. '단계적 전환'은 '일괄 전환'에 비해 시작하기는 쉬워도 맺음하기는 어려운 길이었다.

특히 자사고 중 고입 경쟁과 사교육을 유발하는 것은 광역자사고보다 전국자사고다. 광역자사고는 선발권이 미약하여 추첨이나 면접을 활용하는 정도인 데 반해 전국자사고는 학종과 유사한 방식으로 내신 성적·비교과·자기소개서·면접 등을 종합 활용하기 때문이다. 그런데 전국자사고가 광역자사고 대비 재단의 재정이 넉넉하고 학교 운영에서 흠잡

힐 부분이 적다. 그래서 재지정 심사에서 탈락할 가능성이 낮다.

나는 '일괄 전환'을 지지했다. 그 이유는 외고·국제고·자사고가 특별히 비난받을 일을 해서가 아니라 이 학교들을 일반고로 일괄 전환하면 경쟁과 사교육의 수위를 낮추는 데 그만큼 도움이 되기 때문이다. 나는 2017년 대선 문재인 캠프에서 '일괄 전환'을 전제로 삼고 이를 보완하는 정책들을 담은 내부 리포트를 작성하기도 했다. 지리적 위치상 일반고로 운영되기 어려운 학교는 정부가 자산을 충분히 보상하여 매입하고 교직원들을 공립으로 특별채용하는 방안, 비평준화 지역 일반고 중 전국모집 자율학교들에 대한 보완책 등을 담고 있었다. 2018년에는 청와대 고위 관계자를 만나 외고·국제고·자사고를 일반고로 일괄 전환할 의사를 떠보기도 했다. 하지만 그의 반응은 완강하고 차가웠다. 진즉에 청와대는 일괄 전환을 포기할 작정을 하고 있었다.

문재인정부 고교 정책이 흔들린 '사상적' 이유

그렇다면 문재인정부는 '단계적 전환'이 초래할 딜레마에도 불구하고 왜 '일괄 전환'을 포기하고 '단계적 전환'을 채택했을까? 일괄 전환에 따르는 갈등과 분쟁을 피하고 싶었던 이유도 있었겠지만, 근본적으로 고교평준화에 대한 의구심이 강하게 자리 잡고 있었기 때문이다. 평준화를 곧 '획일화'와 '규제'로 이해하는 한 평준화는 곧 다양성을 감소시키는 퇴행이라고 여겨질 수밖에 없다. 더구나 앞에서 설명했듯이 고교평준화는 박정희식 개발독재와 관치의 상징 중 하나였으며 '자율'이라는 미래지향적 가치와도 상충하는 것으로 보인다.

이런 점에서 고교평준화는 '산업정책'과 유사하다. 많은 진보 지식인이 산업정책을 개발독재와 관치의 산물로 인식하고 이를 적대시해왔다. 장하성 정책실장이 2018년 말 청와대를 떠난 다음인 2019년 1월이 되어서야 문재인 대통령이 취임 후 최초로 '산업정책'을 언급한 것은 우연이 아니었다. 청와대 핵심 정책 스태프들이 이런 사상을 갖고 있는 상황에서 일반고로 일괄 전환은 불가능했다.

2019년 6~7월 자사고 재지정 심사와 관련해서 벌어진 논란과 진통은 이미 2017년에 마련된 기본 프레임 안에서 진행된, 거칠게 표현하면 '뻔한 과정'이었다. 재지정 심사 대상이던 24개 자사고 중 12개가 일반고로 전환 결정되었고 이 과정에서 평가 지표와 절차의 정당성을 놓고 큰 논란이 벌어졌다. 그러나 살아남은 자사고는 오히려 주가를 더 높일 수 있었고, 탈락한 자사고들은 8월 말~9월 초에 내려진 법원의 가처분 인용으로 자사고로서 지위를 유지할 수 있게 되었다.

'대입'이라는 하나의 허들만 넘는 경기에 비해 '고입'과 '대입'이라는 허들 두 개를 연달아 넘는 경기는 더 많은 부담과 사교육을 유발한다. 따라서 고교평준화는 비록 '획일화'라는 욕을 먹을지언정 확실하게 사회적 총비용과 스트레스를 줄일 수 있다. 더구나 고교학점제를 통해 학생들에게 폭넓은 과목 선택권을 부여하면 '획일화'라는 오명도 벗을 수 있다. 그러나 문재인정부는 '일괄 전환'을 포기하고 재지정 심사를 통한 '단계적 전환'이라는 안이한 결론을 내리고 말았다.

이것은 근본적으로 한국의 진보적 지식인과 정치인들이 박정희의 유산인 고교평준화에 대하여 사상적인 양가감정에서 벗어나지 못한 탓이다. 이것은 국가주도경제의 화신인 박정희에 대하여 자유시장경제를 신봉하는 현재의 우파가 가진 양가감정에 정확히 상응하는 것이다. 그렇다고 해서 한국의 진보 세력이 다양화에 대하여 확고한 신념을 가지고 학생 '개인'에게 자율권을 부여하려는 준비가 되어 있는 것도 아니다. 이들은 '개인'이 아닌 '기관'에 자율을 부여하는 5·31교육개혁 이래의 자율 개념을 답습했다. 이것이 바로 문재인정부의 고교 정책이 용두사미가 된 근본적 이유다. 고교평준화는 여전히 뜨거운 '사상적' 문제인 것이다.

　문재인정부는 이른바 '조국 사태'를 겪고 나서야 입장을 전환했다. 2019년 11월에 2025학년도 고1부터 외고·국제고·자사고를 일반고로 '일괄 전환'할 방침을 밝힌 것이다. 하지만 어차피 문재인 대통령 임기 이후 일이므로 공은 차기 정부로 넘어간 셈이다.

19장
포퓰리즘, 어떻게 넘어설까

자사고와 특목고가 일반고 황폐화의 원인인가? 3대 포퓰리즘 교육정책을
펼친 결과는 어떠한가? 일반고 교실이 붕괴된 원인과 그 해법은 무엇인가?
수포자를 양산하는 수학 교육은 어떻게 해야 할까? 확장적
고교학점제가 일반고 살리기의 동력이 될까?

일반고가 황폐화되었다고들 한다. 수업에 참여할 의지도 없고 준비도
되어 있지 않은 학생들이 다수 교실에 앉아 있다는 것이다. 그런데 이
문제는 자사고·특목고를 없앤다고 해서 해결되지 않는다. 가장 중요한
원인은 일반고에서 운영하는 교육과정이 '일반' 학생을 위해 설계된 것
이 아니라는 점이다. 학교 명칭만 '일반고'일 뿐 개설된 과목의 종류와
내용은 옛 '인문계' 교육과정을 답습하고 있다. 현재 인문계 교육과정을
밟는 학생이 전체 고등학생의 81%나 된다는 것은 오랫동안 진화한 포
퓰리즘의 결과다.

자사고·특목고가 일반고 황폐화의 주요 원인?
서울 지역은 '자사고·특목고로 인해 일반고가 황폐화했다'는 지적에 일
리가 있다. 2000년대 외고 6개, 과학고 3개, 국제고 1개가 있던 서울에
2010~2011년에 걸쳐 무려 27개의 자사고가 신규 지정되어 운영되기

시작했다. 이로써 서울의 전체 고교생 중 자사고·외고·국제고·과학고·영재학교 재학생 비율은 2010년대 초반 14%에 달했다. 당시 서울 고등학교 학급당 학생 수가 33명 내외였으므로 학급당 성적 상위 학생 4~5명의 차이인데, 이 정도면 고등학교 수업 분위기와 교육의 질에 상당한 영향을 줄 만한 숫자다. 더구나 일부 자사고 밀집 지역의 경우 이보다 훨씬 많았다. 즉 서울에서는 자사고·특목고가 '일반고 황폐화'를 일으켰다는 주장이 타당하다.

하지만 전국적으로 시야를 확대해보면 자사고·특목고로 인해 일반고가 황폐화되었다는 주장은 설득력이 낮다. 앞에서 본 것처럼 전국의 고교 입학생 중 이른바 '공부 잘하는 학교'(자사고·외고·국제고·과학고·영재학교) 정원 비율은 5% 남짓이다. 학급당 성적 상위권 한두 명 차이에 불과하다. 이로써 일반고가 황폐화되었다는 주장은 명백한 과장이다.

무엇보다 이른바 '교실 붕괴'가 이미 1990년대 중반에 시작된 현상임에 유의해야 한다. 학생들이 수업 시간에 노골적으로 잠을 자거나 교사의 수업 진행을 방해하기도 하는 현상은 20여 년간 지속된 일이다. 일반고가 자사고·특목고 때문에 황폐화되었다는 주장은 적어도 과장이고 어쩌면 기만이다.

그렇다면 1990년대 시작된 '교실 붕괴'의 원인은 무엇인가? 당시 '19세기의 교실에서 20세기의 교사가 21세기를 살아갈 학생들을 가르친다'는 말이 널리 회자되었다. 경제적 넉넉함과 문화적 다양성을 체험하며 자라는 새로운 세대가 체벌과 폭력이 난무하고 주입식 교육이 보편화된 낡은 학교에 다녀야 했던 것이다. 이런 면에서 1990년대 교실 붕괴는 기존 학교 질서가 새로운 세대의 특성과 매치되지 못한 일종의 '문화적 부조화' 현상이라고 해석될 수 있다.

그런데 통계를 들여다보면 1990년대 교실 붕괴의 시작에 또 다른 배경이 작용했음을 알 수 있다. 통상적인 고등학교 재학 연령인 15~17세 인구 가운데 인문계 교육과정을 이수하는 비율이 1970년에는 10.8%, 1980년에는 26.8%에 불과했다. 그런데 1990년에는 절반을 넘어 51.2%에 달하고, 이후에도 지속적으로 높아져 2010년대가 되면 70%가 넘게 된다.(308쪽 고등학교 취학률 및 인문계/실업계 비율 표 참소)

그런데 '인문계'란 무엇인가? 영어로 아카데믹, 즉 '학문적'이라는 뜻이다. 고등학교 교육과정을 대학 진학을 목표로 하는 인문계(academic)와 취업을 목표로 하는 실업계(vocational)로 나누는 것은 유럽 대륙 국가들의 전통이다. 독일, 프랑스, 이탈리아, 네덜란드, 스웨덴, 핀란드 등 유럽 대륙 주요 국가들은 인문계/실업계 교육과정을 나눈다. 독일처럼 초등학교 고학년부터 나누기 시작하거나 네덜란드처럼 중학교 때부터 나누기 시작하는 경우도 있지만 대체로 의무교육이 끝나는 중학교 단계 이후, 즉 고등학교에 진학하는 시점에 인문계/실업계를 선택한다. 독일처럼 인문계 학교와 실업계 학교를 분리하는 경우도 있고 스웨덴처럼 한 고등학교 내에 인문계/실업계 교육과정이 공존하는 경우도 있다.

한국에서 과거 '실업계고'라고 불렸던 학교 유형은 이후 한때 '전문계고'라고 불렸다가 지금은 '직업계고'라고 불린다. 특성화고와 마이스터고가 이에 속한다. 마이스터고는 이명박정부의 대선 공약이었는데, 교육과정의 성격은 특성화고와 유사하나 학생 1인당 더 많은 교육비를 투입해 고급 산업 인력을 양성하는 것을 목표로 한다. 참고로 마이스터고는 법적으로 특목고로 분류된다. 특목고라고 하면 흔히 과학고·외고·

국제고만 연상하는데 예술고·체육고와 더불어 마이스터고도 특목고다.

직업 교육을 받는 고등학생의 비율은 OECD 통계에 따르면 전체 고등학생 가운데 평균 46%에 이른다. 독일·프랑스·스웨덴 등 유럽 대륙 국가들처럼 정부가 제정한 공식 교육과정(curriculum)으로 운영하는 경우와 미국·영국처럼 상대적으로 느슨한 각종 선택과목, 프로그램, 별도 교육기관 등으로 운영하는 경우를 합친 수치다. 그런데 한국은 직업계 교육을 이수하는 학생 비율이 전체 고등학생의 19%밖에 되지 않는다. 특성화고 및 마이스터고 재학생, 그리고 일반고 소속이지만 위탁교육 등의 형태로 직업교육을 받는 학생들을 더한 수치다. 비율로 보면 OECD 평균치인 46%의 1/3밖에 안 된다.

고등학생 중 직업교육 프로그램 참여자 비율(2016년 기준)

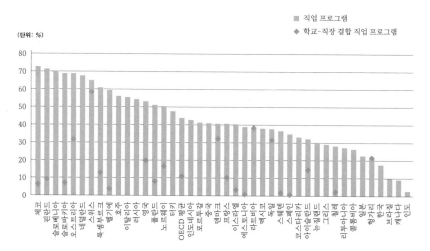

출처: *OECD Education Indicators in Focus #68*, OECD, March 2019.

한국인이 제아무리 특이한 종족이라 할지라도 학문적(academic) 교육과정이 적성에 맞는 비율이 이렇게 높을 리는 없다. 지금까지 고찰한 모든 자료가 시사하는 점은 분명하다. 한국의 일반고에는 학교가 제공하는 교육과정이 본인의 적성과 맞지 않는 학생들이 다수 존재하는 것이다. 이것이 1990년대 이래 '교실 붕괴'와 일반고 교육의 황폐화를 불러일으킨 주요 요인으로 작용했을 것임은 명약관화하다.

3대 포퓰리즘 교육정책과 그 결과

진보적 지식인과 정치인들은 신자유주의가 교육을 망쳤다고 보는 경향이 있다. 그리고 1995년 5·31교육개혁을 신자유주의 교육정책의 시작점으로 본다. 5·31교육개혁이 표방하는 '자율'이라는 가치는 다양하고 창의적인 교육을 위해 반드시 필요하다. 하지만 2부에서 살펴본 것처럼 5·31교육개혁은 개인(교사·학생)의 자율은 외면하고 기관(고교·대학)의 자율만 강조하는 기이한 편향을 가진다. 교과서 자유발행제, 교사별 평가, 학생의 과목 선택 등 '개인의 자율'은 20여 년간 전혀 진전이 없는 반면 자율형 사립고, 대입 자율화 등 '기관의 자율'은 이미 뚜렷한 족적을 남겼다.

하지만 신자유주의 못지않게 한국의 교육정책을 지배하는 또 하나의 경향에 유의해야 한다. 그것은 바로 포퓰리즘이다. 20세기 말 한국 교육에 결정적 영향을 준 포퓰리즘 정책이 세 가지 있다.

첫 번째 포퓰리즘 교육정책은 대학을 무분별하게 늘리고 대학졸업장을 남발한 것이다. 1995년 5·31교육개혁에서 '대학 설립 준칙주의'를 천명하고 사립대를 쉽게 설립할 수 있도록 허용한 것이 결정적 계기였다. 이후 대학이 우후죽순으로 늘어나면서 대학 진학률은 세계 최고 수준으로

한국의 대학 진학률

(단위: %)

(연도)

고졸자 중 대학 진학자 비율. 1980년대까지는 고등학교 미진학 비율이 높았으므로 연령인구 중 대학 재학자 비율(취학률)은 이 수치보다 훨씬 낮았다고 봐야 한다. 1990년대에서 2000년대 중반 사이 대학이 급증하면서 대학 진학률도 가파르게 높아진다. 최근엔 다소 낮아져서 60%대 후반을 기록하나 여전히 OECD 최고 수준이다. 참고로 2010년 79.0%에서 2011년 72.5%로 급격히 낮아진 것은 집계 기준이 2월 '합격자'에서 4월 '등록자'로 바뀌었기 때문이다. 등록자 기준으로 보면 한국의 대학 진학률이 80%를 넘은 적은 없었던 것으로 보인다. 출처: 통계청.

치솟았지만, 늘어난 대학 중에는 교육의 질이 담보되지 않는 이른바 '대학 같지 않은 대학'들이 포함되어 있었다.

　두 번째 포퓰리즘 정책은 고등학교 학사관리의 부실화, 특히 유급과 낙제를 없앤 것이다. 유급이란 학년 진급에 실패하는 것이고 낙제란 해당 과목의 이수나 학점 취득을 인정받지 못하는 것이다. 서구 선진국에는 대체로 초등학교·중학교에는 유급이, 고등학교에는 낙제가 존재한다. 그런데 1980년대 이후 한국의 고등학교에는 유급과 낙제가 모두 없다. 수업 시간에 잠을 자고 시험에서 0점을 받아도 '법정 수업일수'만 채우면 진급과 졸업이 가능하다. 이것은 서구 선진국에서는 불가능한

문재인 이후의 교육

일이다. 미국처럼 핵심 과목(주로 영어·수학)에서 성취도가 낮으면 졸업장을 주지 않는 경우도 있고, 유럽처럼 과목별로 낙제점을 받으면 학점이 인정되지 않거나 대학에 진학하지 못하게 되는 경우도 있다.

세 번째 포퓰리즘 교육정책은 고교에서 인문계 정원 비율을 대폭 높인 것이다. 그 결과 직업 교육을 받는 학생의 비율이 매우 낮아졌다. 게다가 2000년대 들어 인문계고의 명칭을 '일반고'로 변경했다.(처음엔 '일반계고'로 바꿨다가 다시 '일반고'로 변경) 그런데 간판만 '일반'고로 바꿨을 뿐 교육과정은 변경하지 않았다. 여전히 인문계, 즉 '학문적' 교육과정인 것이다.

뒤의 자료에서 보듯이 1980년에는 15~17세 인구 중 26.8%만이 인문계 교육과정을 밟은 반면 2010년에는 15~17세 인구 중 70.4%가 인문계 교육과정을 밟게 되었다. 즉 1980년의 인문계고와 2010년의 인문계고(일반고) 사이에는 그 구성원의 평균적인 성향에 큰 차이가 있다고 봐야 한다. 나는 인문계고 재학생 비율이 연령 인구의 50%대에 도달한 1990년대가 '교실 붕괴'의 임계점이었다고 추정한다. 특히 서울 지역의 경우 1990년대 중반이 되면 중학교에서 성적이 최하위권인 학생들도 거의 다 인문계 고등학교에 진학할 수 있게 된다. 이것이 앞서 언급한 문화 충돌과 아울러 1990년대 '교실 붕괴'의 중요한 원인으로 작용했을 것이다.

한국과 유사한 상황을 일본에서 발견할 수 있다. 일본에도 직업계(실업계) 고등학교가 있지만 수가 적다. 직업교육 프로그램 이수 비율이 21%로 한국의 19%와 비슷하다. 일본에서 직업계를 제외한 고등학교들의 교육과정은 모두 '보통과(科)'라고 불린다. 보통과라고 하니 '보통' 학생들을 위한 교육과정처럼 보인다. 그러나 그 내용을 들여다보면 한국처럼 학문적(academic) 교육과정이다. 한국에서 '일반'이라는 이름으로

고등학교 취학률 및 인문계/실업계 비율(%)

구분	1970	1980	1990	2000	2010	2018
고교 취학률	20.3	48.8	79.4	89.4	92.4	92.4
인문계:실업계 비율	53.4:46.6	55.0:45.0	64.5:35.5	63.9:36.1	76.2:23.8	82.4:17.6
15~17세 인구 중 인문계(academic) 교육과정 이수 비율	10.8	26.8	51.2	57.2	70.4	76.1

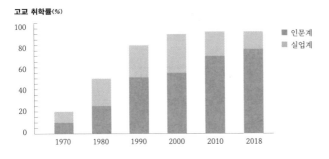

고교 취학률(%)

'취학률'은 15~17세 연령인구 중 고교 재학자 비율. '진학률'은 중학교 졸업자 중 고교 입학자 비율. 고교 진학률은 현재 99%가 넘는데, 고교 진학률보다 취학률이 낮은 것은 중학 미졸업, 고교 중도이탈, 조기유학 등 때문이다. 2010년까지의 인문계:실업계 비율은 교육부 공식 통계이고 2018년은 전체 고교생 중 특성화고·마이스터고 재학자 비율로 계산.

학문적 교육과정을 운영하는 것처럼, 일본은 '보통'이라는 이름으로 학문적 교육과정을 운영한다. 게다가 학생들에게 이수과목 선택권을 별로 주지 않는다는 점도 한국과 유사하다.

그렇다면 한국에서 꾸준히 실업계 비중이 낮아지고 인문계(일반고 등) 비중이 높아진 이유는 무엇인가? 한국의 고졸/대졸 임금 격차가 아주 큰 편은 아니다. 고졸자 평균 임금을 100으로 할 때 대졸자 평균 임금은 지난 20년간 큰 변동이 없었는데 2016년 기준 149로 OECD 평균인 144보다 조금 더 큰 정도다.(4년제 대학 기준) 그렇다면 임금 격차도 영향을 줬겠지만 한국인의 의식 저변에 깔려 있는 '사농공상'과 학력 차별

문화가 더 큰 영향을 줬을 가능성이 높다. 몸을 써서 일하는 것보다 사무실에 앉아서 일하는 직업을 선호하고 인격을 평가할 때 가방끈의 길이를 따지는 문화가 있다. 대학을 나오지 않은 사람들이 직장이나 사회생활, 심지어 친족 간에도 차별을 당하는 경우가 한국에서 드물지 않다.

이렇게 보면 학부모들이 인문계를 선호하는 이유를 이해할 수 있다. 한마디로 자녀를 대학에 보내고 싶었던 것이다. 그렇다면 교육계는 왜 이러한 학부모들의 요구에 호응했을까? 그 배경으로 '(신)자유주의의 확산'과 '산업정책의 실종'을 빼놓을 수 없다. 박정희정부의 산업정책에는 실업계고를 육성해 산업 발전에 필요한 숙련노동자를 공급하는 것이 포함되어 있었다. 당시에는 실업계 고등학교를 졸업한 뒤 기능공으로 제조업 현장에서 능력과 보수를 높여가거나 대기업이나 은행에 취업할 수도 있었고 심지어 실업계에도 명문학교들이 존재했다.

그러나 이 같은 산업정책은 1980년대 이후 점차 약화되었고, 이후 새로운 세대의 관료·지식인·정치인들은 산업정책을 개발독재나 관치의 산물로 간주해 이를 방임했다. 이후 실업계는 2000년대 후반까지 오랫동안 정부의 주요 관심사에서 벗어나 있었다. 2010년부터 마이스터고가 개교하고 2016년 국가직무능력표준(NCS) 교육과정이 도입된 것은 의미 있는 변화였으나 실업계 정원이 늘어날 조짐은 전혀 없다.

한국 '일반고 황폐화'는 학부모·학생들이 인문계로 진학하기를 원했기 때문에 나타난 일이다. 하지만 가장 주요한 책임은 포퓰리즘 정책을 펼친 정부에 물어야 한다. 정부가 교육 수요자의 의사를 존중한다는 명분으로 인문계고 비율을 무분별하게 늘린 것은 중대한 정책 실패다. 결국 신자유주의와 포퓰리즘의 결합이 일반고(인문계고)를 황폐화한 셈이다. 자사고·특목고는 인문계고(일반고)의 문제를 다소 심화한 요인일 수는 있지만 서울 지역을 제외하면 자사고·특목고가 일반고 상황에 결정적 영향을 미쳤다고 보기는 어렵다.

1990년대 '교실 붕괴'는 한편으로는 기존의 학교 문화와 새로운 세대의 학생들 사이에서 나타난 '문화적 부조화' 현상이었고, 또 한편으로는 인문계(학문적) 교육과정이 본인 적성에 맞지 않는데도 인문계고 교실에 앉아 있어야 하는 학생들이 다수 발생하면서 나타난 '제도적 부조화' 현상이었다. 글의 맥락상 여기서는 후자의 요인을 강조했지만, 전자의 요인도 중요하다. 특히 고등학교뿐만 아니라 중학교에서도 '교실 붕괴' 현상이 확산되고 있음을 고려할 때 수업·평가방식의 개혁은 더더욱 중대한 과제다.

다만 중학교 자유학년제와 같은 극단적 방식은 지양되어야 한다. 중학교 1~3학년 전체 수업·평가방식을 개선해야지 중1 1년간 '자유학년'이라는 이름으로 지필고사를 없애고 수치화된 성적을 매기지 않는 것은 기형적이다. 더구나 자유학년제의 취지에 적합한 시기는 중1이 아니라 의무교육이 끝날 무렵인 중3이다.

일반고, 어떻게 살릴 수 있을까?

그렇다면 '일반고 살리기' 방법은 무엇인가? 무엇보다 수업·평가방법을 개선하는 길이 있다. 한국은 TIMSS 등의 국제 비교조사에서 '학업흥미도'에서 늘 최하위권을 기록해왔다. 주입식 수업보다 참여형 수업이 학생들의 흥미도와 효능감을 높이는 데 효과적이라는 점은 널리 인정되는 사실이다. 한국의 혁신학교에서 추진하는 수업·평가 혁신이 이러한 방향이다.

그런데 수업·평가 방식을 개선하는 방안 이외에 '일반고 살리기'를 추진할 수 있는 좀더 거시적이고 제도적인 접근 방법이 두 가지 있다. 일반고의 구조적인 기능부전은 근본적으로 '일반'이라는 이름 아래 '인문계' 교육과정을 운영하는 데에서 출발한다. 따라서 첫 번째 해법은 명실상부한 '인문계'(학문적) 고등학교의 위상을 되찾는 것이고, 두 번째 해법은 일반고에 진성한 '일반' 학생들이 다닐 수 있게끔 학생이 선택 가능한 과목과 프로그램을 대폭 늘리는 것이다.

일반고를 살릴 수 있는 첫 번째 해법, 즉 명실상부한 '인문계'(학문적) 학교의 위상을 찾으려면 어떻게 해야 할까? 가장 간단한 방법은 일반고(인문계고)의 진입 문턱을 높이는 것이다. 예를 들어 제주도에는 고교 비평준화(읍·면 지역)와 평준화(동 지역)가 공존하는데 평준화 지역의 경우 일반고 정원이 적어서 중학교 내신 성적 상위 50% 이내에 들어야 일반고 진학이 가능하다. 제주도 일반고 학생들의 학력 분포는 서울의 자사고(광역자사고)와 유사할 것이다. 제주도의 평준화지역 일반고에서 교실붕괴 현상이 심하지 않은 이유가 여기에 있다.

그런데 현재 서울처럼 중학교에서 꼴찌를 해도 일반고 진학이 가능한 상황에서 갑자기 제주도처럼 '일반고 진입 문턱'을 높이면 어떻게 될까? 성적 중하위권 학생들의 사교육이 증가하는 부작용이 나타날 것이며, 무엇보다 인문계 고교 진학을 희망하는 학부모들의 민원이 정치적 문제로 비화될 가능성이 크다.

따라서 인문계(일반고)의 문턱을 높이는 것은 현실적으로 채택하기 어려운 방안이다. 설령 문턱을 높인다 할지라도 실업계(직업계) 교육의 기회를 넓히고 이를 적극 권장하는 과정이 선행되어야 한다. 세부적으로는 특성화고·마이스터고를 증설하고 정원을 늘리는 방법과 일반고에서 위탁교육 형태의 직업교육 프로그램을 늘리는 방법이 있다.

이때 한 가지 유의할 점은 여태까지 직업교육에서 등한히 해왔던 분야들을 직업교육에 포함시켜야 한다는 것이다. 예를 들어 독일을 비롯한 많은 유럽 국가에서는 목수·타일·미장·조적 등 건축 현장에서 필요한 기술들을 고등학교에서 가르친다. 반면 한국의 공교육에서는 이런 교육을 받을 기회가 거의 없다. 알음알음으로 현장에서 도제식으로 전수받는 수밖에 없다. 그리고 요새 이런 일자리는 점차 외국인노동자들의 몫이 되고 있다. 현재 한국 직업교육의 폭이 얼마나 편협한지를 보여주는 실례다.

아울러 고등학교에 과목별 낙제 제도를 부활해야 한다. 선진국의 낙제 제도들을 참고하여 한국 실정에 맞는 낙제 제도를 만들고, 학생 본인도 노력하지 않으면 안 된다는 인식을 갖도록 해야 한다. 수업 시간에 잠을 자고 시험에서 0점을 받아도 졸업장을 주는 포퓰리즘 정책과 확실히 단절하지 않으면 '일반고 살리기'는 어렵다.

일반고를 살릴 수 있는 두 번째 해법, 즉 진정한 '일반'고라는 명칭에 걸맞게 학교 기능을 전환하려면 어떻게 해야 하는가? 필수과목을 없애거나 최소화하고, 선택과목의 폭을 대폭 넓혀야 한다. 현재 정부가 추진하는 고교학점제로는 역부족이다. 2025년 고1부터 도입하겠다고 예고된 고교학점제는 학생 개개인에게 과목 선택권을 부여한다는 면에서 긍정적이지만, 현재의 인문계(학문적) 교육과정을 그대로 둔 채 추진한다는 점에서 한계가 뚜렷하다.

그렇다면 '일반'고라는 명칭에 걸맞은 교육을 하는 사례는 없는가? 바로 미국과 영국의 고등학교가 그렇다. 유럽 대륙 국가들이 인문계/실업계를 구분하는 것과 달리 미국과 영국은 고등학교에서 인문계/실업계 교육과정을 나누지 않는다. 물론 직업교육을 받는 경우는 있지만 국가가 직업계 교육과정(vocational curriculum)을 따로 관리하지 않고, 더 유연하고 느슨한 '선택과목'이나 '프로그램' 또는 별도 교육기관 등을 통해 직업교육을 한다. 이 때문에 미국과 영국은 유럽 대륙 국가들에 비해 직업교육을 받는 고교생 비율이 낮고, 교육 효과도 떨어진다는 지적을 받곤 한다. 하지만 한국보다 훨씬 '일반'이라는 말에 걸맞은 교육과정을 운영한다는 점에서 한국의 일반고에서 참조할 만한 사례다.

　미국과 영국의 일반고는 한국의 일반고와 많이 다르다. 가장 큰 차이는 선택과목의 폭이 넓다는 것이다. 미국은 지역별·학교별 편차가 워낙 크기 때문에 일률적으로 말하기 어렵지만 많은 일반고에서 직업 교육 프로그램 및 선택과목을 제공한다. 영국의 경우를 살펴보면 고등학교 선택과목 중 회계, 경영, ICT, 컴퓨터과학, 연극, 댄스, 다양한 외국어 등이 있고 그것도 한두 학기 배우는 간단한 과목이 아니라 2년에 걸쳐 상당히 깊이 있게 배우는 과목으로 개설되어 있다.

　유의할 점은 미국·영국의 사립학교보다 공립학교에서 더 다양한 선택과목을 볼 수 있다는 점이다. 사립학교 학생들은 대부분 대학에 진학하므로 상대적으로 인문계 교육과정에 가까운 반면, 공립학교 학생들은 상당수가 대학에 진학하지 않고 취업할 것이므로 개설과목의 폭이 더 넓은 것이다.

　미국과 영국의 고등학교가 진정한 '일반'고임을 실감할 수 있는 또 하나의 사례가 예체능이다. 예를 들어 한국의 일반고에서 미술은 맛보기 정도 수준에 불과한 반면, 영국의 일반고에서는 미술(순수미술), 디자인, 섬유공예, 사진, 영화 등을 배울 수 있다. 고등학교에서 이런 과목들을 전부는 아니더라도 상당수 개설하고, 이러한 선택과목들을 적절히 조합해 사교육에 거의 의존하지 않고 미술 계열 전공으로 대학에 진학하는 것이 가능하다. 미술 입시학원이 성업하는 한국의 경우와 대조적이다.

고등학교는 의무? 보편? 공통? 필수?

한국의 일반고가 진정한 '일반'고인지 판단할 수 있는 또 하나의 시금석은 수학이 선택과목이 되는 것이다. 물론 의무교육인 중학교까지는 수포자가 생기지 않도록 하는 것이 중요하다. 의무교육 단계에서 기초학력은 국가가 국민에게 담보해줘야 하는 보편복지의 일종이다. 하지만 의무교육도 아닌 고등학교에서 왜 '모든' 학생이 수학을 배워야 하는가?

한국은 이 점에서 혼란을 겪고 있다. 의무, 무상, 보편, 공통, 필수 등의 개념이 섞여서 쓰이기 때문이다.

- **의무교육**(compulsory education): 다르게 번역하면 '강제교육'이다. 이 시기에는 무조건 학교를 다녀야 한다. 미국처럼 의무교육을 느슨하게 운영하여 홈스쿨링 등을 허용하는 나라도 있지만, 한국이나 독일처럼 부모가 특별한 사유 없이 아이를 학교에 보내지 않으면 처벌받는 경우가 많다. OECD 국가들은 예외 없이 중학교(lower secondary education)까지 의무교육이며 고등학교(upper secondary education)가 의무교육인 나라는 없다.

■ 무상교육(free education): 교육받는 대가를 지불하지 않는 것을 뜻한다. 한국에서 의무교육과 무상교육을 혼동하는 경우가 많은데, 둘은 서로 다른 개념이다. 의무교육은 논리적으로 무상교육일 수밖에 없다. 강제로 학교에 오도록 해놓고서 돈을 요구하는 것은 불합리하기 때문이다. 하지만 의무교육 이후 교육은 무상인 경우도 있고 아닌 경우도 있다. 2020년 현재 OECD에서 한국을 제외한 모든 나라에서 고등학교가 부상이며(한국은 2021년에야 고교 무상교육이 전면 실시된다) 심지어 독일·스웨덴·핀란드처럼 대학까지 무상인 나라들도 상당수 존재한다. 참고로 독일은 1990년대 이후 일부 주에서 등록금을 징수하다가 2010년대 다시 무상으로 돌아갔고, 프랑스는 무상은 아니지만 등록금이 연간 170유로(약 24만 원)에 불과하다. 참고로 최근 한국의 평균 대학 등록금은 OECD에서 미국, 일본, 영국에 이은 4위다.

■ 보편교육(universal education): 고교학점제를 반대하며 '고등학교까지 보편교육'이라고 주장하는 사람들이 적지 않다. 하지만 이것은 잘못된 개념이다. 보편교육이란 하층계급에게 교육 기회를 제한하는 계급적 차별에 대항하는 개념이다. 이것을 의무교육 이후인 고등학교 단계에도 동일한 교육을 받아야 한다는 뜻으로 둔갑시켜선 안 된다. 보편교육은 본디 '권리의 동등함(equality)'을 강조한 것인데 이 개념을 오용하는 사람들은 '내용의 동일함(sameness)'을 강조한다. '고등학교가 보편교육'이라고 주장하면서 '획일적 교육'을 옹호하는 이들은 인문계 교육만 거론하고 실업계(직업계)는 별난 예외 또는 '버린 자식'으로 취급한다는 징후적 특징을 보인다.

■ 공통교육(국민공통기본교육과정): 노무현정부 시절 고1까지의 교육과정

을 공통교육과정으로 지정하여 다수 교과목을 모든 학생이 배우도록 해놓았다. 의무교육은 중3까지인데 공통교육은 고1까지로 되어 있어 불합리하다. 모든 국민이 공통적으로 꼭 배워야 하는 내용이라면 의무교육 단계에서 배우는 게 맞다. 참고로 고1 때 1년간 엄청나게 광범위한 범위를 다루는 공통사회·공통과학(2015 교육과정에서는 통합사회·통합과학)과 같은 희한한 과목이 생긴 이유가 바로 여기에 있다.

■ 필수이수단위: 2025학년도 시행 예정인 고교학점제에 따르면 수학은 10단위 이상을 의무적으로 이수하게 되어 있다. 이것은 현행 2015 교육과정에 명시된 규정이다. 고1 1년간 수학을 이수해도 8단위밖에 안 되기 때문에 무조건 수학은 3학기 이상 이수해야 한다. 이러한 '필수이수단위'가 수학뿐만 아니라 영역별로 존재한다.

의무교육은 중3까지, 국민공통교육과정은 고1까지, 특정 과목(수학 등) 필수이수는 고2 1학기까지, 게다가 오해를 유발하기 딱 좋은 고등학교가 '보편교육'이라는 주장까지 겹쳐서 뒤죽박죽이다. 앞으로 의무교육과 국민공통교육과정과 특정 과목 필수이수를 중3까지로 통일하는 방향으로 제도를 정리해야 한다. 아울러 고등학교가 '무상의무교육'이라는 식의 모호하고 혼란을 일으키는 용어를 사용하지 말아야 한다.

고등학교 수학 교육이 정상화되려면

고등학교는 본인의 적성과 장래 진로 희망에 따라 교육이 다양하게 분화되는 단계다. 서구 선진국들은 모두 고등학교 단계에서 적극적인 분화를 허용한다. 인문계/실업계 분화뿐만 아니라 과목 선택권을 폭넓게 부여한다. 그런데 현재 한국의 일반고에서는 모든 학생이 3년간 내내 수학 과목을 이수한다. 고교학점제가 시작되어도 적어도 3학기는 수학 과목을 이수해야 한다. 앞에서 언급했듯이 고1까지를 국민공통교육과 정으로 묶어놓은 것도 불합리하다. 의무교육은 중3까지이므로 고1부터 는 폭넓은 과목 선택을 보장하는 것이 합리적이다.

미국에서는 고등학교에서 일정 수준의 수학 성취도가 확인되지 않으 면 심지어 졸업장을 주지 않는 경우가 많다. 하지만 고등학교 졸업을 위 해 요구하는 수학 수준이 한국의 중2~중3 수준이다. 미국의 대입시험 인 SAT 기본시험 수학 범위도 한국의 중2 수준이다. 한국에서 중3 때 배 우는 2차함수는 흔히 'SAT Ⅰ'이라고 불리는 SAT 기본시험에 포함되지 않으며 'SAT Ⅱ'라고 불리는 SAT 선택과목(수학 레벨1/레벨2)에 속한다.

영국에서는 마지막 2년간 수학을 전혀 배우지 않아도 옥스퍼드대나 케임브리지대에도 진학할 수 있다. 물론 이공계나 경제학과 등에 진학 할 학생에게는 수학이 필수로 요구되며, 심지어 영국 고등학교의 심화수 학은 한국의 이과 수학 범위보다 좀더 넓다. 하지만 대학에 진학하지 않 거나 수학이 별로 필요 없는 전공으로 진학할 경우 수학은 마지막 2년간 이수하지 않아도 불이익이 없는 순수한 선택과목에 불과하다.

한국에서는 왜 이렇게 수학이 중시될까? 수학이 논리력을 키우는 데 가장 중요한 과목이라고 생각하기 때문이다. 물론 수학은 세상을 바라 보는 매우 가치 있는 관점을 제공할 뿐만 아니라 유용한 도구이기도 하 다. 아울러 수학을 활용하는 분야(특히 이공계)가 사회적 수요와 평균 급 여가 높은 경향이 있기 때문에 이를 안내하고 여러 가지 방식으로 수학 학습의 동기를 높이는 것도 필요하다. 즉 수학을 배울 기회를 충분히 부여하는 것은 중요하다.

하지만 의무교육 이후 단계에서 수학을 '공통'이니 '필수'니 '보편'이니 등의 명목으로 '모든' 학생에게 요구하는 것은 학생들의 다양성과 현재 일반고 상황에 대한 몰이해의 산물이다. 수학의 선택과목화에 대해 '발달 단계' 운운하며 반대하는 사람들이 있다. 하지만 이들이 생각하는 '발달 단계'는 무의식중에 자신과 지능이 비슷한 집단을 상정한 것이다. 한국의 일반고 교실에는 심지어 지적 장애 바로 위 수준인 '경계선 지능' 학생들도 앉아 있다. 인구의 12~14%로 추정되는 경계선 지능 학생들 가운데 상당수가 일반고에 입학하는데 이들에게 미적분을 가르치고 순열·조합을 가르치는 것이 가능하거나 바람직한가? 왜 선진국들도 하나같이 의무교육을 고등학교가 아닌 중학교까지로 정해놓았는지를 진지하게 고찰해봐야 한다.

한국에는 '수학이 중요하다'는 강박과 아울러 '수학 학습 부담을 줄여야 한다'는 당위론이 동시에 지배한다. '수학 교육 강화'와 '수학 부담 완화'라는 상반된 목표가 공존하는 것이다. 현재 교육과정과 수능 체계를 보면 수학 선택과목 중 '기하와 벡터' 및 '확률과 통계'가 있다. '기하와 벡터'를 선택해야 선형대수학의 기초인 행렬과 벡터를 배우고 '확률과 통계'를 선택해야 순열과 조합 이론을 배운다. 그런데 전자를 선택하면 후자에 공백이 생기고, 후자를 선택하면 전자에 공백이 생긴다.

현행 2015 교육과정부터는 '행렬과 벡터'를 선택한다 해도 행렬의 일차변환을 배우지 않는다. 교육과정에서 아예 빠진 것이다. 심지어 문·이과 공통필수에서 '수열의 극한'이 빠졌다. 자연히 구분구적법도 빠져서 적분은 '미적분의 기본정리'를 통해서만 설명한다. 이공계나 경제학 등

수학을 많이 활용하는 분야로 진출할 학생들에게 이러한 경향은 퇴보다. 참고로 과학 과목에서도 유사한 문제점들이 나타나는데, 과학의 경우는 수학과 메커니즘이 다르다. 물리/화학/생물/지구과학 각 과목의 이해관계자들은 교육과정을 쉽게 만들어 과목 선택률을 높이려는 유혹에 노출되어 있다.

'수학이 중요하니 많이 배우게 해야 한다'와 '학습 부담을 줄여야 하니 적게 가르쳐야 한다'가 충돌하는 상황이다. 이러한 딜레마가 나타나는 근본적 이유는 한국의 교육시스템 전체가 학생 개개인의 진로와 적성에 따른 다양성을 인정하지 않기 때문이다. 일반고가 진정한 '일반'고가 되려면 학생 개개인에게 자신이 무엇을 배울지 선택할 기회를 줘야 한다. '안내'나 '권유'는 많은 게 좋지만 '필수'는 적은 게 좋다. 즉 고등학교에서 수준 높은 단계의 수학을 공부하도록 적극 권장하는 것은 필요하지만, 그것이 필수라는 명목으로 강요되어서는 안 된다. 즉 고등학교에서는 수포자가 허용되어야 함과 동시에 충분히 '제대로 된' 수학 교육이 이뤄져야 한다. 이 두 가지 목표는 전혀 상반된 것이 아니다.

그런데 이처럼 고교 수학과목에 광범위한 선택지를 줄 경우, 수능은 어떻게 치르느냐는 의문이 제기된다. 특히 수학뿐만 아니라 고교학점제라는 아이디어 자체가 수능과 잘 들어맞지 않는다는 지적이 많다.

그런데 이는 배운 과목(고교이수과목)과 입시과목(대입시험과목)이 서로 일치해야 한다는 강박관념 때문이다. 배운 과목과 입시과목이 꼭 일치해야 한다는 필연적 이유도 없고, 세계적으로도 둘 사이에 차이가 상당한 경우도 많다. 한국에서도 이미 사회·과학 과목을 중심으로 고교이수과목과 수능과목 사이에는 상당한 괴리가 보편화되어 있다. 고등학교에서 사회·과학 과목을 4~6개가량(때로는 그 이상) 배우는데 현재 수능에서는 1인당 최대 2과목만 선택하여 치르는 것이다.

OECD 국가 중 영국과 프랑스는 이수과목과 입시과목이 거의 일치한다. 체육과 같은 약간의 예외만 존재한다. 반면 이수과목과 입시과목 사이에 상당한 불일치가 발생하는 나라들도 있다. 대표적인 예가 독일, 핀란드, 미국이다. 독일은 4~5과목, 핀란드는 4과목의 대입시험을 치르는데, 고등학교 이수과목의 수는 그 두 배가량에 달한다.

현재 한국 수능에는 여러 가지 수학시험이 존재한다. 이과 수학에 해당하는 수학 '가'형, 문과 수학에 해당하는 수학 '나'형, 수학 선택과목인 확률과 통계, 미적분, 기하 등 총 5가지다. 수능 수학시험이 이처럼 복잡해진 것은 미국의 사례를 참조했기 때문이다. 미국의 대입 수학시험은 SAT 기본 수학(한국의 중2 수준), SAT 선택과목 수학 레벨1, SAT 선택과목 수학 레벨2, AP 미적분학AB, AP 미적분학BC, AP 통계학 등으로 세분되어 있다. 참고로 AP(Advanced Placement)란 대학 학점 선(先)이수 목적으로 도입된 과목·시험이지만 AP 시험 성적을 제출해도 선이수 인정을 못 받는 경우도 많기 때문에 주로 선이수 기능보다 대입시험 기능을 하고 있다.

그런데 미국처럼 대입 수학시험이 세분화된 경우는 세계적으로 봤을 때 예외적이다. 유럽 국가들의 대입 수학시험은 패키지화하여 한두 가지만 치른다. 독일의 대입시험(아비투어)에서 수학은 한 가지이며, 영국의 대입시험(A레벨)에서 수학은 이공계나 경제학 전공자 등을 염두에 둔 심화수학(further math)과 이보다 낮은 단계의 일반수학(math) 두 가지다. 고교학점제하에서 '모든' 선택과목에 대해 세분화된 수능을 치러야 한다는 것은 미국의 경우를 잘못 참조하여 가지게 된 선입견이다.

'확장적 고교학점제'가 필요하다

고교학점제는 '일반고 살리기'에 상당한 동력을 제공한다. 하지만 일반고를 제대로 살리고 싶다면, 현재 설계하고 있는 고교학점제를 좀더 확장적인 모델로 확대해야 한다.

확장적 고교학점제를 위한 첫 번째 조치는 앞서 언급한 것처럼 '필수이수단위'를 없애서 예를 들어 수학을 전혀 공부하고 싶지 않은 학생들에게는 그렇게 하도록 기회를 열어주는 것이다.

확장적 고교학점제를 위한 두 번째 조치는 이수과목이 다양해지는 만큼 대입시험 과목도 다양해져야 한다는 고정관념에서 탈피하는 것이다. 특히 패키지화로 주요 과목의 입시가 복잡해지는 것을 막은 유럽 국가들의 사례를 참조할 필요가 있다.

확장적 고교학점제를 위한 세 번째 조치는 '인문계' 패러다임에서 벗어나 개설 과목과 프로그램을 훨씬 다양화하는 것이다. 여러 수준의 컴퓨터과학·ICT, 외국어, 경영·회계, 철학, 심리학, 미술, 음악, 제2외국어 등의 과목·프로그램을 개설해야 한다. 문학이나 연극처럼 범용성과 잠재적 가치가 큰 과목을 많이 이수할 수 있도록 허용하는 것도 적극 검토할 만하다. 학교별 이수 희망자가 적어서 단위 학교에서 개설하기 곤란한 과목은 순회교사나 강사를 활용하면 된다. 순회교사는 이미 존재하는 제도로서 요일별로 다른 고등학교에 출근하여 일하는 것이다.

아울러 온라인 학점 취득도 적극적으로 인정해야 한다. 이미 쌍방향 소통이 가능한 온라인 교육이 가능하고, 온라인으로 학점을 취득하거나 대학 졸업장도 받을 수 있는 세상 아닌가? 특히 1부에서 언급했듯이 한국은 코로나19에 대응하여 일정 수준 이상의 원격 교육을 모든 학생에게 제공하는 데 성공한 예외적인 나라다. 코로나19 사태가 장기화될 수 있으므로 원격 교육 또는 병행 교육(오프라인/온라인 블렌디드 러닝)은 좋든 싫든 불가피하기도 하다.

현재 내신제도에서도 과목 이수자가 13명 이하면 상대평가를 면제한다. 따라서 이수 인원 13명 이하로 온라인 클래스를 구성하여 다양한 선택과목을 제공하는 온라인 학점제를 당장 실시할 수 있다. 아마도 가장 설득력 있게 시작할 수 있는 출발점은 주요 선택과목인데도 종종 학교에서 개설되지 않은 특히 제2외국어, 물리2, 세계사 등의 과목들이다. 이를테면 '나는 프랑스어를 배우고 싶은데 우리 학교에 프랑스어 선생님이 없는' 학생들에게 기회를 주는 것이다. 교육부는 온라인 학점 취득을 장차 고교학점제를 시작하면서 실시할 '보완 수단' 정도로 언급하나 온라인 학점제는 일부 과목에서 지금 당장 시작할 수 있다.

문재인정부가 고교학점제를 시행하기로 한 2025년은 외고·국제고·자사고가 일반고로 전환하여 첫 입학생이 입학하는 시기이기도 하다. 즉 2025년의 변화는 '학교별 다양화'에서 벗어나 '학생별(개인별) 다양화'로 가는 패러다임 교체에 해당한다. 이러한 패러다임 교체에 성공하려면 다양한 교육을 위해 특별한 고등학교에 들어가야만 하는 것이 아니라 일반고에 다니면서도 충분히 다양한 교육 기회를 가질 수 있음을 설득력 있게 보여줘야 한다.

이를 위한 가장 좋은 방법은 외고·국제고·자사고에서 개설해온 심화 선택과목(2015 교육과정상 명칭은 '진로 선택과목')을 일반고생들이 선택할 수 있게끔 기회를 주는 것이다. 이를테면 영어 덕후, 컴퓨터 덕후, 디자인 덕후에게 배울 만한 과목을 제공해야 한다. 외고·국제고·자사고를 일반고로 전환하는 데 성공하려면 이러한 변화가 교육의 획일화를 초래하지 않으며 오히려 교육의 다양화를 통해 학생 개개인의 수월성(탁월함, excellence)을 증진할 것임을 대중적으로 납득시켜야 한다. 고교학점제를 확장하는 것은 반드시 필요한 '정치적' 과제이기도 한 것이다.

20장
'체리 피킹'은 왜 불가능한가

한국 영어 교육의 불균형을 해소할 거라 기대되던 국가영어능력시험은 왜
폐지되었나? 고교 내신 절대평가를 포기한 이유는 무엇인가? 대입 경쟁 속에서
에듀폴리틱스는 사교육 걱정, 불공정, 걱정, 불평등 걱정을 명분으로 작동해
체리 피킹이 불가능하게 한다.

체리 피킹(cherry picking)은 케이크에서 체리만 골라먹는 행위를 뜻한다.
본인이 원하거나 유리한 것들만 선별하는 걸 뜻하는데, 여러 신용카드
사에서 제공하는 혜택들을 잘 조합해서 활용하는 것이 대표적 사례다.
교육정책을 다루다보면 '체리 피킹'을 시도하는 경우를 종종 볼 수 있
다. 맛있어 보이는 것들을 골라서 푸짐하게 한 상 차려놓으면 교육이 발
전한다는 식이다. 하지만 2010년대 이후 정부는 제아무리 맛있어 보여
도 정치적 부담이 따르는 교육정책은 거부하는 경향을 보인다. '체리 피
킹'이 불가능함을 보여주는 대표적 사례가 이명박정부부터 준비해온 국
가영어능력시험(NEAT) 및 내신 절대평가가 박근혜정부에 의해 폐기된
것이다. 2025년 도입 예정인 고교학점제도 마찬가지 위기에 처해 있다.

국가영어능력시험은 왜 폐기되었나?
국가영어능력시험(NEAT)이란 이명박정부 시절 수능 영어와 토익, 토플

등의 시험을 대체하려 개발된 시험이다. 국책연구기관인 한국교육과정 평가원에서 개발한 야심작으로 NEAT(National English Ability Test)라는 약자로 알려졌는데, 고등학생 대상의 2급, 3급 시험과 성인 대상의 1급 시험이 개발되었다. NEAT는 절대평가(등급제)로 설계되어 학생들 간의 제로섬 무한경쟁을 일정 수준 제어할 수 있을 뿐 아니라, 기존 수능이 '읽기'와 '듣기' 평가에 국한된 데 비해 인터넷을 이용한 '쓰기'와 '말하기' 평가까지 포함해 영어 교육의 균형을 잡는 데 큰 도움이 될 거라는 기대를 받았다.

읽기·듣기·쓰기·말하기 네 가지 영역을 모두 측정하는 것은 영어 시험의 세계적 추세다. 영국과 영연방 국가들에서 널리 쓰이는 시험인 아이엘츠(IELTS)은 네 가지 평가를 모두 포함한다. 토플(TOEFL)에는 1998년부터 쓰기가, 2005년부터 말하기가 도입되어 네 가지 능력을 모두 평가하며, 토익(TOEIC)은 기존의 읽기+듣기 시험에 추가로 두 가지 시험(토익 스피킹, 토익 라이팅)을 신설하여 필요에 따라 응시하도록 했다. 대입시험의 경우에도 미국 SAT처럼 말하기가 빠져 있는 경우도 있지만 프랑스 바칼로레아 영어시험처럼 말하기(구술) 시험을 포함하는 경우가 많다. 한국에서는 NEAT에 쓰기·말하기를 포함시킴으로써 '영어를 10년 배워도 한마디도 쓰지 못하는' 한국 영어 교육을 타개할 수 있으리라는 기대가 있었다.

그런데 이처럼 야심차게 시작한 NEAT는 용두사미로 끝나버렸다. 2013년 박근혜정부가 출범하자마자 수능 영어를 대체하려던 계획을 2018학년도로 연기했고, 이후 NEAT 시험 계획을 전면 폐기하고 말았다. 597억 원에 달한 개발비만 날린 셈이다.

그렇다면 NEAT는 왜 폐기되었는가? 박근혜정부는 대선 직후 인수위원회 시절인 2013년 초부터 이미 NEAT가 사교육을 크게 팽창시킬 것이라는 이유로 사실상 사형선고를 내려놓고 있었다. NEAT가 사교육 대란을 초래할 것임은 예측 가능한 일이었고 나도 2012년에 출간한 『우리 교육 100문 100답』에서 이를 경고한 바 있다. 기존 수능의 '읽기'나 '듣기'는 전통적인 학교 또는 학원 교육에서 집단적으로 가르치는 것이 가능하지만, '쓰기'와 '말하기'는 개개인에 대한 맞춤형 지도가 필요하기 때문이다. 한국의 학부모들은 학교 교육을 통해 쓰기와 말하기 능력을 향상할 수 있다는 정부를 불신했고, 사교육업계에서는 NEAT를 계기로 새로운 시장이 열릴 것을 기대해 대대적인 선행 투자를 했다.

한국 영어 교육의 불균형을 해소하기 위해서는 쓰기와 말하기를 포함하는 NEAT가 긴요한 상황이었다. 하지만 NEAT가 예정대로 시행되었다면 박근혜정부는 사교육비 급증이라는 '정치적' 문제에 직면했을 것이다. 즉 교육적 가치와 정치적 가치가 상충할 때 박근혜정부는 정치적 가치를 선택한 것이다. 이러한 선택에 뭔가 문제가 있다고 생각하는 사람이 있을 것이다. 하지만 이것이 바로 교육정책이 정치로부터 영향을 받는 에듀폴리틱스의 현실이다.

정치적 가치를 우선시하는 것에 반감을 느끼는 사람들이 많을 것이다. 정치를 욕하고 폄훼하는 것이 일종의 습관으로 굳어 있기 때문이다. 하지만 정치적 가치에는 흔히 '민생'이라고 일컫는 대중의 이해관계가 반영되곤 한다. 정당들은 선거를 통해 다수의 지지를 획득하고 유지하는 것을 목표로 삼기 때문에 민생과 관련된 문제를 외면하기 어렵다. 민주화가 진전되고 여론에 대한 반응성이 높아진 상태에서는 더더욱 그렇다. NEAT 폐기는 학부모들의 민생고를 의식한 박근혜정부의 정치적 결단에 따른 것이었다.

내신 절대평가, 두 번이나 미룬 이유는?

박근혜정부는 집권 첫해인 2013년에 이명박정부부터 준비해온 정책을 또 하나 뒤집는다. 바로 고교 내신 절대평가다. 2부에서 살펴봤듯이 내신 상대평가는 소집단 내 제로섬 경쟁을 유발하고 협력적 인성 형성을 방해하며, 합리적 과목 선택을 어렵게 만들어 교육의 다양성을 저해한다. 교육학적으로나 현실적으로나 심각한 결함을 지닌 제도다. 서구 선진국은 모두 절대평가(등급제 또는 원점수제)이며 상대평가하는 사례를 찾아볼 수 없다.

이명박정부는 중학교와 고등학교의 내신을 상대평가에서 절대평가(공식 명칭은 성취평가)로 전환할 계획을 세워 2011년에 '학사관리 선진화 방안'이라는 이름으로 발표했다. 이에 따라 중학교의 경우 2012년 중1부터, 고등학교의 경우 2014년 고1부터 연차적으로 절대평가로 전환할 예정이었다. 학교 성적표에 상대평가 지표인 석차, 석차백분율, 석차등급(상위 4%까지 1등급, 상위 11%까지 2등급, 23%까지 3등급…) 등이 사라지고 원점수에 따른 성취등급(90점 이상은 A, 80점 이상은 B, 70점 이상은 C…)만 매기는 것이다.

중학교에서는 절대평가로의 전환이 예정대로 완료되었다. 하지만 고등학교의 경우는 심상치 않은 조짐이 있었다. 나는 2013년 7월에 절대평가 정책을 설계하고 준비해온 한국교육과정평가원의 내부 간담회에 초빙받은 적이 있는데, 이미 담당자들이 정책의 실현 여부에 대해 불안해하고 있었다. 결국 박근혜정부는 내신 절대평가 시행을 불과 5개월 앞 둔 2013년 10월, 급브레이크를 걸었다. 표면상으로는 절대평가와 상대 평가를 병행하는 것으로 변경했지만 실질적으로는 상대평가를 그대로 유지하는 셈이었다.

박근혜정부가 내신 절대평가를 포기한 이유는 특목고·자사고 지원경 쟁률이 치솟고 강남 쏠림 현상이 심해질 것이 분명해 보였기 때문이다. 특목고·자사고 학생이나 강남 등지의 일반고 학생들에게 수능, 논술, 비교과 등은 상대적으로 유리한 요소인 반면, 내신은 상대평가이므로 평균 학력이 높은 집단에 속한 이들에게 불리하다. 그런데 내신이 절대 평가로 전환되면 이러한 불리함이 사라지므로 중3 학생들의 특목고·자 사고 쏠림, 그리고 강남으로 대표되는 이른바 '학군지'(평균 학력과 교육열 이 높은 지역들을 일컫는 속칭)로 쏠림 현상이 심해질 것이 뻔히 예측되는 상 황이었다.

이처럼 박근혜정부는 제아무리 교육적 가치가 높은 정책이라 할지라 도 이에 수반되는 정치적 부담이 크면 피킹(picking)하지 않았다. 이 점은 문재인정부도 닮은꼴이었다. 문재인정부의 대표적인 교육 공약으로 알 려진 고교학점제는 원래 2022년 고1부터 전면 도입될 예정이었다. 그 러나 집권 2년차인 2018년 8월, 교육부는 대입제도 개편안에서 고교학 점제 또한 2025년 고1로 연기한다는 내용을 함께 발표했다. 다음 정부 로 공을 넘긴 것이다.

문재인정부가 고교학점제를 연기한 이유는 세 가지를 꼽을 수 있다. 첫째, 학생들의 선택으로 과목별 교사 수요가 달라지는 것에 대한 교원 단체들의 우려와 반발이 있었다. 이 점에서 교총과 전교조가 보여준 태도는 상당히 유사했다. 둘째, 학생들에게 이수과목을 선택할 권한을 주면 대입에 유리한 일부 과목으로 쏠린다는 비판이 있다. 이는 상당히 부당한 비판인데, 예를 들어 수포자에게 수학 과목을 기피할 권리를 주면 학생의 스트레스가 줄고 행복도가 높아질 것이다. 이에 더하여 대학이 전공별로 필수 또는 권장 과목을 지정하게 되면 (예를 들어 공대에 지원하려면 물리1을 이수해야 하며 물리2를 이수하면 가산점을 주는 식으로) 이수과목의 획일화가 아니라 다양화를 촉진할 것이기 때문이다.

첫째와 둘째 이유는 그래도 정부가 의지를 가지고 돌파할 수 있을 법한 수준이었다. 가장 심각한 이유는 셋째, 즉 고교학점제에 패키지로 포함된 '내신 절대평가'가 특목고·자사고 쏠림, 강남 쏠림 현상을 초래할 것이라는 우려였다. 특히 문재인정부 집권 이후 강남 집값이 대폭 상승한 상황에서 강남 집값을 추가로 상승시킬 정책을 강행하기는 어려웠을 것이다.

결국 내신 절대평가는 박근혜정부에 의해 한 번, 문재인정부에 의해 또 한 번 연기된 셈이다. 그렇다면 2025년으로 예정된 고교학점제가 다시 연기될 가능성도 있지 않겠는가? 고교학점제는 여전히 내신 절대평가를 포함하고 있고, 내신 절대평가는 강남 등 학군지로 쏠림을 심화할 것이기 때문이다.

대입 경쟁 속에서 에듀폴리틱스가 작동하는 이유는?

에듀폴리틱스, 즉 교육정책이 교육적 가치보다 정치적 이해관계에 좌우되는 것은 한국에서 2010년대 들어 부쩍 나타난 현상이다. 이로 말미암아 교육정책에서 '체리 피킹'이 불가능해졌다. 박근혜정부의 국가영어

능력시험 폐기 및 내신 절대평가 포기, 문재인정부의 격렬했던 학종-수능 논란과 어정쩡한 타협적 결론, 그리고 고교학점제 연기 및 고교 체계 개편의 난맥 등에서 '체리 피킹'의 어려움이 극명하게 드러난다. 제아무리 교육적·교육학적으로 올바르고 의미 있어 보이는 정책이라 할지라도 지금처럼 과열된 대입 경쟁의 자기장 속에서는 그것이 온전히 채택되고 실현되기 어려운 것이다.

극심한 대입 경쟁 속에서 에듀폴리틱스는 세 가지 명분(주로 '걱정')을 통해 작동한다. 첫째는 사교육 걱정, 둘째는 불공정 걱정, 셋째는 불평등 걱정이다.

에듀폴리틱스가 작동하는 첫 번째 명분은 '사교육 걱정'이다. NEAT 폐기가 대표적 사례다. 학종이 지지세를 키우지 못한 이유 중 하나도 학종이 복합적인 전형요소들을 요구하여 총 사교육을 키운 데 있다.('철인 5종경기에서 철인 10종경기로') 그뿐만 아니라 앞으로 대입시험을 미국식/유럽식 어떤 방식으로 개편하려 해도 결국 사교육 팽창을 걱정하는 여론과 정치권의 반대에 부딪히게 될 것이다. 미국처럼 학교에서 수능 준비를 해주지 않는 방식으로 진화시키자니 사교육이 팽창할 것이 불 보듯 뻔하고, 유럽처럼 수능을 과목별 논술형 시험으로 진화시키자니 역시 사교육 수요를 크게 자극할 우려가 있다.

그밖에도 다양성·수월성을 증진하기 위한 여러 제도가 사교육과 체감 경쟁 강도를 높이는 결과를 초래할 우려가 있다. 대표적인 예가 2007년 도입되었으나 사실상 영재학교에만 자리 잡은 AP(대학 학점 선이수)제도다. AP는 특정 분야에 탁월함을 보이는 학생들에게 수준 높은 교육 기회를 주기 위한 것이었으나, 이를 확대하자니 미국에서 그랬던 것처럼 또 하나의 입시로 구실하여 사교육과 선행학습을 조장할 우려가 컸고 그래서 대입에 활용할 수 없도록 제한하니 학생들이 외면한 것이다.

에듀폴리틱스가 작동하는 두 번째 명분은 '불공정 걱정'이다. 학종의 확대를 가로막은 핵심 요인이 바로 비교과영역과 연관된 불공정 시비였다. 그뿐만이 아니다. 예를 들어 1반부터 끝반까지 시험문항이 똑같아야 하는 제도에서 벗어나, 교사 개개인이 본인이 담당하고 가르친 학생들만 평가하는 제도(이른바 '교사별 평가')로 선환한다고 해보자. 2부에서 지적했듯이 이것이 교육학적 원리에 좀더 부합할 뿐만 아니라 다양하고 창의적인 수업·평가방식을 유도할 수 있다. 하지만 한국처럼 대입 경쟁에 민감한 나라에서 A교사가 가르친 1~3반은 평균이 75점인데 B교사가 가르친 4~6반은 평균이 72점이라면? 1~3반은 1등급이 3%인데 4~6반은 1등급이 5%라면? 불공정하다는 아우성과 함께 학교가 쏟아지는 민원으로 마비되고 말 것이다.

현재 고등학교의 중간·기말고사와 수행평가가 융합되지 못하고 따로 노는 것도, 중간·기말고사 자체를 논술형 및 수행평가 위주로 재편하려 할 때 쏟아질 불공정 시비를 감당하기 어렵기 때문이다. 그래서 기존의 중간·기말고사를 객관식 위주 시험으로 그대로 유지한 채 수행평가를 '추가로 덧붙이는' 방식을 취하게 되었고, 이는 학생들 부담을 늘리는 결과를 낳았다.

에듀폴리틱스가 작동하는 세 번째 명분은 '불평등 걱정'이다. 특히 현재 내신 상대평가가 가진 '균등 선발효과'에 의존해 선발의 형평성을 확보하는 상황에서, 내신 상대평가를 대체하기란 매우 어려운 일이다. '선발의 형평성'이라는 긍정적 결과가 '내신 상대평가'라는 부정적 제도에 기반한다는 것은 한국 교육의 큰 고민거리다. 그렇다면 다음에 누가 대통령이 된들 강남 등 학군이 좋은 지역의 집값을 올릴 것이 뻔한 정책을 시행할 수 있을까? 한국 교육은 '내신 상대평가'라는 불합리한 제도에서 벗어나는 것마저 시도하기 어려운 극한의 딜레마 상황에 처해 있는 것이다.

사회운동에 오랫동안 힘써온 사람들은 자신들이 '올바른' 정책을 가지고 있고 이를 '정치'라는 관문을 통해 실현하면 된다고 여기는 경향이 있다. 하지만 종종 '올바른' 것들끼리 상충한다. 예를 들어 비정규직을 정규직화하면서 동시에 청년 고용도 늘리고 싶지만, 임금 총액이 제한되어 있는 한 이 두 가지는 상충한다. 사회간접자본(SOC) 예산은 줄이면서 동시에 내수경기도 살리고 싶다. 최저임금은 올리면서 고용도 늘리고 싶다. 하지만 이들은 적어도 단기적으로는 상충할 가능성이 크다. 제아무리 '교육적'으로 올바른 정책을 펴고 싶다고 할지라도 사교육 걱정, 불공정 걱정, 불평등 걱정과 상충하는 한 실현하기 어렵다. 이러한 걱정들은 교육에 무지한 소수 정치인들의 행태가 아니다. 사교육·불공정·불평등 걱정은 광범위한 대중의 삶과 관심사에 단단히 뿌리박혀 있다.

결국 대입 경쟁 자체를 줄여야 청소년이 과열 경쟁에서 벗어날 수 있고, 사교육을 줄일 수 있을뿐더러, 제대로 된 수월성 교육을 포함해 한국 교육을 선진화하는 정책들을 원활하게 실현할 수 있다. 대입 경쟁을 완화해야만 비로소 '체리 피킹'이 가능해지는 것이다.

21장
대학의 포용적 상향평준화와 사회적 타협

블라인드 채용과 출신 대학 차별금지법의 한계는 무엇인가?

한국 대학 교육의 질이 낮고 국립대 통합 네트워크에 한계가 분명한 상황에서

새로운 대안인 포용적 상향평준화의 원리는 무엇인가?

진정한 K-에듀를 실현하는 방법은 무엇인가?

독일이나 프랑스와 같이 대학이 평준화된 유럽 교육시스템을 바라는 사람들이 적지 않다. 그런데 독일이나 프랑스가 대학을 평준화할 수 있었던 것은 사립대가 거의 없기 때문이다. 한국은 사립대 재학생 비율이 매우 높은 특수한 나라이며, 특히 인구의 절반이 몰려 있는 서울·수도권 대학들이 대부분 사립이다. 그래서 유럽식 대학평준화 모델이 한국에서 통하지 않는다. 주요 사립대들을 품을 수 있는 '포용적' 대안이 필요한 이유다. 또 하나 주의할 점은 한국 대학 교육의 질이 낮다는 것이다. 한국은 OECD에서 유일하게 대학생에게 투입하는 1인당 교육비가 고등학생보다 적은 나라다. 이를 타개하기 위한 대안은 대규모 재정 투입을 통한 '포용적 상향평준화'이고 그 방법은 정치적 리더십에 기댄 '사회적 타협'이다.

학종이 대학에 입학하는 '입구' 단계에서 작용하는 대학 서열화 완화정책이라면 블라인드 채용은 대학을 졸업하는 '출구' 단계에서 작용하는 대학 서열화 완화정책이다. 학종은 '입구'에서 지원자 서열화(성적순 선발)를 완화함으로써 대학 서열을 완화하는 효과를 낼 거라는 기대를 받았다. 실제로 과거와 달리 학종으로 연세대에는 합격했는데 한양대에는 불합격했다는 식의 사례가 나오고 있다. 그렇다고 해서 고등학생들이 대학에 지원할 때 '선호하는 대학 순서'에 변화가 있는가? 여전히 '서연고 서성한 중경외시…'로 전혀 변화가 없다. 2부에서 살펴보았듯이 대학 서열은 학생 1인당 교육비라든가 교수 1인당 학생 비율과 같은 '물질적' 토대를 가지고 있다. 이 토대가 달라지지 않는 한 '입구' 단계의 정책으로 대학 서열을 완화하거나 변경하는 것은 불가능하다.

그렇다면 '출구' 단계의 전략은 어떨까? 블라인드 채용이란 서류심사나 면접 과정에서 출신학교 정보를 일체 배제함으로써 지원자들에게 좀더 공정한 기회를 주는 것이다. 문재인정부 출범 이후인 2017년 하반기 채용부터 공공부문 채용에 의무화되었다. 즉 공무원 또는 공기업에 지원할 때는 출신 대학을 명시적·암시적으로 드러내는 어떤 자료도 제출할 수 없으며, 면접 시에도 이를 묻지 않는다.

블라인드 채용의 기원은 노무현정부 시절 KBS의 정연주 사장이다. 그는 사장으로 재임하던 2004~2008년 사이 KBS 신입사원 채용에서 '블라인드 면접'을 도입했다. 그러자 신입사원 중 무려 70%를 차지하던 SKY 비율이 30% 미만으로 대폭 낮아지고 비수도권 대학 비율이 2001~2003년 10.3%에서 2004~2008년 31.1%로 증가했다. 당시 KBS

는 비수도권 대학 출신에 대한 우대 정책을 병행했으므로, 이러한 결과가 오로지 '블라인드'만의 효과라고 단정할 수는 없다. 하지만 블라인드 채용을 하면 명문대 비율이 낮아진다는 것은 부정하기 어렵다. 2015년에는 SK텔레콤이 지원자의 출신 대학을 가리고 신입사원 채용 절차를 진행하자 SKY 출신이 30% 이하로, '인서울' 출신이 절반 이하로 줄어들기도 했다.

학벌의식이 발생하는 이유 중 하나는 이른바 '후광효과', 즉 출신 대학에 대한 선입견으로 진정한 개인별 능력이나 특성을 보지 못하고 명문대 출신을 과대평가하는 (그리고 반대의 경우를 과소평가하는) 것이다. 따라서 블라인드 채용은 좀더 공정하고 능력주의에 충실한 채용 방식이라고 볼 수 있다. 하지만 블라인드 채용은 다음 세 가지 이유에서 그 효과가 제한적이다.

SK텔레콤의 블라인드 채용 기사

채용때 출신대학 가렸더니… 합격자 절반 수도권·지방大 출신

**SK텔레콤 작년 공채결과
'SKY대' 출신은 대폭 줄어**

SK텔레콤이 작년 신입사원 채용에서 지원자의 이름과 성별 외에 출신 대학 등 다른 요소는 모두 가리고 진행한 결과 서울대·연세대·고려대 등 이른바 'SKY대' 출신 합격자가 줄어든 반면, 지방대 출신이 크게 늘어난 것으로 나타났다.

SK텔레콤은 지난해 신입사원 채용 서류 전형과 면접 때 지원자의 이름·성별·전공·대학졸업 여부와 자기소개서만으로 평가하고, 나머지 사진과 가족 관계, 집 주소, 출신 대학 등 능력과 관련 없는 항목을 지원서에서 완전히 제외하는 블라인드(blind) 방식으로 진행해 100명의 신입사원을 채용했다.

SK텔레콤 관계자는 28일 "출신 대학별 최종 합격자 숫자를 공식적으로 공개하지는 못한다"면서 "다만 SKY 출신 합격자가 30% 미만이고, 수도권과 지방대 출신이 50%에 육박한다"고 말했다. 이 관계자는 "합격자의 면면을 보면 서울 소재의 주요 대학, 수도권 대학, 지방대 등 이름을 알 만한 대학에서 1~2명씩 골고루 합격자가 나왔고 3명 이상인 대학은 거의 없었다"고 말했다.

SK텔레콤은 주요 대기업 가운데서도 특히 SKY 출신 합격자 비중이 높은 것으로 업계에 알려져 있다. 회사 측이 정확한 출신 대학별 합격자 숫자를 공개하지 않지만 2000년대 중반까지 그 비중이 50% 이상이었던 것으로 전해진다. 취업준비생 사이에 'SK는 스카이(SKY)'라는 말까지 있었다. 실제로 SK텔레콤 본사의 한 층에 근무하는 직원 400여 명 가운데 지방대 출신은 3명에 불과했다.

이 회사 한 임원은 "출신 대학을 알 수 없는 상태에서 자기소개서와 면접을 보면, 무난한 학창 생활을 보낸 지원자보다 도전적인 경험을 하거나 적극적인 친구들에게 더 높은 점수를 주게 된다"고 말했다. 성철호 기자

출처: 조선일보 2015년 4월 29일자.

블라인드 채용의 효과가 제한적인 첫 번째 이유는 출신 대학 이외의

다른 스펙은 계속 활용되기 때문이다. 3부에서 살펴본 것처럼 전통적인 정기채용(정기공채)은 장기간 고용할 것이라는 전제하에 다양한 스펙을 골고루 갖춘 '올라운드 플레이어'를 선호한다. 이때 지원자의 출신 대학도 일종의 스펙으로 간주해왔다. 따라서 출신 대학을 가리고 선발하면 합격자 중 명문대 출신이 줄어들 것이다. 하지만 블라인드 채용에서도 업무와 연관된 어학 점수, 각종 경력, 자격증, 교육이수 이력 등 다양한 스펙이 평가되며 필기시험·면접 등의 단계를 거친다. 명문대 출신은 고교 시절부터 이런 스펙 및 시험·면접 등에서 뛰어난 성과를 낸 집단이므로 블라인드 채용을 한다고 해서 많이 불리해지지는 않을 것이다.

실제로 블라인드 채용이 도입된 이후 채용 결과에 얼마나 큰 변화가 일어났는가? 연도별로 1만 명 이상 채용하는 공공기관 전체 채용 결과를 분석한 조사가 있다. 블라인드 채용 도입 이전인 2015년부터 2017년 상반기까지와 블라인드 채용 도입 이후인 2017년 하반기부터 2018년 상반기까지를 비교해보면 SKY 출신 비율은 15.3%에서 10.5%로 1/3가량 감소했으나 서울·수도권 대학 출신자 비율은 53.4%에서 50.2%로 1/15 정도만 감소했다.(한국산업인력공단 위탁연구 『편견 없는 채용·블라인드 채용 실태조사 및 성과분석 최종보고서』, 2018) 공공기관 중에서도 가장 인기가 높은 금융계열 공기업들의 채용 결과를 분석한 결과도 있는데, SKY 출신이 크게 감소하지 않았으며 일부에서는 SKY 비율이 높아지기도 했다.

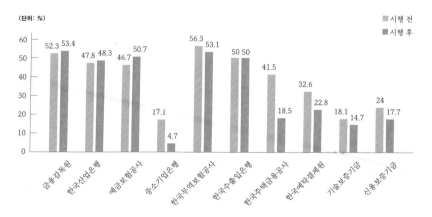

주요 금융 공기업의 블라인드 채용 전후 SKY 출신 비율

(단위: %)

- 시행 전
- 시행 후

기관	시행 전	시행 후
금융감독원	52.3	53.4
한국산업은행	47.8	48.3
예금보험공사	46.7	50.7
중소기업은행	17.1	4.7
한국무역보험공사	56.3	53.1
한국수출입은행	50	50
한국주택금융공사	41.5	18.5
한국예탁결제원	32.6	22.8
기술보증기금	18.1	14.7
신용보증기금	24	17.7

공공기관 중에서 가장 인기가 높은 금융 공기업들을 비교한 결과다. SKY 출신 비율은 28.1%에서 22.1%로 1/5가량 감소했으나 서울 소재 공기업으로 한정하면 별로 달라지지 않았다. 금융감독원~한국수출입은행은 서울 소재, 한국주택금융공사~기술보증기금은 부산 소재, 신용보증기금은 대구 소재. 출처: '전국 금융공공기관의 블라인드 채용이 명문대 집중 현상 완화시켜', 2019년 6월 국회 최운열의 원실 보도자료.

블라인드 채용의 효과가 제한적인 두 번째 이유는, 블라인드 채용이 공공기관을 넘어서 민간기업까지 원활히 확산되기 어렵다는 점이다. 최근 '출신학교 차별금지법'을 제정하자는 움직임이 일어나고 있고 관련 법안들이 국회에 제출되어 있다. 블라인드 채용을 법제화하자는 것이다. 하지만 블라인드 채용은 정부의 입김이 강한 일부 업종(금융업 등)에는 가능할지 몰라도, 그밖의 일반 민간기업에는 적용되기 어렵다. 설령 법률로 정한다 할지라도 수많은 민간기업의 채용 과정을 일일이 검증하기란 불가능하다. 따지고 보면 출신 대학 이름을 가린다 할지라도 출신 학과 이름과 이수한 과목들 명칭만 봐도 출신 대학을 거의 알아낼 수 있다.

블라인드 채용의 효과가 제한적인 세 번째 이유는, 현존하는 '대학 간 격차'를 그대로 둔 채로 대학 교육의 출구 단계에서 나타나는 후광효과를 없애는 방식이라는 점이다. 따라서 대입 경쟁을 줄이는 효과는 별로 없을 것이다. 2부에서 살펴봤듯이 학생 1인당 투입하는 교육비가 대학에 따라 현저히 차이 나고, 이것이 대학 서열의 주요 원인이 된다. 예를 들어 중앙대만 해도 입학하기 매우 어려운 대학이지만 학생 1인당 교육비를 비교해보면 서울대의 1/3 수준에 불과하다. 이 수치가 학부생과 대학원생을 합쳐 계산되었음을 감안하여 학부생 교육비만 따로 계산해낸다 해도 상당한 격차가 날 것이다. 따라서 블라인드 채용이 이뤄져도 대학 교육의 질에는 여전히 상당한 격차가 날 것이고, 상위 대학에 진학하기 위한 경쟁이 줄어들기는 어렵다.

오해할까봐 덧붙이면, 나는 블라인드 채용과 출신학교 차별금지법에 찬성한다. 출신학교 차별금지법 응원 동영상에도 참여했다. 하지만 그리 큰 기대는 하지 않는다. '입구'나 '출구'에서 뭔가를 해보려는 것은 효과가 제한적일 수밖에 없다. 대학 서열의 '몸통', 즉 대학 교육의 질 자체를 균일화해야 서열화가 완화되고 경쟁이 줄어든다. 그런데 교육의 질을 문제 삼는 순간, 한국 대학 교육의 질이 뒤떨어져 있다는 민낯을 보게 된다. 대학 교육이 서열화된 것만 문제가 아니라 평균적인 대학 교육의 질이 OECD 평균에도 훨씬 못 미치는 문제 말이다.

선진국보다 낮은 한국 대학 교육의 질

세계 각국 대학 교육의 질을 직접 비교하기는 어렵지만 이를 짐작할 수 있는 몇 가지 통계 수치가 있다. 학생 1인당 투입하는 교육비라든가 교수 1인당 학생 비율 등이 대표적이다. 그런데 이 지표들은 한국 대학 교육의 질이 한마디로 '수준 이하'임을 시사한다.

한국의 학생 1인당 교육비 통계를 보면 충격적인 사실이 드러난다. 한국의 대학생 1인당 교육비가 고등학생 1인당 교육비의 0.80배밖에 되지 않는 것이다. OECD 평균 대학생 1인당 교육비는 중·고등학생의 1.56배다. 한국은 대학생에게 초중고교생보다 더 적은 교육비를 투입하는 유일한 나라다. 다음 자료에서 알 수 있듯이 2010년대 중반부터 이렇게 되었다. 사람들은 이를 잘 실감하지 못한다. 왜냐하면 한국의 대학 등록금은 세계 4위 수준으로 비싸기 때문이다. 대학에 많은 돈을 내기 때문에 고급 교육이 이뤄지는 것처럼 느껴지는 착시 현상이 일어난다. 실제 한국의 대학생 1인당 투입되는 교육비는 초중고생 대비 적을 뿐만 아니라 소득 수준에 비추어봐도 상당히 적다. OECD 평균 대학생 1인당 교육비는 1인당 소득(GDP)의 38%인데 한국은 1인당 소득의 28%로 OECD 평균 대비 2/3 정도밖에 되지 않는다.

학생 1인당 교육비의 변화(초/중/고/대)

(가) 한국 초/중/고/대학생 1인당 교육비 변화

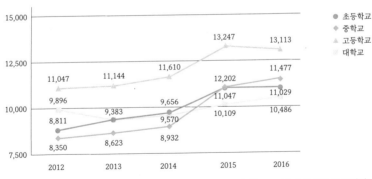

대학생 1인당 교육비가 초중고교생 1인당 교육비보다 적은 나라는 OECD에서 한국이 유일하다.

21장 대학의 포용적 상향평준화와 사회적 타협

(나) 학생 1인당 교육비 OECD 평균과의 비교

구분		초등학교		중·고등학교		대학교	
		학생 1인당 교육비	국민 1인당 GDP 대비 학생 1인당 연간 교육비 비율	학생 1인당 교육비	국민 1인당 GDP 대비 학생 1인당 연간 교육비 비율	학생 1인당 교육비	국민 1인당 GDP 대비 학생 1인당 연간 교육비 비율
2000	한국	3,155	21	4,069	27	6,118	40
	OECD 평균	4,381	19	5,957	25	9,571	42
2005	한국	4,691	22	6,645	31	7,606	36
	OECD 평균	6,252	21	7,804	26	11,512	40
2010	한국	7,453	26	8,911	31	9,998	35
	OECD 평균	7,974	23	9,014	26	13,528	41
2014	한국	9,656	29	10,316	31	9,570	28
	OECD 평균	8,733	22	10,106	25	16,143	40
2015	한국	11,047	31	12,202	35	10,109	29
	OECD 평균	8,631	22	10,010	25	15,656	38
2016	한국	11,029	30	12,370	33	10,486	28
	OECD 평균	8,470	21	9,968	25	15,556	38

(단위: 달러 및 %)

달러화 표기는 일반 환율이 아니라 PPP 환율 적용.(각국의 물가 차이를 보정한 구매력환산지수) 2016년 대학생 1인당 평균 교육비는 PPP 환율 기준 1만486달러, 원화 기준으로 904만9,000원이다. 참고로 PPP환율은 1달러당 2000년 731원, 2005년 789원, 2010년 824원, 2014년 871원, 2015년 879원, 2016년 863원. PPP 기준 한국 1인당 GDP는 2000년 1만5,186달러, 2005년 2만1,342달러, 2010년 2만8,829달러, 2014년 3만3,632달러, 2015년 3만5,204달러, 2016년 3만7,143달러. 출처: e-나라지표 '학생 1인당 공교육비' 및 *Education at a Glance 2019*, OECD.

교육비만 적은 것이 아니다. 대학 재정이 빈약하니 교수 1인당 학생 수도 OECD 평균보다 훨씬 많다. 최근 초중고교의 교사 1인당 학생 수는 OECD 평균에 근접해 있다. 최근 학생 수가 계속 감소했으므로 2020년 현재 일부 지표에서는 OECD 평균에 도달했을 수도 있다. 그런데 유독 대학의 경우는 교수 1인당 학생 수가 OECD 평균치 대비 거의 50%가량 많다.(4년제 대학 기준)

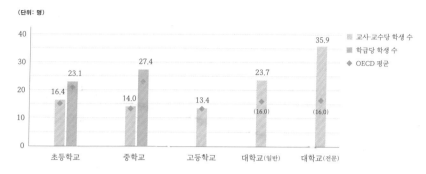

교사·교수 1인당 학생 수(2017년 기준)

(단위: 명)

- 교사·교수당 학생 수
- 학급당 학생 수
- ◆ OECD 평균

	초등학교	중학교	고등학교	대학교(일반)	대학교(전문)
교사·교수당 학생 수	16.4	14.0	13.4		
학급당 학생 수	23.1	27.4		23.7	35.9
OECD 평균				(16.0)	(16.0)

초중고는 OECD 평균에 근접해 있으나 대학은 한참 차이 난다. 서울대가 교수당 학생(법정 정원 아닌 실제 재학생) 비율이 16명으로 OECD 평균치와 같다. OECD 공식 자료에는 한국의 대학교 통계가 누락되어 있으므로 2019년 기준 국내 통계를 참고로 일반대/전문대 비율을 표시했는데, 교수 수를 세는 기준이 국내 통계와 OECD 통계가 달라 오차가 있을 수 있다. 초중고 통계치는 OECD 기준에 따라 수업 담당 교원(teaching staff)만 계산한 수치다. 고등학교의 경우 선진국에서 고교학점제가 일반적이어서 학급당 학생 수는 과목에 따라 달라지므로 교사당 학생 수만 OECD 통계를 낸다. 고등학교는 직업계고 포함, 대학교에는 전문대 및 대학원 포함. 출처: *Education at a Glance 2019*, OECD.

이러니 대학 교육의 경쟁력이 낮은 것은 당연하다. 한국은 고1 대상 PISA 평가에서는 늘 높은 학력 수준을 유지해왔는 데 비해 대학 교육 경쟁력은 스위스 국제경영개발원(IMD)의 조사에서 63개국 가운데 55위로 하위권에 머물러 있다.(2019년 기준) 세계경제포럼(WEF)의 국가경쟁력 평가에서도 한국 '대학 시스템의 질' 순위는 137개국 가운데 81위에 불과하다.(2017년 기준)

한계가 분명한 '국립대 통합 네트워크'

국립대 통합 네트워크는 정진상 경상대 사회학과 교수가 『국립대 통합 네트워크』(2004)에서 정리한 대학 체계 개혁안이다. 국립대학들 간의 연계와 교류를 활성화하고 공동입학·공동학위제를 실시하여 대학 서열과 학벌주의를 극복하자는 것이다. 이것은 2000년대 민주노동당의 정책이 되었고 2012년 대선에서 민주당 문재인 후보의 공약집에 '국립대 통합 네트워크'로 채택되었다.

2017년 대선 당시 문재인 후보의 공약집에는 '대학 네트워크 구축'이라는 다소 모호한 표현이 포함되었는데, 그 의미는 뜻밖에 정의당 심상정 대선 후보의 공약집에 설명되어 있다. 국공립대와 일부 사립대가 참여하는 통합 네트워크를 '학점교류→공동학위→공동입학' 3단계로 실현하는 것이다. 구체적으로 '1단계는 공동 교육과정, 학점 교류, 전학, 전과 등 울타리 넘어 교육과정 클러스터, 2단계는 요건이 부합하면 공동학위, 3단계는 공감대와 합의가 있고 여건 구비 시 통합전형'으로 추진한다는 것이다.(2017년 정의당 심상정 대선 후보 공약집)

그런데 문제는 한국의 국립대가 매우 적다는 점이다. 국공립대 재학생 비율이 OECD에서 최하위권이다. OECD 국가별 대학생(학부생) 가운데 국공립대 재학자 비율을 보면 일본이 꼴찌로 20.3%, 한국이 그다음으로 23.6%다.(2017년 기준) 에스토니아가 22.2%이지만 에스토니아는 사립대 대부분이 정부의존형 사립대여서 한국·일본과 전혀 다른 여건이다.('Share of enrolment by type of institution', stats.oecd.org)

한국은 국공립대가 매우 적을 뿐만 아니라 그 분포가 매우 불균등하다. 인구 밀집 지역인 서울·수도권 지역에 국립대가 극히 적다. 서울·인천·경기 지역 수험생 대비 이 지역 국공립대 입학정원이 4.1%밖에 안된다. 2020학년도 기준 수능 지원자(원서접수 기준, 재수생·검정고시 포함)는 54만8,734명이고 그중 서울·인천·경기 지역 수험생은 절반이 넘는 29만

7,385명인데 이 지역 4년제 국공립대 정원은 1만 2,181명밖에 안 되는 것이다. 서울대, 서울시립대, 서울과학기술대, 인천대, 한경대(경기도 안성 소재 국립대) 등 5개 종합대학과 서울교대, 경인교대 등 2개 교육대학을 더해서 그렇다. 이러니 전국적인 공동입학·공동학위 시스템을 만들기 어렵다.

이러한 문제에도 불구하고 국립대 네트워크를 추진한다면 어떤 문제가 생길까? 2017년 박원순 서울시장이 민주당 내 대선 후보 경선에 나서면서 내놓았던 정책을 검토해보자. 당시 박원순 시장은 '서울대 폐지'를 내세우며 '10개 국립대 통합을 통해 전국 광역시도에서 서울대와 동일한 수준의 교육서비스를 받도록 하는 것', 그리고 '교육과정과 학사관리·학점을 교류하고 학위를 공동으로 수여하도록 하는 것' 등을 제시했다.

이처럼 서울대를 포함하여 전국 10개 거점 국립대를 통합하면 어떤 결과가 나올까? 이렇게 되면 '1등 대학'이라는 서울대의 상징적 지위는 즉시 연고대로 넘어갈 것이다. 물론 대학원을 중심으로 이뤄지는 연구 지표는 서울대가 연고대보다 높을 것이고, 세계적인 대학 평가들은 연구 성과를 중심으로 하므로 서울대의 세계 대학 랭킹은 여전히 연고대보다 높을 것이다. 하지만 10개 거점 국립대를 통합하여 공동 선발할 경우 이 대학의 합격선은 연고대와 동등하거나 이를 능가하기 어렵다. 서울대라는 이름이 붙은 학부는 없어지기 때문이다.

흔히 이야기되는 '서울대 폐지론'의 맹점이 바로 여기에 있다. 학부생 3,000여 명을 선발하던 서울대의 특권적 지위를 내려놓고 10개 거점 국립대가 연합하여 3만 4,000여 명을 공동 선발하는 가칭 '통합대'를 만든다고 가정해보자. 정원이 합쳐서 약 8,000명인 연세대·고려대와 정원이 3만4,000명인 통합대에 동시에 합격한 학생은 어디를 선택할까? 대체로 연세대·고려대를 선택할 것이다. 물론 서울대가 대학원 중심으로 가지고 있는 연구 기능은 그대로 유지될 것이다. 하지만 학부 입학자의 경우 통합대보다 연고대를 선호할 수밖에 없다.

어떤 학생이 통합대에 합격한 경우를 시뮬레이션 해보자. 이 학생이 서울 캠퍼스에 배정될 확률은 10% 미만이다. 2020학년도 기준 거점 국립대 10개 전체 입학정원이 3만4,675명인데 서울대 입학정원이 3,312명이기 때문이다. 만일 서울시립대(1,812명)와 서울과학기술대(2,302명)까지 통합대에 포함된다 해도 20% 미만이다. 나머지는 서울 밖의 캠퍼스로 배정된다. 이 학생이 서울이나 근접한 도시에 산다면 상당히 기피할 만한 상황인데, 단순히 낯선 지역에서 학교를 다니게 되는 문제뿐 아니라 주거비 등 비용이 증가하기 때문이다. 게다가 통합대는 학벌이 없다. 학부 선배가 없으므로 이른바 '학연'이 없어지고, 적어도 학부에는 서울대라는 명칭이 없어지므로 후광효과도 기대하기 어려워진다. 그런데 연고대에 등록하면 서울 캠퍼스에서 다니고, 학연(네트워크 효과)과 이름값(후광효과)을 그대로 누린다.

통합대에 투자를 집중하여 통합대의 교육 여건을 연고대 수준으로 끌어올리면 어떻게 될까? 학생 1인당 교육비를 기준으로 보면 서울대를 제외한 9개 거점 국립대가 1,500~1,700만 원대이고 연고대가 3,000만 원 남짓이므로 9개 거점 국립대의 학생 1인당 교육비를 지금의 2배 가까이 증액해야 교육 여건이 동등해진다. 그런데 이렇게 되어도 통합대는 네트워크 효과, 후광효과, 인서울효과에서 연고대에 뒤질 뿐만 아니라 입학정원이 연고대에 비해 훨씬 많기 때문에 합격선을 연고대 수준으로 유지하기 어렵다. 통합대의 합격선은 연고대보다 낮을 것이고, 심지어 서성한보다 낮을 가능성도 있다.

결국 통합대가 연고대와 서열 경쟁에서 뒤지지 않으려면 통합대 학생 1인당 교육비를 현재의 2배 수준(연고대 수준)으로 만드는 것으로는 부족하고, 아마도 현재의 3배 수준(서울대 수준) 정도를 목표로 삼아야 한다는 결론이 나온다. 그런데 이렇게 해도 또 하나의 결정적인 문제가 남는다. 통합대 정원이 3만4,000여 명밖에 안 되기 때문에 많은 학생은 여전히 서열화된 대학들 사이에서 경쟁하게 된다는 것이다. 그렇다고 통합대 정원을 늘리면 연고대와의 서열 경쟁에서는 다시 불리해진다.

국립대 통합 네트워크나 서울대 폐지론을 주장하는 사람들이 놓치는 또 하나 문제는 상위 사립대의 반작용이다. 통합대를 만들기로 결정하는 순간 상위 사립대들은 통합대에 대응하기 위해 적극적으로 움직일 것이다. 특히 현재 정부가 행정력을 동원해 막고 있는 등록금 인상을 허용해달라고 요구할 것이다. 동문들도 일사불란하게 움직이며 영향력을 행사할 가능성이 높다. 2020년 총선에서 당선된 국회의원 300명의 출신 대학을 보면 고려대 27명, 연세대 22명, 성균관대 20명, 이화여대 11명, 경희대 8명, 한양대·중앙대·동국대 각 7명이다.(참고로 서울대는 63명) 주요 사립대 출신 국회의원들이 힘을 합치면 100명 이상의 강력한 로비 집단이 형성될 수 있는 것이다.

정부로서는 통합대에 투자를 집중하는 형편일 테니, 사립대에서 '등록금을 올려 교육의 질을 높이겠다'고 나서면 이를 막을 명분이 없다. 국립대(통합대)에 돈을 몰아주면서 사립대는 손만 빨라고 할 수는 없는 노릇 아닌가? 결국 상위 사립대들은 통합대와 경쟁하는 과정에서 공공

성과는 반대 방향으로 진화할 것이다. 등록금을 높이면서 고급화를 표 방하고 우수한 학생들을 유치하기 위해 총력을 기울일 것이다. 결국 국립대 통합 네트워크의 귀결은 미국식 대학 구조, 즉 아이비리그로 대표되는 일부 사립대들이 최상위 서열을 차지하고 그 아래에 주립대들이 위치하는 식이 되어버릴 가능성이 높다. 과거 서울대 학부가 차지했던 지위와 기능을 연고대가 차지하고, 서울 지역 최상위 사립대들이 아이비리그와 유사한 그룹을 이루는 결말이다.

결국 국립대 통합 네트워크는 한국사회의 대입 경쟁을 완화하는 데 큰 효과를 보지는 못할 것이다. 유일하게 효과가 있을 만한 점은, 9개 거점 국립대에 대한 투자가 늘면서 비수도권 상위권 학생들이 상경하지 않고 자기 지역 거점 국립대로 진학하는 비율이 높아지는 것이다. 이렇게 되면 결과적으로 서울·수도권 학생들의 경쟁도 줄어들 수 있다. 내가 국립대 '통합'에는 찬성하지 않지만 서울대를 제외한 거점 국립대에 집중 지원하는 방안에 적극 찬성하는 것은 이것이 균형발전이나 공공성 강화라는 대의뿐만 아니라 실질적인 대입 경쟁 감소에도 긍정적인 영향을 미칠 것이기 때문이다. 다만 그 경쟁의 감소가 학생·학부모에게 확실하게 체감될 만한 수준일지는 미지수다.

'공영형 사립대', 최선의 보완대책일까?

결국 국공립대만으로는 대입 경쟁을 크게 줄이기 어렵다. 그렇다면 여기에 사립대를 끌어들이면 어떨까? 앞서 언급한 경상대 정진상 교수의 『국립대 통합 네트워크』에는 국립대 통합 네트워크에 서울·수도권의 주요 사립대를 끌어들일 방책이 담겨 있다. 공동입학·공동학위제에 참여하는 사립대에 법학전문대학원(로스쿨)과 의학전문대학원(메디컬스쿨) 인가권을 주자는 것이다. 정진상 교수는 주요 사립대를 끌어들이기 위해 일종의 사회적 거래를 주장한 것이다. 그런데 이 방법은 지금은 불가능하다. 법학전문대학원은 이미 정착했고, 의과대학에서 의학전문대학원으로 전환이 이뤄지다가 유턴해서 지금은 다시 거의 의과대학으로 되돌아왔기 때문이다.

사립대를 끌어들일 또 다른 방법으로 거론되는 것이 있다. 바로 '공영형 사립대'다. 2017년 문재인 대선 후보의 공약집에 명칭이 수록되어 있다. 그 내용은 사립대에 정부가 대규모 재정 지원을 하는 대신 사립대의 이사진 가운데 절반 이상을 '공익 이사'로 두어 사립대를 공영화하는 것이다. 물론 이러한 공영형 사립대를 국립대 통합 네트워크에 포함시킬 수도 있다.

그런데 서울·수도권의 주요 사립대들은 공영형 사립대로 전환하는 데 관심을 가질 이유가 없다. 이사진 절반 이상이 공익이사이면 기존 재단 운영진은 인사권과 재정권 등의 핵심 기득권을 잃게 되기 때문이다. 공영형 사립대에 관심을 보이는 대학들은 학생 모집에 어려움을 겪는 비수도권의 한계 수준 사립대들이다. 많은 비수도권 사립대가 학생 수 감소로 입학정원을 채우기 어려워지고 이로써 대학의 존속 자체가 위협을 받게 될 것으로 보인다. 그렇다면 이 대학들은 재단의 기득권을 양보해서라도 생존을 모색하는 편이 낫다고 판단할 수 있다.

서울·수도권 주요 사립대를 공영형 사립대로 전환할 수 있다면 이 정책의 효과는 극적으로 높아질 것이다. 하지만 이 방안에 관심을 보이는 대학들은 비수도권 사립대들이다. 따라서 국립대 통합 네트워크를 보완하는 대책으로 가치가 없다. 게다가 "내버려두면 학생 수가 감소해 곧 문을 닫을지도 모르는 대학에 국민 세금을 주어 존속시키는 게 타당하냐?"는 반문에 부딪히게 된다. 예산 배정을 총괄하는 기재부가 반대할 뿐만 아니라, 일반 국민 여론의 지지도 받을 수 없다. 공영형 사립대 정책은 2019년 예산에 연구비 명목으로 단 10억 원이 편성되었으나 그나마 대부분 사용하지 않고 불용 처리되었다.

결국 '국립대 통합 네트워크'와 '공영형 사립대' 정책은 문재인정부 후반기 완전히 자취를 감출 것이다. 그리고 다음 대통령 선거에 나설 민주당의 대권주자들도 이를 공약으로 삼지 않을 것이다. 진보 교육 진영의 대학 체계 대안이 사실상 파산 상태인 것이다. 한국 교육의 진정한 위기는 교육계에서 상당한 리더십을 가지고 있는 진보 교육계가 경쟁을 일으키는 구조적 요인에 대해 별다른 대안을 제시하지 못한다는 데 있다.

포용적 상향평준화의 세 가지 원리

내가 새로운 대안으로 제시하는 대학의 '포용적 상향평준화'는 다음 세 가지 원리로 요약된다.

■ 포용적 상향평준화의 원리

① 서울·수도권 주요 사립대를 끌어들일 수 있어야 한다.

사립대를 끌어들이는 데 강압적 수단을 사용할 수는 없다. 정치적으로 불가능할 뿐 아니라 '대학의 자율성'은 헌법에 명시된 가치이기 때문에 위헌 판정을 받을 가능성도 있다. 그렇다고 해서 공영형 사립대처럼 문턱이 높은 방안을 제시하면 서울·수도권 사립대를 끌어들일 수 없다.

결론은 간단하다. 문턱은 낮추고 대가는 늘려야 한다. 내가 생각하는 거래의 대가는 돈이다. 사립대 재단의 핵심적 권한인 인사권이나 재정권 등은 보장하고, 입학권(학생선발권)만 대규모 재정 지원과 맞바꾸는 것이다. 입학권을 공동구매하는 것이라 생각해도 된다. 물론 국고가 투입된 만큼 정부가 최소한의 감사권은 행사해야 할 것이다.

② 대학에 대한 투자를 늘려 대학 교육의 질을 높여야 한다.

앞에서 언급했듯이 한국은 대학생 1인당 교육비 투자가 부족하며 교수 대 학생 비율 등에서 OECD 평균에 훨씬 못 미친다. 다들 등록금 부담을 줄이는 정책에만 신경 썼을 뿐 대학 교육에 더 많은 투자가 필요하다는 생각은 하지 않은 것이다.

나의 방안은 대학 공동입학제에 동의하는 대학들에 현재 교수 1인당 1억 원 수준의 파격적인 정부 지원금을 매년 지급하자는 것이다. 물론 교수 개인에게 주는 것이 아니라 대학 당국에 주는 정부 지원금을 이러한 비율로 증액하는 것이다. 공동입학제에 동의하는 모든 국·공립대와 사립대에 지원금을 지급하면 매년 서울대는 2,260억 원, 연세대는 1,682억 원, 경희대는 1,434억 원, 부산대는 1,335억 원 등 추가로 지원금을 받게 된다. 대학으로서는 외면하기 어려운 엄청난 지원이다. 서울대의 경우 정부지원금이 현재 대비 50% 가량 증가하는 것이고, 사립대의 경우 훨씬 큰 폭으로 증액되는 셈이다. 이런 식으로 전국의 모든 국공립대 및 서울·수도권 소재 사립대 다수와 비수도권 사립대 일부를 공동입학제로 끌어들이자는 것이다.

이렇게 고교 졸업자 가운데 15만 명을 공동입학시키는 전국적 시스템을 실현하는 데 매년 4조 원 남짓한 돈이 든다. 넉넉잡아 5조 원으로 봐도 2020년 정부 예산(추경 제외)이 512조3,000억 원이므로 정부 예산의 1% 미만이다. 충분히 실현 가능한 수준이다. 참고로 넉넉히 5조 원으로 잡은 이유는 비수도권대학에 대한 인센티브 및 전문대에 대한 지원 등에 재원이 필요하기 때문이다. 정부가 대학에 투입하는 예산(고등교육 예산)은 2020년 10조8,000억 원인데 5조 원을 추가 투입하면 50% 가까이 늘어나는 셈이다.

공동입학자를 매년 15만 명으로 계산하면 고졸자의 33~38%에 해당한다. 고교 졸업자는 60만 명 수준에서 최근 급락해서 2020년 45만 6,000명이 되었고 이후 2033년까지 40만 명 초중반대를 오르내릴 것으로 보이기 때문이다. 2034년부터는 고졸자가 다시 빠른 속도로 감소하므로 정원 조정이 필요할 수도 있다. 참고로 현재 고등학교 졸업자의 대학 진학률(4년제 대학+전문대학)은 70% 내외에서 안정화되어 있는데(2019년 70.4%), 이 정도 진학률이 유지된다면 전문대 정원을 현재의 20만 명에서 15만 명 이내로 감축할 필요가 있을 것이다.

③ 대학의 자율적 발전 전략을 허용해야 한다.

투입된 지원금을 대학의 전략적 결정에 따라 사용할 수 있도록 해야 한다. 교육에 우선 투자하여 교육 여건 개선에 주력해야 하는 대학이 있는가 하면 연구에 투자하여 연구 중심 대학으로 진화하려는 대학도 있을 테고, 특정한 분야를 집중 육성하는 특성화를 노리는 대학도 있을 것이다.

물론 학부 교육 여건의 '하한선'은 확보해야 한다. 예를 들어 교수·대

상위권 대학들의 교원·학생 현황

유형	대학	학생 1인당 교육비 (만 원)	전임교원		전임교원 수		학생 정원	
			확보율 (%)	1인당 학생 수 (총학생 정원 기준, 학부+대학원)	실제	법정 (총학생 정원 기준)	입학정원 (학부만, 정원외모집 포함, 2020)	총학생 정원 (학부+대학원, 법정 정원)
서울지역 상위권대 전임교원 12,738명 입학정원 37,582명 성균관대 자연과학 캠퍼스(수원)와 경희대 국제캠퍼스(용인)는 포함, 법적으로 분교인 한양대 ERICA캠퍼스 (안산)는 제외	서울대	4,475	135.4	13.7	2,260	1,669	3,361	30,860
	연세대	3,173	111.2	18.1	1,682	1,513	3,700	30,399
	고려대	2,431	97.5	21.7	1,442	1,479	4,163	31,296
	서강대	1,861	74.0	31.1	413	558	1,709	12,513
	성균관대	2,792	125.0	17.2	1,448	1,158	3,636	24,863
	한양대	2,190	94.9	21.9	1,044	1,100	3,186	22,842
	이화여대	1,979	89.1	23.6	962	1,080	3,271	22,731
	중앙대	1,584	94.8	22.7	939	991	3,715	21,281
	경희대	1,718	95.2	20.4	1,434	1,507	5,424	29,254
	한국외대	1,181	90.4	26.7	694	768	3,605	18,550
	서울시립대	1,457	85.7	25.6	420	490	1,812	10,750
거점 국립대 전임교원 8,768명 입학정원 32,364명 (서울대 제외)	강원대	1,639	94.3	21.2	799	847	4,490	16,936
	경북대	1,688	90.2	21.7	1,312	1,454	4,648	28,401
	경상대	1,646	98.2	20.4	810	825	3,023	16,484
	부산대	1,822	85.0	22.3	1,335	1,571	4,250	29,727
	전남대	1,670	95.2	19.8	1,106	1,162	3,886	21,855
	전북대	1,737	94.0	20.7	1,042	1,109	3,825	21,580
	제주대	1,642	111.4	18.2	635	570	2,070	11,525
	충남대	1,715	88.8	22.1	981	1,105	3,430	21,706
	충북대	1,650	92.4	22.0	748	810	2,742	16,416
이공계 특성화대 전임교원 1,385명 입학정원 1,975명	KAIST	6,295	94.6	21.1	632	668	830	13,341
	포스텍	9,328	111.9	17.8	282	252	330	5,026
	GIST	7,871	147.7	13.8	189	128	200	2,526
	DGIST	10,969	102.8	19.2	112	109	220	2,148
	UNIST	5,467	130.3	15.4	297	228	395	4,575

포용적 상향평준화-공동입학 시스템에 되도록 꼭 끌어들일 필요가 있는 대학들이다. 그밖에 표에 수록되지 않은 국공립대, 서울·수도권 상당수 사립대, 비수도권 일부 사립대 등이 포함되어야 한다. 표에 수록된 대학들의 전임교원 수는 2만2,891명이므로 이 대학들에 지원금 2조2,891억 원이 소요된다. 참고로 이 대학들의 학부 입학정원은 7만1,821명이다. 출처: 대학알리미 학생1인당 교육비는 2019년 공시자료(2018년 기준), 나머지는 2020년 공시자료(2019년 기준).

21장 대학의 포용적 상향평준화와 사회적 타협

학생 비율을 기준치만큼 확보하지 못한 대학은 투입되는 지원금을 우선적으로 교수를 늘리는 데 써야 할 것이다. 현재 대학설립·운영 규정(대통령령)에 규정된 법정 전임교원 대 학생 비율은 전임교원 1인당 인문·사회 계열의 경우 학생 25명, 자연과학·공학·예체능 계열은 20명, 의학 계열은 8명이다. 그런데 20~25명이면 OECD 평균(16명)보다 훨씬 많을 뿐 아니라 그나마 대부분 대학들은 이 법정 기준도 채우지 못하고 있다. 법정 전임교원 기준을 상향 조정하고, 지원금을 받는 모든 대학이 이를 준수하도록 해야 할 것이다. 단, 2034년부터는 고졸자가 다시 줄어들기 때문에 이를 고려하여 장기 계획을 수립해야 한다. 특히 신규 교수를 다양한 연령층에서 임용해야 한다.

교수 숫자 및 학부생 1인당 교육비 등 교육 여건의 하한선을 확보하고 남은 돈이 있으면 이를 어떻게 할 것인가? 이를 연구 목적으로 활용할지 특정 분야에 집중 투입할지 등을 대학이 자율적으로 결정하도록 해야 한다. 이미 우수한 교육 여건을 확보한 대학들은 지원금을 연구비 또는 우수 연구자를 유치하는 등의 용도로 활용해 세계 대학 랭킹을 높일 수 있을 것이다. 더 타임즈, US뉴스 등의 세계적인 기관의 대학 평가들은 주로 연구 성과 및 대학원 평가가 중심이기 때문에 대학원에 연구 목적 투자를 늘리면 대학의 세계 랭킹이 상승한다. 이와 반대로 투입되는 지원금을 주로 교육 여건 향상을 위해 써야 하는 대학들은, 예를 들어 연구보다 강의 책임이 큰 교수를 신규 채용하여 미국의 리버럴 아츠 컬리지(liberal arts college)들처럼 교육 중심 대학을 지향할 수도 있을 것이다.

'연구 중심 대학'과 '교육 중심 대학'을 무 자르듯 구분하거나 교육부가 설계한 사업을 통해 분화하는 것은 가능하지도 않고 바람직하지도 않다. 교육 기능이 강한 대학과 연구 기능이 강한 대학 사이에 넓은 스펙트럼이 존재함을 인정하고, 그중에서 어떤 지점을 목표로 설정할지를 대학들이 자율적으로 판단하고 발전 전략을 수립하도록 해야 한다. 물론 특정 분야를 집중 육성하는 특성화 전략도 가능할 것이다. 참고로 늘어나는 연구비의 일정 비율을 '장기 연구'에 사용하도록 유도하면 한국에서 노벨 과학상 수상자가 나올 것이다. 한국에서 노벨 과학상 수상자가 나오지 않는 것은 연구비가 적어서가 아니라 단기 성과를 기준으로 연구가 평가되고 연구비가 배분되는 구조여서 장기 연구가 외면받기 때문이다.

공동입학제에 따르는 의문 다섯 가지

공동입학제에서 입학할 대학(캠퍼스)을 배정하는 방법에는 두 가지가 있다. 첫 번째 방법은 '최대한 입학 후 진급 시 탈락'하는 방식이다. 프랑스 대학의 모든 학과 및 독일 대학의 상당수 학과들이 이런 방식을 택한다. 다만 프랑스의 경우 2009년부터 특정 대학에 지나치게 몰리면 입학시 추첨을 병행한다. 두 번째 방법은 전공별로 입학정원을 정해놓고 공동 선발을 한 뒤 대학(캠퍼스) 배정을 선지원 추첨으로 하는 것이다. 말하자면 '전공별 공동 선발 후 대학 추첨 배정'이다.

예를 들어 공동입학제하에서 컴퓨터공학과 정원이 1만 명이라면 컴퓨터공학과 지원자 가운데 1만등까지를 합격시키되, 캠퍼스 배정은 1지망 A대학, 2지망 B대학, 3지망 C대학… 식으로 지원을 받아 단계별로 일정 비율씩 추첨하는 것이다. 그밖에도 여러 가지 비선발적(non-selective) 배정 방식을 검토할 수 있고 몇 가지를 조합해 병행할 수도 있다.

'최대한 입학 후 진급 시 탈락'시키는 첫 번째 방법은 인기 '전공' 입학 경쟁과 인기 '대학' 입학 경쟁을 모두 피할 수 있지만 진급 시 탈락자가 생긴다는 문제가 있다. '공동 선발 후 추첨 배정'하는 두 번째 방법은 인기 '대학' 경쟁은 피할 수 있지만 인기 '전공' 경쟁은 피하지 못한다. 특히 두 가지 방법 모두 의치한·수의대·약대·교대처럼 면허 숫자와 연동된 정원을 둔 전공분야에서는 상당한 경쟁(첫 번째 방법은 입학 후 경쟁, 두 번째 방법은 입학 전 경쟁)이 불가피하다. 아울러 '서울 쏠림'을 완화하고 취약계층 학생을 지원하는 보완책이 병행되어야 한다. 캠퍼스 배정 시 저소득층에게는 원하는 근거리 대학을 우선 배정하는 방법도 고려해볼 만하다.

초기에는 다들 서울대·연고대를 1지망으로 삼을 것이다. 하지만 어차피 입학성적에 따라 배정되는 것이 아닌데다가 졸업 이후 차별받지 않을 것이라는 인식이 확산되면 점차 지원 경향이 변화할 것이다. 출신 대학에 따른 차별을 할 이유가 해소되므로 대학 이름보다는 대학에서의 성적이나 졸업논문에 대한 평가 등이 졸업자에 대한 주된 평가 자료가 될 것이다. 이 제도가 안착되면 블라인드 채용은 굳이 할 필요가 없다. 대학들은 과거의 대학 서열에 안주할 수 없으므로 노무현 대통령이 이야기했던 '뽑기 경쟁에서 가르치기 경쟁으로' 전환할 수밖에 없다. 학기마다 학생들이 교육의 질을 평가하도록 하여 이 결과가 대학 교육을 개선하는 선순환을 일으키도록 해야 한다.

몇 가지 예상 질문에 대한 답변을 정리해보자.

첫째, 어떤 대학들에 공동입학제 참여를 제안할 것인가? 351쪽 상위권 대학들의 교원·학생 현황에 나온 상위권 대학들은 모두 포함되어야 할 것이고 그밖의 추가 대학들 리스트는 투명하고 공정한 심사 절차에 따라 마련되어야 한다. 한 대학을 통째로 선정·제안하는 경우가 주류겠지만 일부 학과만 선정·제안하는 경우도 있을 것이다. 서울·수도권 지역은 국립대가 적으므로 사립대가 많이 선정되어야 할 것이고 비수도권 사립대도 일부 포함될 것이다. 이 작업은 필연적으로 학생 수 감소에 따른 대학의 구조조정과 맞물릴 수밖에 없다. 즉 포용적 상향평준화-공동입학제의 추진과정은 대학의 구조조정을 사실상 수반한다.

둘째, 많은 학생이 공동입학하면 대학 교육의 수준이 하향평준화되지 않을까? 일단 온라인 및 오프라인을 통한 타 대학(타 캠퍼스) 학점 취득을 대폭 허용하여 교육 기회를 극대화해야 한다. 그러려면 타 대학(타 캠퍼스) 학점 이수자를 유치한 대학들에 지원금 일부를 재분배하는 등 적극적인 인센티브를 줘야 한다. 대학 내 수월성 교육을 위해 일정 비율의 성적 우수자는 승강제로 운영되는 심화그룹(honor class)으로 관리하여 별도 강의를 개설하는 등 수월성 교육의 효율을 높이고, 지속적으로 심화반을 유지한 학생은 프로젝트 연구를 지도받을 기회를 부여해 학문 후속 세대를 키워내는 기반으로 삼을 수 있을 것이다. 학부 졸업논문에 대한 지도와 심사를 충실히 하여 우수 논문은 시상하는 방법도 검토해 볼 만하다.

셋째, 의치한·수의대·약대·교대처럼 정원이 면허 숫자와 연동되어 상당한 경쟁이 불가피한 학과들은 어떻게 할까? 사실 이 문제 때문에 첫 번째 방법(최대한 입학 후 진급 시 탈락)을 채택하기 어렵다. 예를 들어 프랑스의 의대에서는 2학년 진급 시 80% 이상이 탈락하는데, 프랑스와 같은 첫 번째 방법을 채택했다간 이런 현상이 한국에서도 나타나서 큰 사회문제가 될 것이기 때문이다. 그런데 두 번째 방법(전공별 공동 선발 후 추첨 배정)을 택하면 의치한·수의대·약대·교대 합격자 가운데 고소득층 자녀 비중이 지나치게 높아질 우려가 있다. 특히 고교학점제와 더불어 내신 절대평가가 시행되면 내신 상대평가에 의한 '균등 선발효과'가 붕괴된다. 보완책으로 '소득별 쿼터제'를 검토해볼 만하다.

쿼터제는 이미 부분적으로 존재한다. 대표적인 예가 농어촌 특별전형과 기회균형 전형, 그리고 비수도권 의대·교대 등에서 정원의 일정 비율을 해당 지역(권역별) 학생들로 선발하는 지역인재 전형 등이다. 하지만 이런 전형들은 해당되는 학생 수가 적을 뿐만 아니라 농어촌 및 기회 균형 전형은 대체로 정원외 전형이라는 한계가 있다. 내가 제안하는 소득별 쿼터제는 이보다 훨씬 보편적인 방법으로, 수시 및 정시모집의 모든 전형에서 활용할 수 있다.

소득별 쿼터제는 아주 다양하게 설계할 수 있는데, 가장 간단한 방법은 소득 분위별로 합격자를 일정 비율씩 배분하여 우선 선발하는 것이다. 예를 들어 약대 입학생 1,600명을 선발하는데 정원의 1/2에 쿼터제를 적용하는 경우를 가정해보자. 소득 1·2분위에서 모집정원의 10%를 선발하고 3·4분위에서 10%, 5·6분위에서 10%, 7·8분위에서 10%, 9·10분위에서 10%를 선발한 뒤, 나머지 모집정원의 50%는 소득분위와 상관없이 선발하는 것이다.

이렇게 되면 저소득층인 소득 1·2분위의 학생이 최소한 전체 합격자의 10%를 차지하도록 보장할 수 있다. 그리고 고소득층인 9·10분위도

소득별 쿼터제의 사례

쿼터제 적용(우선선발)					쿼터제 비적용
소득 1·2분위	소득 3·4분위	소득 5·6분위	소득 7·8분위	소득 9·10분위	소득 분위 상관 없이
160명 선발	160명 선발	160명 선발	160명 선발	160명 선발	800명 선발

상당한 경쟁이 불가피한 의치한·수의대·약대·교대 등에 적용 가능한 방안이다. 약대 신입생 1,600명을 소득분위별로 정원의 절반을 우선선발한 다음 소득에 관계없이(기존 방식대로) 나머지 절반을 선발하는 경우. 학종, 논술, 수능(정시) 등 주요 전형에서 모두 시행 가능하다.

10%를 우선 할당받으므로 고소득층의 반발심도 어느 정도 제어할 수 있다. 균등선발 효과를 높이고 싶다면 쿼터제 적용(우선선발) 비율을 높이면 되고, 반대의 경우도 가능하다.

넷째, 대입제도는 어떻게 할까? 내신 반영 비율은 차치하고 입시(대입시험)만 살펴보면, 2부에서 설명했듯이 흔히 '입시'라고 부르는 외부 시험(external exam)을 없앨 수는 없다는 현실론에서 출발해야 한다. 그런데 포용적 상향평준화-공동입학제를 통해 대입 경쟁이 줄어들면 수능을 진정한 미국식 입시 또는 진정한 유럽식 입시로 진화시킬 수 있다.

SAT와 ACT로 대표되는 미국식 입시는 객관식 시험을 연중 여러 번 실시하되 과목별 응시 시기와 횟수를 학생 개인 재량으로 정하는 방식이다. 이렇게 되면 고등학교는 직접적인 입시 준비를 해줄 필요도, 해줄 방법도 없게 되어 그야말로 '입시에서 해방'된다. 하지만 한국에서는 고교에서 직접적인 입시 준비를 해주지 않는다면 입시 대비를 위한 사교육이 급증할 우려가 있어 시행하지 못했다. 포용적 상향평준화-공동입학제를 통해 대입 경쟁이 줄어들면 미국식 입시로 이행하는 것이 가능할 것이다.

21장 대학의 포용적 상향평준화와 사회적 타협

독일 아비투어, 프랑스 바칼로레아, 영국 A레벨, 핀란드 대입시험 등 유럽식 입시는 문항을 논술형으로 출제하여 객관식에 비해 폭넓은 역량과 지식을 평가하고, 고교 교육을 입시와 잘 연계시켜 별도로 입시 준비를 할 필요를 최소화하는 방식이다. 미국식이 입시를 객관식으로 설계해놓고 '입시에서 해방된' 고교 교육을 지향한다면, 유럽식은 입시를 논술형으로 설계해놓고 '입시를 충실히 대비하는' 고교 교육을 지향하는 셈이다. 한국에서는 수능을 논술형 문항으로 변경하면 사교육이 급증할 우려가 있어 이러한 변화를 시도하기 어려웠다. 포용적 상향평준화-공동입학제를 통해 경쟁이 줄어들면 유럽식 입시로 이행하는 것이 가능할 것이다.

이처럼 포용적 상향평준화를 통해 대입 경쟁의 강도가 상당히 완화되어야 비로소 미국식 입시 또는 유럽식 입시로의 진화가 가능해진다. 나는 유럽식 입시가 미국식 입시에 비해 장점이 더 많다고 생각한다. 무엇보다 미국식은 고교 교육과 입시의 연계성이 약하기 때문에 입시 준비 수요가 모두 사교육으로 향한다는 문제가 있다. 수능에서 논술형 문항 비율을 단계적으로 높이는 방식으로 유럽식 입시로 이행하면 초중고 교육의 방향에 뚜렷한 변화가 나타날 것이다. 비판적·창의적 사고력, 탐구활동과 토론, 글쓰기의 중요성이 모든 과목에서 강조될 것이다. 수능을 점진적으로 논술형으로 변경하면서 대학 측이 출제·관리·채점에 적극 참여하도록 하고 고교(인문계) 교육과 대학 교육 사이의 연계성을 높여야 한다.

다섯째, 음악·미술·체육·무용 등 실기 평가를 요구하는 전공들은 어떻게 하는가? 이런 경우 공동입학제의 예외로 둘 수도 있을 텐데, 이에 대해서는 더 면밀한 토론과 검토가 필요하다.

시민의 관심과 참여로 이루는 K-에듀

주요 사립대가 이러한 사회적 대타협에 응하겠느냐는 의문이 있을 것이다. 하지만 공동입학제에 참여하는 대학들이 정부 예산 1%에 가까운 지원을 나눠 받는다는 것은 거부하기 어려운 인센티브다. 정부가 대학에 투입하는 예산(고등교육 예산)이 2020년 기준 10조8,000억 원인데 이것이 50%가량 증가하는 것이다.

개별 사립대 입장에서 봐도 대타협을 거부하기 어렵다. 예를 들어 한양대는 불참하는데 경희대는 참여한다면, 경희대는 매년 1,400억 원이 넘는 지원금을 받아 세계 대학 순위에서 조만간 한양대를 따라잡을 것이다. 세계의 주요 대학 평가는 주로 연구 성과에 대한 평가이므로 경희대가 정부 지원금 중 상당 부분을 연구 목적으로 투입하면 경희대의 세계 대학 순위가 올라갈 것이고, 조만간 한양대를 추월할 수 있게 된다. 주요 사립대들이 참여할 수밖에 없는 것은 첫째로 인센티브의 크기가 엄청나기 때문이고, 둘째로 불참했을 때 세계 대학 랭킹에서 뒤처질 가능성이 높기 때문이다.

포용적 상향평준화는 얼핏 매우 희한한 대안이다. 그런데 이는 한국의 대학 구조가 그만큼 희한하기 때문이다. 프랑스가 1971년 단숨에 대학평준화를 이룰 수 있었던 것은 사립대가 사실상 없었기 때문이다. 하지만 한국은 사립대 비율이 높고 특히 인구밀집 지역인 서울·수도권 지역이 대부분 사립대라는 특수한 조건에 처해 있다. 따라서 '사회적 타협'을 기본 철학으로 삼고 사립대에 강력한 인센티브를 제공해야 한다.

일종의 흑묘백묘론, 즉 쥐를 잡는데 검은 고양이와 흰 고양이를 가리지 않고 써야 한다는 뜻이다.

그렇다면 여기에 소요되는 예산은 어떻게 확보할 것인가? 중앙정부와 시도교육청이 협력하여 절반씩 분담하면 가장 좋을 것이다. 시도교육청은 매년 내국세의 20.27%를 지방교육재정교부금이라는 이름으로 분배받는다. 2020년 유초중고 교육 예산이 60조3,000억 원인데 그중 시도교육청으로 전달되는 지방교육재정교부금이 55조5,000억 원이다. 그런데 최근 학생 수가 줄고 있어 현재와 같은 재정구조를 유지하는 것이 타당하냐는 의문이 제기되고 있다. 공동입학제는 대입 경쟁을 현저히 줄여 '공교육 정상화'에 결정적으로 기여할 수 있는 정책이니만큼, 시도교육청도 그만큼 재정적으로 기여하여 사회적 지지와 정당성을 확보할 수 있을 것이다.

이러한 개혁을 위한 리더십은 어디서 나올 수 있을까? 국가교육위원회를 만들어 장기적 교육 전략을 수립하자는 의견이 있다. 하지만 2017년 대선에서 주요 후보 5명이 모두 국가교육위원회를 공약으로 내걸었음에도 이후 전혀 추진되지 않고 있다. 설령 국가교육위원회가 만들어진다 해도 '위원회'라는 속성상 강도 높은 '구조 개혁'을 추진하기는 어렵다. 또한 교육계에는 2부에서 비판한 '갈라파고스 교육학'을 믿는 사람들이 많고, 주요 사립대를 끌어들이기 위해 문턱을 낮추고 유인을 높이는 발상에 반대하는 사람들도 적지 않을 것이다.

결국 리더십을 발휘할 곳은 정치권밖에 없다. 만일 주요 정당 및 정치인을 통해 포용적 상향평준화-공동입학제가 추진되고 실현된다면, 우리는 전 세계 유례없는 새로운 차원의 에듀폴리틱스, 즉 정치적 리더십을 통해 교육 문제를 해결하는 경험을 하게 될 것이다. 이것이야말로 또 다른 의미에서 'K-에듀'의 실현이다. 물론 이를 가능하게 하는 원동력은 시민들의 관심과 참여에 있다. 나는 한국인들은 스스로 낳은 문제를 스스로 해결할 능력이 있다고 믿는다.

어떻게 설득할 것인가

한국 교육 경쟁의 주요 원인은 대학 시스템에 있다. 나는 대학 시스템을 개혁할 대안으로 대규모 재정 투입을 매개로 국립대는 물론 서울 지역 사립대까지 포괄하는 '포용적 상향평준화'를 제시한다. 이는 비교적 단기간에 한국의 교육 경쟁을 크게 줄일 수 있는 유일한 구조 개혁 방안일 것이다.

이를 실현하려면 사회통합적 리더십을 갖춘 정치세력이 필요하다. 한국은 대통령 중심제 국가이므로 포용적 상향평준화는 현실적으로 대통령 선거를 계기로 이뤄지는 정책화와 캠페인을 통해서만 실현할 수 있을 것이다. 2022년 대선을 계기로 구조적 제약에 순응하는 기존의 에듀폴리틱스에서 벗어나 진정한 구조 개혁적 에듀폴리틱스가 펼쳐지기를 기대한다.

내가 구조 개혁과 더불어 사회통합을 강조하는 것은 단순히 사회통합이라는 가치가 아름다워서가 아니다. 한국 대학 시스템의 특성상 사회통합적 철학과 방법론을 갖추지 못하면 문제를 해결할 수 없기 때문이다. 한국은 대학들 간의 재정 및 교육 여건 격차가 크고, 대학생에 대한 교육비 투자가 전체적으로 미흡하며, 국립대 비율이 낮고, 특히 서울·수도권 지역 국립대 정원이 극히 적다. 대안을 마련하려면 이러한 특징들을 철저히 이해하고 인정하는 데에서 출발해야 한다. 대입 경쟁을 줄이는 효과를 내려면 수도권과 비수도권, 국립과 사립, 연구 중심과 교육 중심으로 각기 여건이 다른 대학들을 포용해야 하고 이러다보면 자연히 사회통합적 대안이 도출될 수밖에 없다.

최근 한국의 교육 담론에서는 구조 개혁과 사회통합을 저해하는 위험한 경향 세 가지가 눈에 띈다. 첫 번째 위험한 경향은 '국립대 통합 네트워크'로 대표되는 파산선고된 대안을 계속 주장하는 것이다. 국립대 위주 정책으로는 한국의 교육 경쟁을 완화하기 어려울 뿐 아니라 이것이 사립대의 격렬한 반작용을 초래할 것임을 간과한 소치다. 두 번째 위험한 경향은 대중의 욕망을 힐난하며 교육이 계층 상승 도구가 되는 것을 비난하는 태도다. 즉 구조가 아니라 행위자에게 책임을 묻는 것이다. 일시적 화풀이는 될지 몰라도 무력하고 허망한 담론이다.

세 번째 위험한 경향은 교육 경쟁의 근본 원인을 대학 서열이 아닌 노동시장 문제로 돌리는 것이다. 그런데 노동시장의 양극화는 대학 간 격차보다 더 복합적인 원인이 있어서 완화하기가 더욱 어렵다. 물론 노동시장도 교육 경쟁에 영향을 주지만 이는 주로 심리적·간접적 영향이다. 의대·약대·교대 등 일부 전공을 제외하면 노동시장 상황이 대입 경쟁에 직접 영향을 미치지는 않는다. 따라서 노동시장 개선과는 별개로 대학 시스템을 개혁해 대입 경쟁을 상당 수준 줄이는 것이 가능하다.

*

그렇다면 궁극적으로 대입 경쟁을 줄여야 하는 이유는 무엇인가? 진보와 보수가 모두 공감할 수 있는 이유로 크게 세 가지를 꼽을 수 있다.

첫째, 학부모들의 노후 대비를 위해서 대입 경쟁을 줄여야 한다. 교육 경쟁에 쏟아붓던 사교육비를 절약해 노후 준비를 해야 한다. 국민연금에 기대는 것은 난망한 일이다. 국민연금으로는 노후 대비가 충분하지 못할 뿐만 아니라, 약속한 연금을 안정적으로 지급하기 어려울 것이기 때문이다. 국민연금 기금은 2050년대에 고갈될 것이고, 고갈 이후 청장년 세대가 내는 연금보험료로 연금을 지급하기에는 저출산으로 인한 인구구조가 절망적인 수준이다. 지금은 부양자 대 피부양자 비율이 100:40이지만 2050년대에는 100:100에 달할 것이기 때문이다.

미래세대에 대한 착취를 예방하고 노후 대비를 든든히 하려면 교육 경쟁에 투입되는 비용을 줄이기 위한 구조 개혁이 필수적이다. 나는 이 논리로 심지어 강남 사람들도 설득할 수 있다고 생각한다. 강남 사람들은 다 부자이고 노후 대비에 별문제가 없을 거라고 생각하면 착각이다. 내가 보기에 강남 거주민 중에서 노후 대비가 충분하다고 여기는 사람은 1/3도 되지 않는다.

둘째, 수월성 교육과 교육 선진화를 위해서 대입 경쟁을 줄여야 한다. 사람들은 흔히 수월성(탁월함, excellence)을 경쟁과 등치한다. 그러다보니 경쟁이 줄어들면 수월성 교육이 어려워진다고 생각한다. 이는 경쟁이 한국보다 훨씬 적으면서도 학력 수준이 높은 사례들(특히 핀란드)로 반박된다. 또 한국에서는 대입 경쟁 때문에 고교학점제, 영어 말하기-듣기 평가(NEAT 등), 대학 학점 선이수(AP), 논술형 입시 등을 도입하거나 활성화하기 어려움을 고려해야 한다. 오히려 심한 대입 경쟁이 수월성 교육에 악영향을 초래하는 것이다.

현장에서 학생들을 접하다보면 예를 들어 고급 수학이나 물리학을 공부할 만한 학생들이 겨우 고3 수준의 초보적(!) 이론과 문제 풀이에 몇 년씩 투자하는 것을 보게 된다. 이는 국가적 낭비일 뿐이다. 뛰어난 학생들을 위해 영재학교라는 별도 트랙을 만들었지만 이것이 또 다른 경쟁과 사교육을 초래한다. 대학 시스템을 개혁해 대입 경쟁을 줄인다는 전제하에 월반제, 과목별 심화반(honor class), 중고 통합 무학년 학점제, 대학 학점 선이수제 등 뛰어난 학생들을 위해 기존의 교육시스템을 유연하게 활용하는 방안을 시행하는 것이 훨씬 효율적일 것이다.

수월성 교육을 주장하는 사람들이 고등학교까지의 수월성만 이야기하고 정작 대학 교육의 수월성을 고려하지 않는 것도 심각한 문제다. 한국의 대학 교육은 OECD 평균에 비해 훨씬 열악한 상황이다. 몇 년 동안 4차산업혁명 이야기가 무성하지만 이를 위해 대학 교육을 어떻게 개선할지에 대해서는 다들 꿀 먹은 벙어리다. '포용적 상향평준화'는 획기적인 재정 투자와 대학 교육에 대한 평가체계를 정비해 대학 교육의 질을 끌어올리는 방안을 포함하고 있다.

셋째, 저출산 극복을 위해서 대입 경쟁을 줄여야 한다. 최근 한국의 출산율이 1.0보다 낮아져 전 세계 꼴찌가 되었다며 우려의 목소리가 높은데, 이미 OECD 기준으로 한국은 지난 15년간 출산율이 가장 낮은 나라였다. 한국의 출산율이 '초저출산'의 경계로 삼는 1.3 이하로 떨어진 것은 무려 2001년부터였다. 이로 인한 인구구조 변화는 경제성장은 물론 국민연금, 건강보험 등 국가 근간을 이루는 제도에 심각한 위협이 될 것이다.

결혼율이 낮아진 것은 주로 소득과 고용 문제 때문으로 보인다. 소득 상층의 결혼율은 거의 낮아지지 않았기 때문이다. 대략 1980년대까지

자산과 소득이 상당히 평등한 편이었던 한국에서 '전 세계에서 가장 빠른 양극화'가 진행됨에 따라 많은 한국인은 결혼을 늦추거나 포기하고, 결혼한다 해도 출산을 줄이는 방식으로 적응한 것이다.

이를 극복하려면 노동-복지-교육-보육-주거가 함께 움직여야 한다. 결혼을 안 하는 이유를 설문해보면 소득과 고용 문제를 첫손으로 꼽고, 출산을 안 하는 이유를 물어보면 교육 및 보육 부담을 우선으로 꼽는다. 나는 이 책에서 교육 문제의 대안에 집중했다. 이제 노동, 복지, 보육, 주거 등의 영역에서도 대안이 제출되고 토론이 이뤄질 것이라고 믿는다. 한국은 인구구조의 보릿고개를 견딜 준비를 하면서 아울러 저출산 추세를 역전할 대안을 수립해야 한다. 이를 위해 진보와 보수가 경쟁하고 또 협력해야 할 것이다.

문재인 이후의 교육

교육평론가 이범의 솔직하고 대담한
한국교육 쾌도난마

이범 지음

초판 1쇄 2020년 12월 05일 발행
초판 4쇄 2021년 07월 07일 발행

ISBN 979-11-5706-217-1 (03300)

만든사람들
기획편집   한진우
편집도움   이상희
디자인   this-cover
마케팅   김성현 최재희 김규리
인쇄   한영문화사

펴낸이   김현종
펴낸곳   (주)메디치미디어
경영지원   전선정 김유라
등록일   2008년 8월 20일 제300-2008-76호
주소   서울시 종로구 사직로 9길 22 2층
        (필운동 32-1)
전화   02-735-3308
팩스   02-735-3309
이메일   medici@medicimedia.co.kr
페이스북   facebook.com/medicimedia
인스타그램 @medicimedia
홈페이지   www.medicimedia.co.kr